西北走廊民族传统体育文化传承与嬗变研究

张建华 著

人民体育出版社

图书在版编目(CIP)数据

西北走廊民族传统体育文化传承与嬗变研究／张建华著． --北京：人民体育出版社，2021
ISBN 978-7-5009-6019-5

Ⅰ．①西… Ⅱ．①张… Ⅲ．①民族形式体育-研究-西北地区 Ⅳ．①G852.9

中国版本图书馆 CIP 数据核字（2021）第 045468 号

*

人民体育出版社出版发行
北京中献拓方科技发展有限公司印刷
新华书店经销

*

787×960　16 开本　11.75 印张　201 千字
2021 年 7 月第 1 版　2021 年 7 月第 1 次印刷

*

ISBN 978-7-5009-6019-5
定价：53.00 元

社址：北京市东城区体育馆路 8 号（天坛公园东门）
电话：67151482（发行部）　　邮编：100061
传真：67151483　　　　　　　邮购：67118491
网址：www.sportspublish.cn

（购买本社图书，如遇有缺损页可与邮购部联系）

目 录

第一章 绪 论 ... 1

第一节 民族传统体育文化研究的价值意蕴 ... 1
第二节 民族传统体育文化研究的进展 ... 4
第三节 民族传统体育文化研究的未来走向 ... 13
第四节 西北走廊民族传统体育文化传承与嬗变 ... 16

第二章 西北走廊的民族、历史与文化特点 ... 21

第一节 走廊概念提出的背景与学术意义 ... 21
第二节 西北走廊的范围与定义 ... 25
第三节 西北走廊古代民族格局与历史变迁 ... 32
第四节 当代西北走廊的民族与文化特点 ... 44

第三章 西北走廊民族传统体育文化 ... 51

第一节 文化与民族传统体育文化 ... 51
第二节 西北走廊古代民族的传统体育文化 ... 59
第三节 西北走廊现代各民族的传统体育文化 ... 64

第四章 西北走廊民族传统体育文化的传承 ... 67

第一节 传承与文化传承 ... 67

第二节　西北走廊民族传统体育文化传承体系 …………………… 68

　　第三节　西北走廊民族传统体育文化的传承动力 ………………… 98

　　第四节　西北走廊民族传统体育文化传承的运行机制 …………… 124

　　第五节　西北走廊民族传统体育文化传承的基本特征 …………… 127

　　第六节　西北走廊民族传统体育文化传承的本质 ………………… 133

第五章　西北走廊民族传统体育文化嬗变研究 …………………… 139

　　第一节　文化嬗变 …………………………………………………… 139

　　第二节　西北走廊民族传统体育文化嬗变的类型 ………………… 146

　　第三节　西北走廊民族传统体育文化嬗变的原因 ………………… 157

　　第四节　西北走廊民族传统体育文化嬗变的轨迹与趋势 ………… 165

第六章　西北走廊民族传统体育文化发展前景及崛起之路 ……… 167

　　第一节　西北走廊民族传统体育文化发展前景 …………………… 167

　　第二节　西北走廊民族传统体育文化崛起之路 …………………… 174

后　记 ……………………………………………………………………… 181

第一章 绪 论

对一个民族共同体而言，文化是维系成员之间的纽带，是族群认同和身份认同的标志，也是民族生存和发展核心。在历史发展的长河中，民族文化经过凝练、融会和慢慢沉淀，形成了优秀的文化传统，通过代际传承支撑着民族共有的精神家园。民族传统体育是民族文化的重要组成部分，是以身体活动绝对支配性为特征的文化形态，是民族智慧的结晶。我国各族人民曾创造出了丰富多彩、形式多样的民族体育文化，这些丰姿绰约、特征鲜明的传统体育活动，是各族人民在特定的自然条件、地理环境、文化氛围及其生产生活方式中创造、发展和提炼出来的，体现着特定民族人民的生活方式、行为模式和文化心理结构，在各民族中具有广泛的社会基础与共鸣效应。当前，文化立国已经成为现代化国家发展的共识。在此背景下，重新认识中华民族传统体育文化研究的价值意蕴，梳理相关研究内容及进展，思考研究未来的走向，无疑具有重要的理论与现实意义。

第一节 民族传统体育文化研究的价值意蕴

一、应对转型危机的需要

19世纪中期，西方国家的船坚炮利打破了封闭千年的中国，惊醒了沉睡中的国人。于是，便有了发愤图强的洋务运动。如果说鸦片战争是近现代史上的分水岭，那么洋务运动则是中国现代化的开端。尽管这是一次"被迫性的现代化"，但其历史意义不可磨灭。20世纪末，中国社会进入了真正意义上的变革期。现代市场经济在理论上被认可，并在实践中成为自觉追求的目标，商品、金钱、物质成了时代的主旋律。市场经济体制的建立，绝不是单纯的经济运动过程，实际上是社会全方位走向现代化的进程。可以说，这是一次"主动性的现代化"，它不仅从根本上转换经济运行机制和经济增长方式，而且引起了整个社会的变化和深层文化的震荡。

随着社会的转型，昔日农耕文明中民族传统体育的主体地位"失落"了，陷入了长期的发展困境之中。相反以奥林匹克运动会、足球世界杯、美国篮球职业联赛、世界 F1 赛车锦标赛、网球四大满贯赛事为代表的现代西方体育，却在中国大地上生根发芽，备受国人青睐。与此同时也看到另一种景象，那就是在市场经济的推动下，一些民族传统体育文化表现出了一些新趋向，它被用作经济资源和文化资源，在民族地区旅游业中充当着重要的角色，成为展现民族文化的一个视窗。因此，民族传统体育文化新的发展动机值得研究，是适应还是转型？是传承发展还是断裂重建？如何应对现代化带来的民族传统体育文化的危机？怎样才能保持民族传统体育文化活力？这是需要认真思考的问题。正是在这个意义上，民族传统体育文化研究凸显出了时代价值。对民族传统体育文化进行全方位审视，寻找发展脉络，探索民族文化直面未来的方法和生命力，已经成为当务之急。

二、民族文化认同的需要

文化是民族的血脉、身份象征和人民的精神家园，也是一个民族存在和发展的前提。中华民族五千多年的文明发展历程中，各族人民创造了丰富多彩的传统体育项目，成为民族成长记忆中不可磨灭的文化标签。象征民族传统体育文化符号的武术、太极拳，不但对中华儿女有文化归属感和吸引力，而且对外还具有很强的渗透力。党的十七大指出："当今时代，文化越来越成为民族凝聚力和创造力的重要源泉，越来越成为综合国力竞争的重要因素。"[①] 美国人约瑟夫·奈将综合国力划分为硬实力和软实力，其中硬实力由资源实力、经济实力、军事实力和科技实力构成，软实力由文化、制度、传媒等构成。他认为："硬实力和软实力同样重要，但是在信息时代，软实力变得比以往更为突出。"[②] 在软实力中，文化具有至关重要的战略地位，日益成为国家竞争的重要筹码。要想打赢这场没

---

① 胡锦涛. 高举中国特色社会主义伟大旗帜为夺取全面建设小康社会新胜利而奋斗 [M]. 北京：人民出版社, 2007：33.

② 约瑟夫·奈. 软实力：世界政治中的成功之道 [M]. 纽约：公共事务出版社, 2004：31.

有硝烟的文化战争，必须提高一个国家的文化软实力，加强对本民族传统文化的认同。

文化认同，就是"指对人们之间或个人同群体之间共同文化的确认"[①]。在中国传统社会中，以血缘和地缘关系为主的社会结构相对封闭，人们使用着相同的文化符号、遵循共同的文化理念、秉承共有的思维模式和行为规范，决定了文化认同是理所当然的事。以社会化大生产为标志的现代社会，改变了传统社会原有的结构和运行机制，自然引发了人们对原有文化的焦虑与不安。全球化、信息化、网络化的快速发展，使西方竞技体育不但满足了人们的感官刺激，而且赢得了尊重。各种报刊、杂志和电视媒体充斥着奥运会、世界杯、美国篮球职业联赛、F1赛车锦标赛的资讯，竞技、金牌、观赏占据了国人的头脑，各种大型体育赛事成了地方政府拉动经济的常规手段。相反，以"内外兼修""天人合一""身心自然"为内核的民族传统体育文化，则逐渐被人遗忘。外源性文化的入侵，在一定程度上加剧了民族传统体育文化的认同危机。文化是一个民族生存的根基，如果民族成员连自己的文化都不认同，那么这个民族将处于一种无根的漂浮状态。在现代化语境中，挖掘民族传统体育文化精髓，促进民族文化认同，是时代赋予每一个研究者的历史重任。此外，保护世界文化遗产，守护民族的精神家园，继承弘扬民族优秀文化遗产，既是当前建设社会主义和谐社会，落实科学发展观，实现社会的可持续发展的一项主要任务，也是凝聚民族精神、抵御西方文化霸权的重要手段。

三、民族文化传播的需要

文化是一个民族的精神和灵魂，也是一个民族强大的坚实动力和国家"软实力"的核心。文化的作用方式是柔性的、潜移默化的，但其效果往往高于军事手段，呈现出刚性的"硬实力"特征。民族文化的内涵和精神，渗透在国家意志和国民行为中，体现着国家的整体形象。西方的罪文化、日本的耻文化，都为世界所熟知。如果一个民族的文化被世界广泛认同，那么该民族就越容易被世界接纳，国家的"软实力"就越强大。事实上，"软实力"就是一个国家文化的整体输出和树立。伴随着我国综合国力的强盛，中华民族被世界期待的形象和作用，

[①] 崔新建. 文化认同及其根源 [J]. 北京师范大学学报：社会科学版，2004，40：102-105.

迫切需要通过文化的方式进行有效传播。作为中华民族文化的一部分，民族传统体育文化理应首当其冲，跨出实质性的一步，而不是在自家门前"摆地摊"。在全球化时代，怎样才能使民族传统体育文化走出国门，同时又保持自己的基因密码，尚需深入探讨。

从传播学视角看，文化的本质就是传播，传播就是文化的实现。文化本身具有从一个地域传播到另外一个地域的能力，也具有从一个社会散播到另一个社会的可能。实质上，文化传播是一个迁移和扩散的动态过程。通过文化传播，不同文化之间相互交流、融合与冲突，最终形成了多元文化共存的世界格局。在体育文化全球化进程中，西方竞技体育凭借着资本实力的推动，表现出了强势文化的态势，四处传播西方的价值观念。以奥林匹克运动为标志的西方竞技体育，不但形成了一种文化霸权，而且在一定程度上抑制了其他民族传统体育文化的发展。在奥林匹克文化帝国主义背景下，中华民族传统体育怎样才能发出真正的"中国之声"？如何全球传播？怎样既保持自身特色又能为他人兼容并蓄，并能顺应时代精神进行创造性传承和转换，同样需要智慧而明确的回答。不可否认，西方竞技体育在中国的快速传播、发展以及主体地位的确立，使民族传统体育一度"失语"。民族传统体育文化研究的使命和责任，就在于提供必要的探讨，求索可能的答案。换句话说，研究民族传统体育文化的价值，就在于寻求弱势文化传播的具体途径和办法。

第二节 民族传统体育文化研究的进展

一、研究的基本进程

民族体育是一种历史悠久、引人注目的文化现象。对民族传统体育的研究，古今中外从未间断。我国是一个多民族国家，曾创造了千姿百态的民族体育，构成了民族文化中一道独特的风景线。这些风格迥异的民族传统体育文化，历来倍受研究者青睐。改革开放以来，国内民族传统体育文化研究取得了跨越性发展，不但在成果数量上成就斐然，而且在研究的规模、深度和广度方面都出现了前所未有的新气象、新面貌。如果以研究的内容和方向为度，结合我国文化发展战略和党中央的重大决策，民族传统体育文化研究大致可以分为三个阶段：

第一阶段（1987—2004 年），文化学解读阶段。伴随着改革开放，各种文化实践活动粉墨登场，并在 20 世纪 80 年代中期掀起了一股文化热潮。与之相应的是，文化研究也不甘示弱，各种学术观点纷纷登场、讨论和交锋。体育作为一种文化现象，对体育的文化研究却相对较晚。1986 年，卢元镇的《体育运动的文化学断想》一文，犹如投入死水中的石头，不但打破了体育文化学研究的沉寂，也激起了一阵涟漪。1987 年，民族传统体育文化研究的论文初露头角，随后相关研究零零散散地见诸报端。1989 年胡小明编著的《民族体育集锦》、1990 年中国体育博物馆组织编写的《中华民族传统体育志》和罗廷华主编的《民族传统体育》、2000 年胡小明的《民族体育》和白晋湘的《民族传统体育教程》等论著中，都有文化研究内容。

作为民族体育文化的重要组成部分，武术研究起步较早。1982 年，全国武术工作会议提出了武术走向世界的发展战略；1985 年，国家体委武术研究院成立，武术研究开始走向专业化；1986 年，武术的挖掘整理取得了阶段性成果，各省编写了《拳械录》和《武术史志》。1988 年，《体育文史》刊载了专门研究武术文化的论文。在随后的几年中，旷文楠、程志理、周伟良、李成银等人陆续发表了武术文化研究论文。1990 年，旷文楠等人编著的《中国武术文化概论》公开发行；1995 年，程大力的著作《中国武术：历史与文化》出版，极大地推动了武术文化研究。

大体而言，这一阶段的研究以归纳民族传统体育文化的特点、解读文化价值为主，研究机构以成都体育学院、江苏体科所为主，研究成果与国家的文化转型战略紧密相关。

第二阶段（2005—2007 年），发展探索阶段。2003 年 10 月 17 日，联合国科教文组织通过《保护非物质文化遗产公约》，认为非物质文化遗产可以密切人与人之间的关系，以及他们之间进行交流和了解的要素，它的作用是不可估量的。为履行该公约规定的义务，2005 年 3 月 31 日，国务院办公厅颁发了《关于加强我国非物质文化遗产保护工作的意见》，从而引发了民族传统体育文化研究的第一次高峰。当年的国家社科基金项目中，就有三项民族传统体育文化研究课题，在一定程度上推动了民族传统体育文化研究的发展。国家重视程度的提高，极大地鼓舞了体育界学者的积极性和研究热情。2001—2007 年，先后出版了《中华民族传统体育文化导论》《民族传统体育文化审视》《中国少数民族传统体育文化研究》《少数民族传统体育文化研究》《西北民族体育文化》等著作,发表了大量的民族传统体育文化研究论文,其成果的数量和质量比以往有了较大的提升。在国内,吉首大学、华南师范大学、西北师范大学逐渐形成了民族传统体育研究团队。

民族传统体育文化的发展,最终要体现在具体的项目上。武术是中华民族文化的国粹,其发展最受关注。其中,国家社科立项研究武术的课题就有5项。在北京举办奥运会的背景下,研究者围绕武术文化的发展展开探讨。2006—2007年,国家体育总局奥运科技攻关项目中设立了16项武术攻关课题,武术研究院则完成了45项院管立项课题。与此相应,《武术传播引论》《中州武术文化研究》等一批具有学术价值的研究成果出版,大量研究武术文化的论文相继发表,以上海体育学院为代表的武术文化研究群体异常活跃,武术文化研究显示出了良好的势头和视域宽、起点高的特征。

第三阶段(2008年至今),全面深化与拓展阶段。当今世界,文化的地位和作用获得了前所未有的提升,对经济与政治的作用日益突出。"文化成了一种舞台,上面有多种多样的政治和意识形态势力彼此交锋"①。为此,国家开始关注文化问题。2007年10月18日,中国共产党第17届中央委员会第6次全体会议通过了《关于深化文化体制改革,推动社会主义文化大发展大繁荣若干重大问题的决定》,为文化发展奠定了政策基础。党的十七大之后的2008年,国内发表了150余篇民族传统体育文化研究论文,显示出了政策的导向性与强大的号召力。之后几年,有关民族传统体育文化方面的学术论文逐年增多,《中国少数民族体育文化通论》《民族体育跨文化融合》等研究论著陆续出版。

随着文化学、社会学、人类学理论引用到武术文化研究中,不但加深了武术的文化认知,而且把武术文化研究推向新的起点。《武术与武术文化》《武术:身体的文化》的出版,无疑会促进人们对武术文化的认识和理解。在文化自觉过程中,"文化的武术"获得了广泛认同,与"体育的武术"形成了武术的两极。从"国学"的角度探究武术文化,是武术文化研究的使然。

这一阶段,民族传统体育文化研究全面深化,研究领域有了极大的拓展,文化认同、文化传承等各种问题都进入了研究者的视域。

---

① 爱德华·萨义德. 文化与帝国主义 [J]. 谢少波,译. 马克思主义与现实,1999,10(4):50-55.

二、研究所涉及的主要内容

1. 关于民族传统体育文化的宏观研究

文化是人类超越自然本能而确立的人为的行为规范，是历史凝结成的生存方式。英国文化人类学家爱德华·泰勒将文化界定为包括知识、信仰、艺术、道德、法律、风俗、习惯在内的一种复合体，首次给文化下了一个整体性的概念，为研究复杂多样的文化现象确立了一个范式。我国学者司马云杰也认为："文化乃是人类创造的不同形态特质所构成的复合体。"① 民族传统体育是各族人民在其形成与发展过程中创造的全部体育文化，因此，将民族传统体育作为一种整体存在的社会文化现象，从宏观层面把握民族传统体育文化，是研究者最先关注的问题。

从这一视角出发，国内学者开始探讨民族传统体育文化的形成与发展。卢兵认为，民族传统体育文化来源于劳动人民的生产和生活需要，并直接服务于生产和生活实践。② 人类的生产和生活实践都是由于需求而引起的，需求是民族传统体育文化的源泉和动力。李鸿江认为，民族传统体育文化历史悠久、源远流长，有的来源于生产实践，有的来源于军事斗争，有的来源于娱乐祭祀，还有的来源于原始医疗。③ 陈莉梳理后认为，劳动起源说、娱乐起源说、自然起源说、战争起源说和宗教信仰起源说各有其立论依据，生产劳动是民族传统体育文化产生的必然条件，娱乐是使民族传统体育文化源远流长的主要形式，自然是创造推动民族传统体育文化的重要因素，部落战争是促进民族传统体育文化发展和分化的直接动力，宗教信仰活动对影响和丰富民族传统体育文化的萌发起到了积极的推进作用。④

在洞悉历史源流与发展演变的基础上，更多的研究者将触角伸向文化深层，进一步追寻民族传统体育文化的内涵、特点、价值与功能。王岗从物质、制度和精神层面阐述了民族传统体育文化的内涵，认为民族传统体育文化具有地域性、

---

① 司马云杰. 文化社会学 [M]. 北京：中国社会科学出版社，2001：9.
② 卢兵. 中华民族传统体育文化导论 [M]. 北京：民族出版社，2005：19.
③ 李鸿江. 中华传统体育导论 [M]. 北京：中国书籍出版社，2000：8 – 19.
④ 陈莉. 对民族传统体育文化形成不同观点的本质辨析 [J]. 浙江体育科学，2007，29 (5)：36 – 40.

民族性、生产性、生活性、封闭性、认同性和娱乐性七个特性。[①] 夏思永等人认为，民族传统体育文化除了具备一般文化的特征之外，还具有民族性、多样性、自然性、传承性四个独特的内涵与民族文化特征。[②] 刘远航认为，民族传统体育文化具有发展民族心理素质的社会价值、身心兼练的健身价值、愉悦身心的娱乐价值、促进消费的经济价值、完善和发展奥林匹克的互补价值。[③] 饶远则以少数民族传统体育为研究对象，认为民族传统体育文化具有教育、健身、娱乐、审美、竞技、民族凝聚与交往、悦神、祭神与精神补偿等多元功能。[④]

作为一种文化资本，民族传统体育文化具有独特的功能和价值，自然成为开发与利用的主要依据。于是，一些研究者聚焦于民族传统体育文化的当代价值，围绕人类需求展开民族传统体育文化的现代开发与利用研究。段爱明等人认为，加强基础理论研究，主动适应社会变迁和全民健身需要，充分利用学校是民族传统体育文化发展的关键。[⑤] 根据民族传统体育文化自身的特点，古维秋提出了走农村新文化建设和构建和谐社会的道路。[⑥] 总体来看，融入旅游、走进课堂、娱乐健身成了这类研究的共同结论。

近年来，随着全球化进程的加快，研究的焦点转向民族传统体育文化的现代转型与文化自觉，重点探讨应对西方竞技体育文化冲击的策略。倪依克建议摒弃小农经济下所形成的只局限于本民族、本国家的狭窄视野，大力吸收西方和其他民族的优秀文化，形成一套完整的理论创新体系，把适应现代人类生活需求和促进社会发展作为努力方向，顺应世界体育文化的发展趋势。[⑦] 白晋湘则主张保持文化的个性，构建全球化视野下中华民族传统体育文化的传承体系，使民族传统体育文化传承模式、理论、价值等体系与世界体育文化接轨，才能使民族传统体

[①] 王岗，王铁新. 民族传统体育文化审视 [M]. 北京：北京体育大学出版社，2005：48-89.

[②] 夏思永. 民族传统体育文化传承与民族和谐社会建设关系研究 [M]. 重庆：西南师范大学出版社，2011：20-25.

[③] 刘远航，任作良. 民族传统体育文化的现代化价值 [J]. 武汉体育学院学报，2006，40（4）：89-92.

[④] 饶远，刘竹. 中国少数民族体育文化通论 [M]. 北京：人民出版社，2009：104-147.

[⑤] 段爱明，白晋湘，田祖国. 民族传统体育文化的变迁、传承与发展 [J]. 体育学刊，2005，12（2）：54-56.

[⑥] 古维秋，涂传飞. 民族传统体育文化传承与农村和谐社会建设 [J]. 北京体育大学学报，2008，31（10）：1303-1308.

[⑦] 倪依克. 论中华民族传统体育的发展 [J]. 体育科学，2004，24（11）：54-61.

育文化可持续发展。[①] 陈青从历时性和共时性两个维度出发，对民族体育发展过程中所受到的作用力和文化互动进行重点研究，提出了民族体育跨文化融合的发展构想和价值取向。[②]

2. 关于民族传统体育文化的微观研究

从具体的项目入手，使得民族传统体育文化研究有了客观的支点，也将研究从宏观层面的归纳概括转向微观层面的深挖细究。作为中华民族传统体育的典范，武术倍受研究者的关注。旷文楠认为，不能仅把武术"作为一类技术技能体系来看待"，而应该看作"一种具有完整的、稳定的内涵结构和价值结构的文化系统"[③]。温力也认为，如果仅从身体活动、技击等角度著述，表达不了武术丰富的内涵，应该冠以"武术文化"一词。[④] 在文化层面上，大多数论者认同武术是"国粹"，是中国传统文化精髓的体现。程大力认为，武术始终渗透着中国传统哲学、政治伦理、宗教思想、军事思想、文学艺术、医学理论等诸多社会文化形态的深刻影响，中国文化的基本精神以及中华民族独特的思维方式、行为方式、审美观念、心态模式、价值取向、人生观和宇宙观，在武术文化形态中都有集中的反映。[⑤] 立足母体文化探讨武术，无疑强化了武术的国粹镜像。除此之外，还有论者从身体的视角解读武术。戴国斌认为，武术是一种身体的文化。在身体文化中，武术有了文明的诉求、理想的向往，而且承担了一定的伦理责任。[⑥]

武术文化是民族传统体育研究的热点，但不是全部。据《中华民族传统体育志》记载，目前发掘、发现的少数民族传统体育项目有676条，汉族有301条，共计977条。显然，其他民族体育项目也需要研究和关注。彭慧蓉考察了中国射箭的发展后认为，文化转换推动了中国射箭的历史发展，中国射箭的当代发展需要继承发扬其文化转换精神。[⑦] 在中国，摔跤是一种广为流传的民族民间传统体育文化，不同民族的摔跤各具特色。例如，蒙古族、彝族、朝鲜族、哈萨克族、

[①] 白晋湘. 全球化视野下中华民族传统体育文化的传承与发展 [J]. 南京体育学院学报, 2011, 25 (3): 34 - 37.

[②] 陈青. 民族体育跨文化融合 [M]. 北京: 民族出版社, 2010: 70 - 551.

[③] 旷文楠, 胡小明, 郝勤, 等. 中国武术文化概论 [M]. 成都: 四川教育出版社, 1990: 3 - 4.

[④] 温力. 武术与武术文化 [M]. 北京: 人民体育出版社, 2009: 2 - 32.

[⑤] 程大力. 中国武术: 历史与文化 [M]. 成都: 四川大学出版社, 1995: 12 - 13.

[⑥] 戴国斌. 武术: 身体的文化 [M]. 北京: 人民体育出版社, 2011: 442 - 447.

[⑦] 彭慧蓉. 中国射箭文化的研究 [D]. 上海: 上海体育学院, 2010: 28 - 30.

藏族、柯尔克孜族、塔吉克族、布依族、侗族在传统节日里都有摔跤活动，但是在摔跤的技术、规则及服饰方面各有差异。龙明莲以侗族摔跤发源地四寨村为个案，研究发现生态环境造就了侗族摔跤。在不同的时空结构转换中，侗族摔跤起到了维系血缘和家族关系的社会功能。① 张正东认为，文化融合使中国摔跤成为融宗教、娱乐、军事于一体的文化复合体。② 赵岷等人认为，中国摔跤文化源于古代，经历了从军事训练走向舞台表演、从擂台竞技走向跤场比试的民间化发展模式。③ 与射箭、摔跤类似，其他民族体育项目的文化学研究，同样成果颇丰。

3. 关于少数民族传统体育文化研究

我国是一个多民族国家，拥有55个少数民族，各民族在漫长的历史发展过程中，创造了独特的文化。"虽然各民族都经历了多次的社会和历史变迁，但其基本的文化因素，却渗透于民族整体生活的各个方面，并成为其族体的真正灵魂。"④ 在多元文化背景下，少数民族传统体育文化吸引了不少研究者的目光。徐玉良等人对部分少数民族传统体育的历史源流、文化特征、传承情况和不同时期的发展脉络进行了研究。⑤ 饶远、刘竹则较为系统地研究了我国少数民族体育文化，总结归纳出了6种起源学说和8种文化功能，并从身心教育、欢悦生活、民族精神、民族情性和运动方式方面对少数民族体育特质进行了文化学阐释。⑥ 姚重军将研究的视角放在了少数民族传统体育文化与社会关联上，重点阐述了少数民族传统体育文化与地理环境、宗教、民俗、全民健身的关系，分析了少数民族传统体育产业发展进程。⑦ 针对具体的民族体育，不少学者也展开了相关研究。韦晓康从文化学的角度探讨了壮族各种传统体育文化渊源，揭示了壮族体育文化的产生与民族生活环境、生产方式、民族习俗的关系，重点分析了抢花炮、抛绣球、龙舟、舞龙、舞狮等壮族流行的传统体育文化活动。⑧

---

① 龙明莲. 侗族摔跤文化的研究——以四寨村侗族摔跤为个案 [D]. 北京：北京体育大学, 2009：67-68.
② 张正东. 中国摔跤文化的研究 [D]. 上海：上海体育学院, 2010：33.
③ 赵岷, 李翠霞, 王平. 体育——身体的表演 [M]. 北京：知识产权出版社, 2010：267-279.
④ 杨建新. 中国少数民族通论 [M]. 北京：民族出版社, 2009：69.
⑤ 徐玉良, 韦晓康. 中国少数民族传统体育文化研究 [M]. 北京：民族出版社, 2005：1-217.
⑥ 饶远, 刘竹. 中国少数民族体育文化通论 [M]. 北京：人民出版社, 2009：41-103.
⑦ 姚重军. 少数民族传统体育文化研究 [M]. 北京：民族出版社, 2004：145-195.
⑧ 韦晓康. 壮族传统体育文化研究 [M]. 北京：中央民族大学出版社, 2004：7-59.

4. 关于地域性民族传统体育文化研究

中华文化作为一个文化共同体的概念，它的实体、内容和具体形式，实际上是由构筑在中国文化版图上的各个地域文化组成的，地域文化研究应该是中华文化研究的主要内容，离开具体的历史和地理区域，文化价值和民族精神就会成为抽象的概念。因此，研究地域文化就是研究中华文化。基于地域文化的现实价值，学者围绕不同的地域开展了民族传统体育文化研究。陈青详细地描述了西北地区不同民族的文化，着重论述了该地区民族传统体育文化的进程、特征、交流与发展，对研究区域传统体育文化有着重要的借鉴价值。[①] 陈少坚从历史角度考察了闽台民间体育文化的产生、发展、演变以及对民众的影响，使人们对闽台体育文化同根共源的亲缘关系一目了然。[②] 汪兴桥从文化人类学角度分析了西南地区民族体育文化产生的生态环境和赖以生存的土壤，对民族体育文化的传承进行重点研究，提出了民族传统体育文化的保护性发展对策。[③] 韩雪分析了中州武术的成因、发展轨迹及特征，提出武术技艺就是武术文化的外在表现形式，并认为中州地域客体化的武术文化形态可以体现和反映主体内化的武术文化形态。[④]

三、研究存在的问题

学术界对中华民族传统体育文化进行了广泛的探讨，出版了一批质量较高的研究成果，为后续的深入研究奠定了坚实基础。但受研究视域所限，部分研究还存在着不足，主要表现在：

第一，从研究的逻辑过程看，描述性研究多，解释性研究少。文化研究是一个不断自我反思乃至解构、重构的知识探索过程，应以解释文化与社会实践、改变现存关系为目的。格尔茨在看到巴厘岛斗鸡后，并没有停留在描述表象上，而是追寻深藏在斗鸡背后的东西，进一步考察土著居民的文化以及文化与宗教、意识形态的关系，从中寻找文化的意义。纵览现有文献，部分研究仍然停留在对现象的描述上，缺乏对民族传统体育文化的深层透析，自然产生不了新的知识。还

[①] 陈青. 西北民族体育文化 [M]. 北京：人民体育出版社，2006：61－249.
[②] 陈少坚，谢军. 闽台体育文化交融与发展 [M]. 北京：人民体育出版社，2007：1－368.
[③] 汪兴桥. 西南地区民族体育文化传承与发展研究 [D]. 重庆：西南大学，2011：20.
[④] 韩雪. 中州武术文化研究 [M]. 北京：人民体育出版社，2006：313.

有一些研究者热衷于静态研究，沉浸于介绍文化特点与价值等永恒表象之中，却很少采用文化变迁理论对其进行探索，致使民族体育文化长期停滞、定格于传统文化状态之下，留给人们一个落后于时代的文化画面，产生文化印象与时空场域的错位，容易导致对民族传统体育文化的误读。

第二，在理论框架上，社会学研究较多，人类学研究较少。胡小明认为，体育文化研究的前提是以成熟理论的元话语作为有效范式。社会学、人类学都与民族体育密切相关，也具有成熟的理论体系，但是，两者的研究焦点不同——社会学主要关注社会，人类学则指向文化。"人类学以文化作为奠基性的研究对象，把一种文化视为一个群体的独特生活方式，认为文化表达了某种意义和价值标准，对文化进行分析工作，揭示特定文化中的意义和价值标准"[①]。因此，从人类学角度研究起源，探讨文化的功能与结构，挖掘民族传统体育文化的象征，进一步对民族传统体育文化做出合理的解释，理应是顺理成章之事。然而，从民族传统体育文化研究的成果看，不论是宏观叙述还是微观探索，都或明或暗地运用了社会学概念来解释文化现象，却很少用人类学的方法。即便是不同时空中的文化分析，也存在着机械照搬文化社会学研究成果，对民族传统体育文化的解读缺乏学科特色。

第三，在研究内容上，发展研究较多，文化演进规律研究较少。文化不是一潭死水，始终在发展变化。每一种民族传统体育文化都有其内在的发展逻辑，并自成体系地形成发展脉络。梳理民族传统体育文化的发展脉络，不是简单的"描述"发展，而是要寻找不同文化演进的历史规律，探索民族传统体育文化直面未来的方法和生命力。在不同的历史时期，同一文化的发展又表现出了明显的时代特征，映射出文化发展的复杂性。从这个意义上讲，文化研究需要辨明、阐释文化与社会之间的关系，任何将民族传统体育与社会割裂开来所做的研究都是不完整的。就民族传统体育文化发展而言，一些研究仅仅是在描述和再现发展过程，并未探寻文化的演进规律，现有的著述也很少涉及民族传统体育文化与社会、权力、教育的交互作用。

第四，研究方法单一，走向田野的实证研究不多，跨文化、多学科交叉的研究较少。目前，民族传统体育文化研究基本上停留在文献分析、文本叙述、经验归纳和简单思辨阶段，所用方法比较单一，尚未找到合适的方法和角度解读民族

---

① 胡小明. 胡说体育文化 [J]. 体育学刊, 2010, 17 (3)：1-6.

传统体育文化。这种研究的最大优点是能够满足人们对民族传统体育文化的大概了解，形成一些初步的研究假设。但与复杂的文化相比，这些基于"书斋"的"短平快"研究无法超越描述层面达到理论高度，自然实现不了对文化的深层解释。文化就是通过某个民族的活动而表现出来的一种思维和行动方式，需要走向田野进行跨文化、多学科的综合研究。只有深入民族成员内部，方能感悟到民族文化真谛，挖掘出文化的真正内涵。同时，既可避免以"他者"的目光研究民族传统体育文化，又可避免出现一些空洞而苍白的主观性结论。

第三节 民族传统体育文化研究的未来走向

一、从文本描述走向理论解释

毋庸置疑，任何文化研究都要走一条从经验总结到科学实证再到理论多元的发展道路。在这条路上，感性描述是研究的初级阶段，只有超越描述层面达到理论的高度，解释才能够实现。因此，在描述的基础上，必须进行哲学认识、科学实证，最后形成理论解释。这四个阶段相互之间不是瞬间切换或对接的，而是经过不断探索、实践和深化，逐步实现。我国民族传统体育文化研究起步较晚，大部分研究尚处于文化描述阶段，成果以表象描述为主，只有武术文化研究已经进入较为深度的文化解读阶段。这种描述性研究累积到一定程度，肯定会引起研究者的问题意识和学术自觉，从而转向深度描述，开始寻求文化的解释。近年来，已有部分学者开始了哲学认识和科学实证的步伐。譬如，胡小明、白晋湘等人基于田野考察，从人类学的视角探索民族传统体育文化的真谛，不但拓宽了研究的空间，而且标志着民族传统体育文化研究开始走向纵深。

二、从学科闭守走向对话交流

在民族传统体育文化研究的过程中，逐渐形成了比较稳定的学术共同体，活跃在民族传统体育学研究前沿。他们在学术旨趣、理论视域与价值取向方面建立起了自己的学科边界，并遵循既定的范式展开研究。学术共同体和学科边界的形成，为学科的发展和研究的深化提供了有力保障，但是也造成了研究的内部保护和自我封闭。如果一味固守学科边界，动辄被学科边界所羁绊，就会使得民族传统体育文化研究在浩瀚的实践面前削足适履，最终沦为研究规范的俘房。作为一种文化，民族传统体育跨越了不同场域。场域是一种客观关系的空间，"从分析的角度来看，一个场域可以定义为各种位置之间客观关系的网络或图式"①。每个场域都规定了各自特有的价值观，拥有各自的调控原则。这些原则界定了社会构建的一个小空间，也就是实践的场所——场域。在不同的场域中，民族传统体育文化的表现形式、主要功能和发展特征并不相同。这就要求研究者的视域跨越不同学科，实现从学科封闭式研究到开放式研究的转变。未来这种跨学科、跨文化的研究，将成为主流。

表1-1　不同场域中民族传统体育文化的表现形式与功能

场域	表现形式	主要功能	发展特征
体育场	体育锻炼、体育竞赛	健身、竞技功能	目的化
教育场	体育教学	教育功能、文化传承功能	课程化
娱乐场	文化表演	娱乐功能	舞台化
政治场	文化交流	政治功能	手段化
经济场	文化生产、文化产品	经济功能	产业化

三、从体系建构走向问题研究

虽然民族传统体育文化研究起步较晚，但是基本遵循着"体系建构"的逻辑。这种思维偏重于范畴考量，将研究的重点放在学科体系的严谨性、完整性和包容性上。当"体系建构"形成一种范式时，一方面会极大地促进学科的发展；另一方面必将民族传统体育文化研究拘泥于体系内部，从而忽略了学科体系之外的世界，逐渐凸现出较大的局限性。此时，迫切需要进行研究范式的转换。在现实生活中，民族传统体育文化问题非常复杂，在单个学科范围内很难得到彻底的解决。问题是时代的呼声，也是时代给予研究者的社会担当。比如，民族传统体育文化如何发展？怎样应对转型危机？亟需研究者理性回答。任何民族传统体育

---

① 皮埃尔·布迪厄，华康德. 反思社会学导引 [M]. 芝加哥：芝加哥大学出版社，1992：97.

文化研究者不可能只关心学科完善，而无视自己的社会担当或社会服务功能。可以说，从学科体系构建走向问题综合研究，是民族传统体育文化研究发展的历史必然。"问题研究"是以实践中问题为出发点的研究范式，它不仅与时代发展密切相关，还可以推动民族传统体育文化研究走向合理发展之路。

四、从方法单一走向多元综合

作为一种人类的认识活动，民族传统体育文化研究离不开方法的支持。方法就是途径和办法，没有方法就根本无法完成研究任务。中华民族传统体育是经过数千年沿袭下来的传统文化，是民族精神的积淀，凝聚着人们的生活方式。从这一点讲，民族传统体育文化既涉及民族学和人类学领域，也牵设到社会学和传播学问题。因此，不管是宏观分析还是微观探索，理应进行跨学科交叉研究。在方法论上，将人文主义和实证主义相结合、静态论和动态论相统一；在基本方式上，文献资料法、田野调查法、民族志研究和考古研究都在使用之列。在理性时代，民族传统体育文化研究的方法多种多样，但可以归纳为人文性方法和科学性方法。人文方法的功能在于构建民族传统体育文化的解释，科学方法的功能在于寻求能够证实解释的依据。作为一个复杂系统，任何单一方法对民族传统体育文化研究而言都是远远不够的。可以说，未来在重视理论建构的基础上，综合运用多种方法也将成为一种趋势。

近年来，中华民族传统体育文化研究在内容、方法和问题域的进展，呈现出快速发展阶段的特征，也间接地反映出研究主体逐渐趋于成熟，相信未来会有更好的研究成果出现。民族传统体育文化研究的新走向，不仅在理论层面为中华民族传统体育文化研究拓展了学术视野和研究范式，而且在实践层面将有助于诠释民族传统体育场域中出现的问题，有利于中华民族传统体育文化的发展和传播。

第四节　西北走廊民族传统体育文化传承与嬗变

一、写作的缘起与问题域

费孝通先生在"中华民族多元一体格局"理论体系中，首次提出了三个民族走廊（西北走廊、藏彝走廊、南岭走廊）的概念，为后人研究民族文化搭建了基本框架。所谓"民族走廊"，顾名思义是指在一定的历史时期若干民族（或族群）沿着一定的地理环境频繁迁徙往来和活动的一个带状地带或通道。西北走廊位于青藏高原东北边缘，西端遥指亚欧腹地，东端与藏彝走廊连接，由甘青两省之间的河西走廊、河湟走廊和陇西走廊组成，地理空间大致包括河西地区、河湟谷地、甘南草原和洮岷山区在内的带状区域。这条走廊曾是月氏、乌孙、匈奴、羌、吐谷浑、党项、吐蕃、回鹘等游牧民族繁衍生息之地，至今仍然居住着蒙古族、藏族、裕固族、哈萨克族等游牧民族，继续创造、传承和守望着独具风采的游牧文化。从民族分布看，"大杂居小聚居"特征明显，其中土族、撒拉族、东乡族、保安族、裕固族五个人口较少的民族，夹在汉族、藏族、蒙古族、回族中间，仍然保持着自己的民族语言和文化特色，形成了独特的"民族小岛"。作为民族学、人类学中心论题的"民族文化"，一直为研究者所关注。因此，以西北走廊作为田野调查点，研究植根于该土壤民族之传统体育文化的传承与嬗变问题，能够揭示不同民族传统体育文化的共生现象，回答民族传统体育文化存在的内在逻辑和未来的发展前景。

实现这一目标，需要解决的具体问题是：西北走廊民族传统体育文化有哪些？这些民族传统体育文化是如何传承的？传承的动力和本质是什么？西北走廊民族传统体育文化怎样嬗变？嬗变的原因是什么？嬗变后的传统体育文化会走向何处？

围绕上述问题，必须完成以下任务：

第一，梳理西北走廊不同民族源流，整理各民族传统体育文化；

第二，勾勒西北走廊民族传统体育文化的传承体系，阐述传承要素之间的关系；

第三，分析西北走廊民族传统体育文化传承的动力机制，揭示文化传承的本质；

第四，描述西北走廊民族传统体育文化嬗变的形式与特点，解释文化嬗变的原因；

第五，探索西北走廊民族传统体育文化的嬗变规律、预测前景与未来走向；

第六，提出西北走廊民族传统体育文化的复兴之路，引导文化自觉、自信与自强。

二、本书的主要内容与组织框架

本书共分为六章。

第一章为绪论，主要阐明中华民族传统体育文化的价值意蕴，梳理研究进展与研究走向，明确西北走廊民族传统体育文化研究的缘起、问题域、主要内容、研究思路与方法。

第二章为西北走廊的民族、历史与文化特点。内容包括走廊概念提出的背景与学术意义、西北走廊的范围与定义、西北走廊古代民族格局与历史变迁、当代西北走廊的民族与文化格局，通过文献梳理明确研究的空间范畴和田野实证的具体位置，以及定居民族的历史演变。

第三章为西北走廊民族传统体育文化。通过对文化与民族传统体育文化概念辨析，厘清核心概念，确立本研究中民族传统体育文化的操作定义，在此基础上归纳、统计和整理西北走廊古代及当代各民族的传统体育文化，为传承与嬗变研究奠定基础。

第四章为西北走廊民族传统体育文化传承。内容包括民族传统体育文化传承的体系构建、文化传承的动力机制、文化传承的本质与特点，深度描述西北走廊民族传统体育文化传承现象，解释文化传承本质，揭示与探索文化传承规律。

第五章为西北走廊民族传统体育文化的嬗变。内容包括民族传统体育文化嬗变的形式、特点与类型，重点寻找西北走廊民族传统体育文化嬗变的原因，预测传统体育文化嬗变的可能走向，为干预和引导民族传统体育文化未来发展提供理论依据。

第六章为西北走廊民族传统体育文化发展前景与崛起之路。内容包括民族传统体育文化发展前景的理论依据、基本判断与未来走向，提出民族传统体育文化发展引导与干预，民族传统体育文化复兴之路。

三、本书写作的思路与具体方法

本书写作以科学发展观为指导，坚持实事求是、开拓创新的思维观，主张走向田野，描写、讲述、阐释西北走廊民族传统体育文化的显形和隐形文化遗存，发掘贯穿该地域民族体育文化中的价值观，重点探寻西北走廊民族传统体育文化的传承体系，研究民族传统体育文化的嬗变问题。并立足于国家、民族与社会的互动，从民族学、文化哲学、文化社会学、文化传播学等跨学科的视角出发，在广泛占有理论和实证材料的基础上，提出西北走廊民族传统体育文化的建设性前景。

主要采用以下研究方法：

（1）文献资料法。通过查阅相关文献资料，全面摸清国内外在这一范畴问题研究的现状，掌握该领域研究的进展与前沿，为本研究提供可靠的信息资源和理论依据。

（2）田野调查法。通过田野调查，掌握西北走廊不同民族体育文化的发展现状，揭示民族传统体育文化的传承特点与嬗变情况，归纳民族传统体育文化的发展历程和规律。

（3）民族志方法。通过深入到某些共享文化模式的人群中去，从其内部着手，提供相关意义和行为的整体描述与分析，解释某一民族群体文化，搜索其中的传统体育文化成份。

（4）比较研究法。通过历史比较对同一民族体育文化不同时期的发展进行纵向分析，研究民族传统体育文化的传承与嬗变；通过类型比较对不同民族传统体育文化总体或某种因素、层面的横向分析，探讨不同民族体育文化的特点和类型。

（5）考古研究法。对西北走廊民族传统体育文化的历史遗存进行考证，借此研讨民族体育文化的生存轨迹和生存环境，为探索民族传统体育文化发展的进程和规律提供历史物证。

研究的具体技术路线见下图：

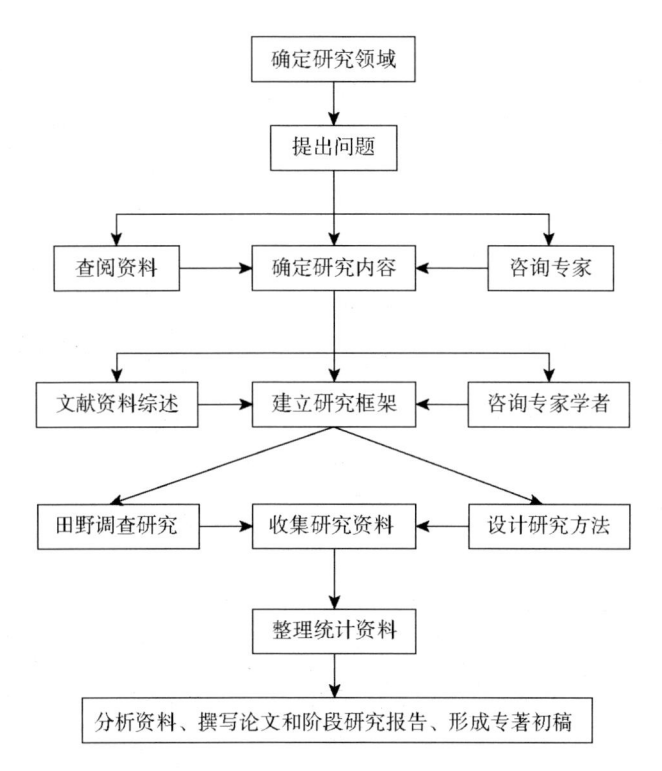

```
            ┌──────────────┐
            │ 确定研究领域 │
            └──────┬───────┘
                   ↓
            ┌──────────────┐
            │   提出问题   │
            └──────┬───────┘
                   ↓
┌──────────┐ ┌──────────────┐ ┌──────────┐
│ 查阅资料 │→│ 确定研究内容 │←│ 咨询专家 │
└──────────┘ └──────┬───────┘ └──────────┘
                    ↓
┌────────────┐ ┌──────────────┐ ┌──────────────┐
│文献资料综述│→│ 建立研究框架 │←│ 咨询专家学者 │
└────────────┘ └──────┬───────┘ └──────────────┘
                      ↓
┌────────────┐ ┌──────────────┐ ┌──────────────┐
│田野调查研究│→│ 收集研究资料 │←│ 设计研究方法 │
└────────────┘ └──────┬───────┘ └──────────────┘
                      ↓
              ┌──────────────┐
              │ 整理统计资料 │
              └──────┬───────┘
                     ↓
  ┌──────────────────────────────────────────┐
  │分析资料、撰写论文和阶段研究报告、形成专著初稿│
  └──────────────────────────────────────────┘
```

本书写作研究的具体技术路线图

四、写作的目的与意义

文化不是一潭死水，其发展变迁不但遵循自身规律，而且表现出了明显的时代特征。随着现代化进程，西北民族走廊的自然环境和社会环境都在发生深刻的变化。与此相应，民族传统体育文化发展中的许多现象与问题，需要仔细、深入地调查研究，准确地判断以及科学地诠释，以科学发展观引导民族文化的转型与发展。

本书的写作理论意义在于探寻西北走廊民族传统体育文化的传承体系、动力机制与传承本质，诠释民族传统体育文化嬗变的类型、动因与规律，旨在为传播中华民族传统体育文化，丰富民族文化学、民族传统体育学理论，构建"多元一体的和谐文化"提供民族体育文化素材。

本书的写作现实意义在于借助研究结果，指导和干预民族传统体育文化的未来发展，弘扬民族传统体育文化，为民族文化的繁荣和发展作出应有的贡献。

五、研究的基本观点与创新之处

传承与嬗变，既对立，又统一，是文化发展中的一对矛盾体。对于任何民族文化而言，传承实质上是纵向的"文化基因"复制，是一种文化的延续和再生产；而嬗变的本质则是文化的适应，是文化发展中的自我调适。文化需要传承，传承方能延续；文化时刻在嬗变，嬗变是一种必然。在现代化、城市化和全球化的今天，民族传统体育文化怎样传承、如何嬗变则需要学者仔细探讨。

任何传统文化的生命力，其实并不完全在于它曾经的存在和作用，而在于它是否具有直面未来的方法和可能。本书的创新之处，主要反映在通过实地考察西北走廊民族传统体育文化的传承与嬗变，归纳其发展的内在规律，探寻未来传统体育文化的发展之路，对民族传统体育文化的发展进行科学干预和引导。

第二章 西北走廊的民族、历史与文化特点

第一节 走廊概念提出的背景与学术意义

走廊（corridor），即通道。不同的辞典中，对"廊"字的解释基本相同。《辞源》注解为"室外有顶的通道"[①]，《辞海》解释为"屋檐下的过道或独立有顶的通道"[②]。走廊，可以简单理解为行走过的通道。

作为地理学概念，走廊指连接两个地区的狭长地带或者通道。比如，河西走廊东起乌鞘岭，西至古玉门关，南北夹在两山之间，长约 900 公里的狭长地带，是内地通往新疆的通道；辽西走廊东临辽东湾，西依松岭山，为西南东北走向，长约 185 公里，为兵家必争之地。

作为建筑学概念，走廊是指建筑物的水平交通空间，亦即空中走廊或者空中廊桥。

作为民族学概念，走廊特指一定的民族或族群长期沿着一定的自然环境频繁迁徙或流动的带状通道，一般用"民族走廊"一词来表述。中国是一个多民族国家，民族走廊的实体早已有之。我国著名民族学家、社会学家费孝通先生不仅关注民族走廊存在的历史事实，而且首次提出了"民族走廊"的概念。他在"中华民族多元一体格局"中指出，中华民族聚居区由"东北高山森林区、北部草原区、青藏高原、云贵高原、中原区、沿海区"六大板块和"西北走廊、藏彝走廊、南岭走廊"三大民族走廊构成。此后，民族走廊被学术界广泛应用。

[①] 辞源[M]. 修订本. 北京：商务印书馆，2004：1014.
[②] 辞海[M]. 上海：上海辞书出版社，1999：2436.

关于"民族走廊"概念，可以追溯至费孝通先生在1978年、1981年和1982年三次民族问题的讲话中。1978年9月，他在政协全国委员会民族组会议上发言时指出，解决"平武藏人"的族别问题，要"把北自甘肃，南到西藏西南的察隅、洛渝这一带地区全面联系起来"，分析研究"这个走廊"的历史、地理、语言和民族识别问题。这里的"走廊"，实际上就是民族走廊，"在历史上是被称为羌、氐、戎等名称的民族活动的地区"[①]。1981年12月，在中央民族学院民族研究所座谈会上，费先生提出了藏彝走廊和南岭走廊的学术概念，并指出"中华民族所在的地域大体可以分成北部草原地区，东北角的高山森林区，西南角的青藏高原，曾被拉铁摩尔所称的'内部边疆'，即我所说藏彝走廊，然后云贵高原，南岭走廊，沿海地区和中原地区。这是全国这个棋盘的格局"[②]。1982年5月，在武汉社会学研究班及中南民族学院部分少数民族同志座谈会上，费先生在论述"历史形成的民族地区"之后说："上述几个复杂地区：一条西北走廊，一条藏彝走廊，一条南岭走廊，还有一个地区包括东北几省。倘若这样来看，中华民族差不多就有一个全面的概念了。"[③] 从这三次讲话来看，费先生在不断完善自己的理论观点，他把"民族走廊"作为构成宏观理论思考的整体部件，为"中华民族多元一体格局"提供理论支撑。1988年在香港大学"泰纳讲演"（Tanner Lecture）会上，费孝通以"中华民族多元一体格局"为题对多年从事民族研究中形成的思路进行概括和阐述，并指出"中华民族是一个包含着众多民族的统一体"，其中"存在着多层次的多元格局"[④]。实际上，这个格局就是指"六大板块"和"三大走廊"。从空间俯瞰，"三大走廊"主要是少数民族生存和聚居之地。

民族走廊是费孝通先生对特殊的自然和历史条件下少数民族生存空间的准确概括，但他并未给民族走廊下过定义。1994年，民族学学者李绍明对费先生的这一概念进行了界定："民族走廊指一定的民族或族群长期沿着一定的自然环境如河流或山脉向外迁徙或流动的路线。"[⑤] 从这个定义可以看出，民族或族群沿着特定的自然环境迁徙之路就是民族走廊。那么，什么样的自然环境才能形成民

---

① 费孝通. 关于我国民族的识别问题 [J]. 中国社会科学, 1980, 1 (1): 147 – 162.
② 费孝通. 民族社会学调查的尝试 [J]. 中央民族学院学报, 1982, 9 (2): 3 – 10.
③ 费孝通. 谈深入开展民族调查问题 [J]. 中南民族学院学报, 1982, 3 (3): 2 – 6.
④ 费孝通. 中华民族的多元一体格局 [J]. 北京大学学报：哲学社会科学版, 1989, 26 (4): 1 – 19.
⑤ 李绍明. 藏彝走廊民族历史文化 [M]. 北京：民族出版社, 2008: 43.

族走廊？为什么只有这样的自然环境才能形成民族走廊？自然环境与民族走廊形成有何关系？

自然环境是人类赖以生存的基础，包括地形、地貌、水文、气候、植被、海陆分布等。中国领土辽阔，地势西高东低，内陆地形复杂，有巍峨的群山、宽广的平原、起伏的丘陵、巨大的盆地、壮美的高原和众多的河流湖泊，构成了不同的自然地理区域。大体而言，高山、沙漠、高原与盆地多位于西部，平原、丘陵多见于东部，地形自西而东呈现出"三级阶梯"走势。青藏高原号称"世界屋脊"，海拔在 4000~5000 米，许多山峰超过 7000 米，是第三阶梯；横断山脉地区、黄土高原、内蒙古高原、云贵高原为第二阶梯，海拔在 1000~2000 米之间，区域内有塔里木盆地和四川盆地；东部 1000 米以下的丘陵和海拔在 200 米以下的平原为第一阶梯。在两个阶梯之间的过渡地带，都有一条由北至南走向的带状山脉，以及由上一阶梯河流急速向下冲积而成的峡谷地貌。这种特殊的自然地理环境，便是"民族走廊"形成的天然场所。

自然环境是地理环境的一种，发展变化的速度相当缓慢，有时需要相当长的时间才能被人们所察觉。"但在某些阶段和某些局部地区，自然地理环境的变化也可能发生的非常迅速、非常剧烈，造成巨大的影响"[①]。2008 年 5 月 12 日，汶川大地震引起了当地地貌的极大变化。在人类尚未产生之前，自然环境就是地理环境，或者说是自然地理环境。伴随着人类的产生，单纯的自然地理环境不复存在，随之出现了经济地理环境和社会地理环境，共同构成了地理环境。从人类社会发展的角度看，经济地理环境和社会地理环境对民族走廊的形成至关重要。

受自然地理环境的制约，阶梯之间的过渡地带多以山地为主，平坝、河谷、台地可以适合不同生产类型的民族居住。河谷、平坝植被较好，生态资源相对丰富，能够满足游牧民族的需要，台地可以供农耕民族居住。这样，不同的民族可以共同生活在同一地理环境中，形成多元文化的汇聚地。与定居不同的是，形成民族走廊的阶梯地带曾经是民族往来迁徙的通道。考察中国历史，人口迁徙相当频繁，好多地方都有民族迁徙的历史遗存。距今 170 万年前，人类就在中华大地上诞生了。如果从空间分布看，犹如天空中的繁星，星罗棋布般地装饰着中华大地。远古时期，华夏先民就有从河流上游地域向下游地区迁移的历史过程，黄帝

---

① 张岱年，方克立. 中国文化概论 [M]. 修订版. 北京：北京师范大学出版社，2004：13.

集团南下是最好的例证。据《路史》记载，黄帝生于"上邽"①。上邽地处渭水上游，陇山西侧的天水境内。《汉书人表考》也说："以戊己日生黄帝于天水。"②1986年，考古人员在天水市秦安县五营乡邵店村发现了大地湾遗址，不但表明该地区是华夏文明的源头之一，而且把中华文明推至前仰韶文化期，再次印证了黄帝出生于该地区的史实。众所周知，黄帝集团是前仰韶文化时期最大的部落，主要以陕北为据点，后南下发展到燕山地区。《五帝本纪》载，黄帝在战胜蚩尤后，"合符釜山，而邑于涿鹿之阿。迁徙往来无常处，以师兵为营卫"③。黄帝集团从陕北发展向燕山地区，其迁徙路线大约是"顺北洛水南下，到今大荔、朝邑一带，东渡黄河，跟着中条及太行山边逐渐向东北走"④。随着农耕业的发展，中华文明的重心开始南移，中原农耕民族逐渐建立强大的政权，人口流动趋势发生了逆转，呈现出由北而南、由东而西的迁徙运动。

不论从河流上游向下游的迁徙，还是由东而西的迁徙，都需要穿越不同的阶梯；不管从第一阶梯到第二阶梯，还是从第二阶梯到第三阶梯，梯度差都是必须面对的困难。古代生产力比较低下，对自然环境的改造非常有限，也没有可以在空中飞行的交通工具，因而古人必须寻找恰当的迁徙路径，方能实现长期流动和迁移。"早在远古时期，我国各民族的先民就利用山脉走向江河冲刷切割所形成的天然通道，闯出了多条由东至西，由北而南的民族迁徙'走廊'和经济文化交流路线，著名的有中南走廊、南岭走廊、藏彝走廊、河西走廊、内蒙古走廊等"⑤。特殊的自然环境使得这些走廊成为民族迁徙之路，驿站、集镇、客栈自然成了商品交换和文化传播的交汇地。当然，迁徙通道只是民族走廊的一个历史方面，更多的则是不同民族的长期聚居、融合与发展。直至今天，民族走廊仍然是多元民族聚居区和生存之地，至今保留着不同民族自身的文化传统，"沉积着许多现在还存在的历史遗留"⑥。

从历史视角看，费孝通关于"民族走廊"概念的提出，不但把已有的事实和当今的现状准确描述出来，而且具有非常重要的学术意义。

首先，从起源上来说，中华民族具有多元一体特征。在中国不同的地域，都

---

① 罗泌. 路史 [M]. 北京：中华书局，1985.
② 梁玉绳. 汉书人表考：第一卷 [M]. 北京：商务印书馆，1937：20.
③ 司马迁. 史记：第一卷 [M]. 北京：中华书局，1959：6.
④ 徐旭生. 中国古史的传说时代 [M]. 北京：文物出版社，1985：44.
⑤ 郭家骥. 地理环境与民族关系 [J]. 贵州民族研究，2008，28 (2)：74-83.
⑥ 费孝通. 关于我国民族的识别问题 [J]. 中国社会科学，1980，1 (1)：147-162.

发现有原始人生存,云南有元谋人,陕西有蓝田人,北京周口店有北京人,安徽有和县人,湖北有郧县人和郧西人,这些不同地区生存的先民是怎样迁徙、流动和融合,最后形成一体格局的,尚需进一步探讨。回答这个问题,必须要从民族走廊中寻求考古证据。民族走廊作为特殊的历史空间,必然有不同时代民族迁徙所遗留的信息,从中可以推断当时的历史场面、社会文化和民族风情,进而寻找民族迁徙与社会发展的关系。

其次,民族走廊是一个多元民族聚居地,历史上曾有不同民族在走廊内生存,不同的民俗风情和民族文化在这里融会、碰撞、交流和沉淀,最后形成了多元文化交汇的沉积地带。正如李绍明所言:"在这条走廊中必然保留着该民族或族群众多的历史与文化沉淀,"[1] 是文化多样性的典型地域,对于研究文化融合与变迁具有得天独厚的优势。西北民族走廊和敦煌学、西夏学、藏学、蒙古学、突厥学等学科,以及回族研究、东西交通史的研究密切相关,是多学科的一个重要交叉点,开展对西北民族走廊的研究,具有重要的学术价值和重大的现实意义。

最后,单一民族文化研究缺乏同类参照系,无法详细比较不同民族之间的文化差异,以及不同民族之间的文化互动与交流,以至于很难阐释文化学上的紫罗兰现象、同构异功现象。如果把生产方式相似或者生活在某一共同地理空间的不同民族结合起来,就能够很好地解决单一民族文化研究的缺陷。费孝通先生曾言:"把这走廊中一向存在着的语言和历史上的疑难问题,一旦串联起来,有点像下围棋,一子相连,全盘皆活。"[2] 西北走廊位于丝绸之路中段,自古农牧交接,历来为兵家必争之地,得天独厚的地理位置成为研究民族迁徙和文化融合的最佳结合点。在大杂居小聚居的民族格局下,串连研究民族文化互动与嬗变趋势,无疑具有重要的理论价值和实践指导意义。

第二节 西北走廊的范围与定义

西北走廊是费孝通先生"民族走廊"学说中的三大走廊之一,位于青藏高

---

[1] 李绍明. 李绍明民族学文选 [M]. 成都:成都出版社,1995:10.
[2] 费孝通. 关于我国民族的识别问题 [J]. 中国社会科学,1980,1(1):147–162.

原东北边缘,西端遥指亚欧腹地,东端与藏彝走廊连接,由甘肃和青海两省之间的河西走廊和陇西走廊组成。古老的丝绸之路贯穿整个西北走廊,成为联结中原与西域的重要通道。这条走廊曾经是"西戎、乌孙、月氏、匈奴、氐、羌、柔然、鲜卑、吐谷浑、吐蕃、突厥、沙陀、回鹘、党项、蒙古等古代族群生息繁衍的地方"①,现如今分布着土族、撒拉族、东乡族、保安族、裕固族五个少数民族,他们夹在汉族、藏族、蒙古族、回族中间,仍然保持着自己的民族语言和文化特色,形成了独特的"民族小岛"。伊斯兰教、藏传佛教、道教的三教汇聚和敦煌学、西夏学等多学科交叉,以及游牧文化、农耕文化、商业文化和手工业文化的多元并存,使得西北走廊倍受历史学、民族学、文化学、人类学学者的青睐。

  作为学术概念,西北走廊的提出与完善是一个渐进的过程。1978年9月,费孝通先生在政协全国委员会民族组会议上的发言时指出:"要解决这个问题可能需要扩大研究面,把北自甘肃,南到西藏西南的察隅、洛渝这一带地区全面联系起来,分析研究靠近藏族地区这个走廊的历史、地理、语言并和已经陆续暴露出来的民族识别问题结合起来。这个走廊正是汉藏、彝藏接触的边界,在不同历史时期出现过政治上拉锯的局面。而正是这个走廊在历史上是被称为羌、氐、戎等名称的民族活动的地区,并且出现过大小不等、久暂不同的地方政权。现在这个走廊东部已是汉族的聚居区,西部是藏族的聚居区。"②

  费先生提到了"北自甘肃南到西藏西南"的走廊,却没有给这条走廊命名。从古代羌、氐、戎等民族活动的地区来看,甘肃和青海都有这些民族生活的记载。《后汉书·西羌传》载:"西羌之本,出自三苗,姜姓之别也。其国近南岳。及舜流四凶,徙之三危。"③可见,羌族源于三苗,尧舜时被迁至三危。三危,今何处?北魏郦道元的《水经注》记载:"三危山在敦煌县南。"④唐代李泰的《括地志》中说:"三危山有三峰,故曰三危。俗亦名卑羽山,在沙州敦煌县东南三十里。"⑤《太平寰宇记》《太平御览》均引用敦煌说。但也有不同看法的,唐代孔颖达的《尚书正义》认为三危指西裔或西裔之山,清朝康熙皇帝认为是

---

① 秦永章. 费孝通与西北民族走廊[J]. 青海民族研究,2011,22(3):1-6.
② 费孝通. 关于我国民族的识别问题[J]. 中国社会科学,1980,1(1)147-162.
③ 范晔. 后汉书:第87卷[M]. 李贤,注. 北京:中华书局,1965:2869.
④ 郦道元. 水经注:第30卷[M]. 成都:巴蜀书社,1985:616.
⑤ 李泰. 括地志辑校[M]. 贺次君,辑校. 北京:中华书局,1980:228.

康、藏、卫三地。目前，研究者大都认同敦煌说。氐族自称"盍稚"，分支很多，有白马氐、清水氐、临渭氐、蚺氐等，战国以来主要分布在甘肃东南部。戎是我国古代西北地区古老的民族，史称西戎。据《左传》记载，瓜州之戎原居瓜州，于公元前683年被晋惠公诱迁至伊川。历史上，在甘肃早期生活的"羌人""氐羌""西戎"沿黄河和渭水河谷向东南迁移，进入黄河中下游农耕区后成为汉族的一个重要来源。所以，费孝通在论及中国西部的民族流动时说："从史书的文字记载中，早期在中原之西居住的人统称戎。贴近中原，今宁夏、甘肃这一条黄河上游的走廊地带，正处在农业和牧业两大地区的中间，这里的早期居民称作羌人，牧羊人的意思。羌人可能是中原的人对西方牧民的统称，包括上百个部落，还有许多不同的名称，古书上羌氐常常连称。他们是否同一来源也难确定，可能在语言上属于同一系统。《后汉书》说他们是'出自三苗'，就是黄帝从华北逐去西北的这些部落。商代甲骨文中有羌字，当时活动在今甘肃、陕西一带。羌人和周人部落有姻亲关系，所以周人自谓出于姜嫄。在周代统治集团中羌人占重要地位，后来成为华夏族的重要组成部份。"①

从古代部落居住地及其流动来看，黄河上游的走廊地带，就是在"历史上被称为羌、氐、戎活动的地区"，费先生后来将其命名为"西北走廊"。

1982年5月27日晚，费先生在武汉社会学研究班及中南民族学院部分少数民族同志座谈会上说："西北地区还有一条走廊，从甘肃沿'丝绸之路'到新疆。在这条走廊里，分布着土族、撒拉族、东乡族、保安族、裕固族等，他们是夹在汉族、藏族、蒙古族、回族中间。有的信藏传佛教，有的信伊斯兰教，有的讲藏语，有的讲蒙古语，有的讲突厥语，也是很复杂的，不容易处理。有些民族讲两种语言。"②

至此，费先生对这条走廊民族的分布、宗教信仰和语言论述非常清楚，也对西北地区、西南地区和中南地区的走廊进行命名："西北走廊，藏彝走廊，南岭走廊。"③ 三大走廊的提出，打破了按照省区或者行政区划来研究民族问题的做法，也打破了以往单一民族研究的常规。在一个大体相近的自然环境中，不同民族的文化有很多相似之处，而且相互交融，形成了一条条特定的民族走廊。

必须强调的是，只有与具体的地理空间对应起来，民族走廊才有意义。在费

---

① 费孝通. 中华民族的多元一体格局［J］. 北京大学学报：哲学社会科学版，1989，26（4）：1-19.
② 费孝通. 谈深入开展民族调查问题［J］. 中南民族学院学报，1982，3（3）：2-6.
③ 费孝通. 中华民族的多元一体格局［J］. 北京大学学报：哲学社会科学版，1989，26（4）：1-19.

先生的上述言论中，并没有对西北走廊的地理位置给予准确的描述。民族学学者李邵明认为："西北走廊即地理学上的河西走廊亦即古代西北丝绸之路之所经，大约沿祁连山的东北和西南两侧由黄土高原进入新疆的盆地。这条走廊从古迄今均是自然通道，古今有多少民族群体在此演绎出壮丽的篇章，其重要意义不言自明。"① 近年来，中国社科院民族学和人类学研究所的秦永章则认为，费孝通先生所说的西北走廊不但包括河西走廊，而且包括与河西走廊成丁字形的河湟走廊，以及陇西走廊②，大致分为河西走廊、河湟谷地、甘南草原和洮岷山区4个自然区域③。

关于李邵明的河西走廊说，显然无法与费孝通的西北走廊划等号。费先生说："西北地区还有一条走廊，从甘肃沿'丝绸之路'到新疆。"④ 丝绸之路从古都西安出发，跨越陇山山脉，经河西走廊进入新疆，然后穿越帕米尔高原进入中亚、西亚、非洲，最后抵达欧洲。这是古代欧亚大陆北部的陆上商道，在甘肃境内绵延1600多公里。自唐朝以来，丝绸之路在甘肃青海段有3条线路：北线沿六盘山东面北行，在靖远一带渡河后进入河西走廊，最后出阳关直通狭义的"西域"；南线沿渭河河谷穿行，途经天水、陇西、临洮、临夏、民和、西宁、扁都口、张掖、酒泉、安西、敦煌、西出阳关；中线与南线在天水分道，途经兰州、武威、张掖、酒泉、安西、敦煌。不管是哪条线，在抵达新疆之前都要途经河西走廊。河西走廊东起乌鞘岭，西至阳关，全长约900多公里，为丝绸之路甘肃段的一部分。因此，将西北走廊仅看作河西走廊是不恰当的。准确地说，河西走廊是西北走廊的重要组成部分。

除河西走廊之外，西北走廊的地理范围还有哪些？是否包括陇西走廊？回答这个问题，还得从费先生的言论中寻找答案。

1985年8月，费孝通随同民盟的一批专家考察完"陇中苦甲天下"的定西之后，独自上高原调查甘南藏族。他在《甘南篇》中写道："我这次从兰州去甘南是沿洮河，靠着陇西黄土高原西部边缘南下的。到合作就跨入了青藏高原的东界。紧接青藏高原的这一缕黄土地区出现了一条成分复杂、犬牙交错的民族地

---

① 李邵明. 费孝通论藏彝走廊[J]. 西藏民族学院学报，2006，27 (1)：1-6.
② 秦永章. 费孝通与西北民族走廊[J]. 青海民族研究，2011，22 (3)：1-6.
③ 秦永章. 试议"西北民族走廊"的范围和地理特点[J]. 中央民族大学学报：哲学社会科学版，2011，38 (3)：67-72.
④ 费孝通. 谈深入开展民族调查问题[J]. 中南民族学院学报，1982，3 (3)：2-6.

带，不妨称之为陇西走廊。在现有的分省地图上，这条走廊正是甘、青两省接壤地区，向南延伸便到云贵高原的六江流域。这里是对民族研究工作者具有吸引力的地区。"[1]

这是费先生首次提出陇西走廊一词，后来他在《临夏行》中也说："这条走廊沿着甘、青两省边界，北起祁连山，南下四川，接上横断山脉的六江流域，民族成份颇为复杂""这条陇西走廊可以说是汉、藏两族的分界，也是农、牧两大经济区的桥梁。"[2] 从费先生笔下的地理位置看，陇西走廊也是构成西北走廊的一部分。这是因为，陇西走廊南接藏彝走廊，北与河西走廊相连，区域内居住着撒拉族、裕固族、东乡族、土族、保安族、回族、藏族等少数民族，是民族成份非常复杂的区域。如果把河西走廊与陇西走廊两条带状区域联结起来，恰恰就是费先生所说的西北走廊。这一点，可以从他的言论中得到证实。

1997年，费先生翻译出版了许让神夫的《甘肃土人的婚姻》一书，他在序言中说："在一九五七年前，我从民族研究的实践中也曾看中过土族在内的处于甘肃、青海到四川西部的那一条民族走廊里的一些人数不多的小民族。这条民族走廊正处在青藏高原东麓和横断山脉及中部平原之间的那一条从甘肃西北部沿祁连山脉向南延伸到沿甘肃边界和四川北部的狭长地带。在这里居住着一些人数较少的民族，如裕固族、保安族、土族、东乡族、撒拉族以及羌族等。他们夹在汉族、藏族、蒙古族和回族等人数较多的大民族之间，他们的语言、宗教和生活方式都各自具有其特点，同时又和上述的较大民族有密切的联系。"[3]

为了研究民族问题，费先生提出了"三大走廊"的概念，西北地区大的走廊只有"西北走廊"一条，也就是处于甘肃、青海到四川西部的那一条民族走廊。显然，西北走廊既包含通往新疆的河西走廊，又包括通往西南地区的陇西走廊。陇西走廊位于甘肃、青海、四川三省交界处，北起河西走廊咽喉——祁连山脉的冷龙岭分支乌鞘岭，南至入蜀咽喉摩天岭，包括青藏高原东缘、陇中高原西部、陇南山地[4]，由北端的"河湟走廊"和南端的"洮岷走廊"构成，也就是历

---

[1] 费孝通. 费孝通文集：第10卷 [M]. 北京：群言出版社, 1999：176 - 177.
[2] 费孝通. 费孝通文集：第11卷 [M]. 北京：群言出版社, 1999：113 - 117.
[3] 许让神夫. 甘肃土人的婚姻 [M]. 费孝通, 王同惠, 译. 沈阳：辽宁教育出版社, 1998：13.
[4] 马宁. 论"陇西走廊"的概念及其内涵 [J]. 西北民族大学学报：哲学社会科学版, 2011 (2)：51 - 66.

史上的河湟与洮岷地区①。从区域来看,西北走廊主要指甘肃、青海两省毗邻地区的带状通道,地理范围大致包括河西走廊、河湟谷地和洮岷地区。

河西走廊:河西,黄河以西,泛指丝绸之路兰州段以西的广大地区。河西之名,古代就有,最早见于西汉政府设置"河西四郡"。《汉书·武帝本纪》载:"元鼎六年(公元前111年)秋,又遣浮沮将军公孙贺出九原、匈奴将军赵破奴出令居,皆两千余里,不见虏而还。乃分武威、酒泉地置张掖、敦煌郡,徙民以实之。"②河西四郡的设置,主要与隔绝匈奴有关。匈奴是我国古代北方游牧民族中的一支,世代"逐水草迁徙,毋城郭常处耕田之业"(《史记·匈奴列传》),流徙不定的游牧生活,使得匈奴人"儿能骑羊,引弓射鸟鼠,少长则射鸟兔,用为食。士力能惯弓,尽为甲骑""其俗,宽则随畜,因射猎禽兽为生业,急则人习战攻以侵伐,其天性也。"③与稳定安居的农耕经济比较,游牧经济相对脆弱,一旦遭遇生存困境,匈奴人便南下劫掠。秦灭六国,实现了中原农业区的统一。为了抵御北方游牧民族的入侵,秦始皇将秦、燕、赵三国所修的长城连接并延伸,形成了东起辽东,西至临洮的秦长城,以阻止匈奴南下。武威、酒泉、张掖、敦煌四郡建置之后,河西地区迅速转变为新兴的农业区,这就使原来连成一大片的游牧区分割为两部分,即匈奴、东胡等民族的北方游牧区域和西羌等民族的西北至西方游牧区域。可以说,河西四郡的设置,基本上达到了"隔绝羌胡"的主要目的。

西汉时期的河西地区以及武威、酒泉、张掖、敦煌四大重镇,其地理位置与今天的河西走廊大体相同,东汉、三国、魏晋时期沿用这种地理概念。到了南北朝期间,当时的河西不仅包括河西走廊地区,还包括东起今山西吕梁山,西到今甘肃、宁夏两省区的一大片地域。据《旧唐书·地理志》记载,景云二年(711年),"自黄河以西,分为河西道"④。切排认为:"'河西'的含义虽几经变化,但是,它的范围大多没有超出古雍州的范围。"⑤现如今的河西,主要指武威、酒泉、张掖、金昌、嘉峪关等地区,地理范围东起洛河与渭河交汇处,西至甘新两省区交界处,南依祁连山,北接内蒙古高原南缘隆起。由于河西地区东西跨距

---

① 秦永章. 试议"西北民族走廊"的范围和地理特点 [J]. 中央民族大学学报:哲学社会科学版,2011,38 (3):67-72.
② 班固. 汉书 [M]. 颜师古,注. 郑州:中州古籍出版社,1991:30.
③ 司马迁. 史记·匈奴列传 [M]. 北京:中华书局,1959:2879.
④ 刘昫. 旧唐书·地理志:第40卷 [M]. 北京:中华书局,1975:1639.
⑤ 切排. 河西走廊多民族和平杂居与发展态势研究 [M]. 北京:民族出版社,2009:9.

较长，南北狭窄，形如带状，通往新疆的交通要道纵贯全境，于是走廊之名应运而生。河西走廊不但是古今交通枢纽，而且是民族迁徙的重要通道。自古以来，月氏、氐羌、乌孙、匈奴、鲜卑、吐谷浑、突厥、吐蕃、党项、回鹘、蒙古、汉、满、藏、回等民族都曾迁徙于河西走廊，如今这里居住着汉、藏、蒙、回、土、裕固、东乡、保安、撒拉等四十多个民族。

河湟谷地：河湟，黄河与湟水的并称。《后汉书·西羌传》云："武帝征伐四夷，开地广境，北却匈奴，西逐诸羌，乃度河、湟，筑令居塞。"① 这里的河湟指的是甘青两省交界地带的黄河及其支流湟水，湟水源于青海省海晏县包呼图山，流经湟源、西宁、乐都、民和等县市，在兰州市西汇入黄河。《新唐书·吐蕃传下》载："湟水出蒙谷，抵龙泉与河合。河之上流，繇洪济梁西南行二千里，水益狭，春可涉，秋夏乃胜舟。其南三百里三山，中高而四下，曰紫山，直大羊同国，古所谓昆仑者也，虏曰闷摩黎山，东距长安五千里，河源其间，流澄缓下，稍合众流，色赤，行益远，它水并注则浊，故世举谓西戎地曰河湟。"②

此后，"河湟"逐渐演变成一个地域概念，特指由黄河和湟水冲积而成的大片谷地称作"河湟地区"或"河湟谷地"。河湟地区位于青藏高原达坂山与积石山之间，是黄河上游、湟水流域及大通河流域构成的三角地带，土地肥沃，适宜耕作。从区位地理角度来看，河湟地区东结陇右，南通四川盆地，是与河西走廊、西域联系的中间地带，也是古代中原政权与西部民族政权反复争夺的边缘地带③。据史书记载，河湟一带是汉武帝北击匈奴的军事重地，也是魏晋南北朝时期鲜卑秃发部建立南凉政权的所在地。隋统一全国后，在河湟设鄯、廓二州。唐龙朔三年（663年），唐朝和吐蕃在河湟地区形成了对峙局面；安史之乱后，甘青唐军东调，吐蕃乘机占领了河湟、陇右及河西。蒙古汗国成立后，蒙古族人进入河湟谷地；明清时期，大量的汉族居住于河湟地区。从现在的行政区划上看，河湟谷地大致包括青海省的湟源县、湟中县、西宁市、乐都县、民和县、大通县、互助县、化隆县、循化县、平安县、同仁县、尖扎县、贵德县和甘肃省的临夏市、康乐县、广河县、和政县、永靖县、天祝藏族自治县、永登县、东乡族自治县和积石山保安族东乡族撒拉族自治县，也就是青海东部和甘肃西部的临县回族自治州全境。

---

① 范晔. 后汉书·西羌传：第87卷 [M]. 李贤，注. 北京：中华书局，1965：2876.
② 欧阳修，宋祁. 新唐书：第216卷 [M]. 北京：中华书局，1975：6104.
③ 李孝聪. 中国区域历史地理 [M]. 北京：北京大学出版社，2004：28.

洮岷地区：洮岷，古代洮州和岷州的合称。古洮州在现今甘肃临潭县，古岷州在现今甘肃岷县，因地域相连，故而称作洮岷地区。历史上，洮岷地区曾经是古代氐羌等民族活动的重要区域，秦以后（大部分）为陇西郡所管辖。陇西，陇山以西。秦昭王二十七年（公元前280年），陇西之名始见于史册。《史记·秦本纪》载："二十七年，错攻楚。赦罪人迁之南阳。白起攻赵，取代光狼城。又使司马错发陇西，因蜀攻楚黔中，拔之。"① 随后，陇西建郡。关于秦置陇西郡的具体时间，说法不一。《水经注·河水》云："狄道故城，汉陇西郡治，秦昭王二十八年（公元前279年）置"②，而《后汉书·西羌传》中却说："至王赧四十三年，宣太后诱杀义渠王于甘泉宫，因起兵灭之，始置陇西、北地、上郡焉。"③ 周赧王四十三年（公元前272年），即秦昭王三十五年。不管是二十八年还是三十五年，当时的陇西乃"右拒西羌左护咸阳"之要郡，为兵家必争之地。秦始皇二十六年（公元前221年），全国置三十六郡，陇西郡便是其中之一，"郡治狄道，领七县"。狄道，今甘肃临洮县；其余六县为上邽、西县、下辩、冀县、临洮、枹罕。从地理位置上看，秦陇西郡所管辖区域主要是今天的洮岷地区。从现在的行政区划看，洮岷地区位于甘肃省西南部，包括甘南藏族自治州全境、定西地区的临洮、渭源、陇西、漳县和岷县，以及陇南地区的宕昌县、文县。

西北走廊是费孝通先生提出的一个民族学概念，在地理空间上大致包括河西走廊、河湟谷地和洮岷地区在内的广大区域。这里不但民族成分复杂，迁徙流动非常频繁，文化冲突与交流融合异常明显，而且至今保留着许多"民族小岛"，成为这条历史的、文化的、民族的通道中独树一帜的文化景观。西北民族走廊既是古代交通史、民族史、文化史的承载者，也是当今"一带一路"战略的参与者。

第三节 西北走廊古代民族格局与历史变迁

民族是人类社会发展阶段的产物，是在氏族、部落的基础上建立起来的共同体。1913年，斯大林在《马克思主义和民族问题》一文中指出："民族是人们在

---

① 司马迁. 史记·秦本纪：第5卷 [M]. 北京：中华书局，1959：213.
② 郦道元. 水经注：第2卷 [M]. 成都：巴蜀书社，1985：76.
③ 范晔. 后汉书·西羌传：第87卷 [M]. 李贤，注. 北京：中华书局，1965：2874.

历史上形成的一个有共同语言、共同地域、共同经济生活及表现于共同文化上的共同心理素质的稳定共同体。"① 民族只是人类共同体中的一种，在民族产生之前还有氏族、部落等共同体。"中华民族作为一个自觉的民族实体，是近百年来中国和西方列强对抗中出现的，但作为一个自在的民族实体则是几千年的历史过程所形成的。"② 早在5400年前，中华大地上就有了人类生存的踪迹，前仰韶文化记载了先人们生产耕作的历史丰碑。距今3000年前，在黄河中游诞生了一个由若干民族集团汇集和融合而成的华夏族，并以此为核心逐渐形成了多元一体的中华民族格局。从起源上来看，中华民族的形成是多元的；从构成上来看，中华民族是由众多民族聚合而成的一个总体。1953年，全国第一次人口普查中，自报登记的民族多达400个，随后便启动了民族识别工作。截至1982年，最终确认中华民族由56个民族构成。在历史的长河中，56个民族的发展演变自成体系，在特定的生存空间繁衍生息。那么在西北走廊，历史上生存过哪些民族？现在的民族格局又是怎样形成的？探源历史，需要在考古的基础上回顾与梳理文献资料，寻找可能的答案。

1958年，甘肃省文物工作者在泾渭流域发现了大地湾遗址。该遗址为新石器时代的历史遗存，涵盖了新石器时代早、中、晚期的考古文化。据放射性碳素断代并经校正，大地湾遗址为公元前5850年到公元前5400年间先民生存所留，属于前仰韶文化。后经多次考古发掘，大地湾遗址史前文化的发展经历了老官台文化（前仰韶文化时期）、仰韶文化早期（半坡期）、仰韶文化中期（庙底沟期）、仰韶文化晚期、常山下层文化5个时期③。大地湾遗址是西北走廊发现的人类生存的最早记录，也是华夏文明的重要源头。

在西北走廊，远古人类不仅创造了大地湾文化，而且创造马家窑文化、齐家文化、辛店文化和沙井文化。仰韶文化因河南省渑池县仰韶村遗址而得名，年代最早可以追溯至公元前5000年，彩绘陶器非常发达，曾被称作"彩陶文化"。公元前3000年以后，黄河中游的彩陶文化逐渐衰落了，然而在黄河上游的西北走廊地区，以马家窑文化为代表的彩陶艺术却得到了极大的发展。1924年，时任北洋政府农商部矿政顾问的瑞典考古学家安特生，在临洮县发现了马家窑遗址、

---

① 斯大林. 斯大林全集：第2卷 [M]. 北京：人民出版社，1953：294.
② 费孝通. 中华民族多元一体格局 [M]. 修订本. 北京：中央民族大学出版社，1999：3.
③ 甘肃省文物考古研究所. 秦安大地湾：新石器时代遗址发掘报告 [M]. 北京：文物出版社，2006：3.

辛店遗址,在河西走廊的民勤县发现了三角城遗址、柳湖村遗址和沙井遗址。1925年,安特生将他在甘肃考古时发现的遗址分为齐家期、仰韶期、马厂期、辛店期、寺洼期和沙井期①。虽然,安特生的分期存在着明显的错误,但是却开启了西北走廊新石器时代考古的序幕。在接下来的半个世纪中,考古人员在西北走廊共发现马家窑文化遗址近千处,主要分布在湟水、洮河、大夏河流域和兰州、永靖附近的黄河沿岸。在发掘过的遗址中,比较大的有临洮县马家窑、民勤县柳湖村、天水罗家沟、兰州西坡和十里店、红古县青岗岔、永登蒋家坪、永靖县马家湾②、东乡县林家③、民和县的阳洼坡④、互助县的总寨⑤、乐都县的柳湾、大通县的上孙寨、循化县的苏呼撒、西宁市的朱家寨⑥,涵盖了马家窑文化石岭下、马家窑、半山和马厂四个类型,年代跨度从公元前3300年延续至公元前2050年左右。从出土的房屋遗址和镰、斧、锄、杵等生产工具来看,农业是当时先民们的主要生产类型。

彩陶在马家窑文化进入马厂期后呈现出衰退之势,后经齐家文化、四坝文化、辛店文化、沙井文化,最终逐渐走向衰落。在齐家文化期,西北走廊先民的生产方式出现了大的变化,渭河上游和洮河中下游地区先民住半地穴式房子,以种田为生,而河湟地区的先民则有游牧生产的趋势。1959年,考古人员在甘肃永靖大何庄发现了齐家文化遗址,并在该遗址挖掘出了许多以农业用途为主的石器,散落在屋中、窖坑、墓葬中的谷物种子,以及动物遗骸。根据大河庄遗址动物遗骸的分析,这些动物绝大部分是猪和羊,其中猪占所有动物的73%,羊占21%⑦。这说明农业耕作是当时先民赖以生存的基础,对猪的饲养也异常重视。相反在河湟地区齐家文化时期的互助县总寨墓穴中,发现了用于割断动物头颈的双孔石刀和用于切割动物皮肉的细石刀。在乐都县柳湾遗址的齐家文化墓葬中出

---

① 安特生. 甘肃考古记 [J]. 地质专报,1925.
② 中国社会科学院考古研究所甘青工作队. 甘肃永靖马家湾新石器时代遗址的发掘 [J]. 考古,1975 (2):90-96.
③ 甘肃省文物工作队,东乡族自治县文化馆. 甘肃东乡林家遗址发掘报告 [J]. 考古学集刊,1984 (4).
④ 青海省文物考古队. 青海民和阳洼坡遗址试掘简报 [J]. 考古,1984 (1):15-20.
⑤ 青海省文物考古队. 青海互助土族自治县总寨马厂、齐家、辛店文化墓葬 [J]. 考古,1986 (4):3016-317.
⑥ 崔永红,张得祖,杜常顺. 青海通史 [M]. 西宁:青海人民出版社,1999:6.
⑦ 中国社会科学院考古研究所甘青工作队. 甘肃永靖大何庄遗址发掘简报 [J]. 考古学报,1974 (2):29-62.

现了石矛、石球,则反映出狩猎活动也是河湟先民获取食物的重要渠道①。此外,互助县总寨的齐家文化墓葬中,一般都有羊角作为随葬品,没有发现猪的遗骸。对于这一现象,王明珂有独到的看法:"养羊与养猪,在人类生态上有截然不同的意义。原始农民所养的猪都是放牧的。在自然环境中,猪所搜寻的食物是野果、草莓、根茎类植物、菇菌类、野生谷粒等。这些,几乎也都是人可以直接食用的。因此,在食物缺乏的时候,猪与人在觅食上处于竞争的地位。这时,养猪并不能增加人类的粮食。相反的,羊所吃的都是人不能直接利用的植物。尤其在河湟地区,由于人们在这儿牧羊可以突破环境的高度限制,以利用河谷上方的高地水草。"②

畜牧、狩猎的出现,充分表明河湟谷地先民的生产方式有了很大变化,农业耕种不再是食物的唯一来源。辛店文化遗址也表明,原始先民在进行农业活动的同时,畜牧、狩猎等活动也是经济生活的重要补充。文化遗址的发掘,不但证明了西北走廊先民的生存历史,也记录了人类文化的演变过程。从考古发现来看,大地湾遗址是最早的新石器时代遗址,距今至少有5000多年的历史,也是西北走廊史前人类的文化遗存。按照史前文化的编年序列,在大地湾文化之后便是马家窑文化、齐家文化、四坝文化、卡约文化、辛店文化、寺洼文化、诺木洪文化和沙井文化③。在齐家文化时期,人口剧增造成了区域的生态环境开始恶化,甘青河湟一带的文化开始顺着西北走廊往下进入藏彝走廊,成为藏缅语族属氐羌苗裔的各民族。

如果说大地湾文化遗址、马家窑文化遗址、齐家文化遗址、辛店文化遗址、沙井遗址是远古先民在西北走廊生存的历史见证,那么,黄帝集团则是神话传说中生存于西北走廊的部落、族群或民族集团。黄帝,一号轩辕氏。《大戴礼·五帝德》载:"黄帝,少典之子也,曰轩辕。"④ 在史载文本中,黄帝是华夏部落的首领,曾"西至于空桐,登鸡头"⑤,问道于广成子;也曾率部落战蚩尤于涿鹿之野,后裔遍布天下,为中华民族人文始祖。《国语·晋语四》记载:"黄帝之

---

① 青海省文物考古队,中国社会科学院考古研究所. 青海柳湾[M]. 北京:文物出版社,1984:28.
② 王明珂. 华夏边缘:历史记忆与族群认同[M]. 台北:允晨文化实业股份有限公司,1997:105-106.
③ 谢端琚. 甘青地区史前考古[M]. 北京:文物出版社,2000:241.
④ 戴德. 大戴礼记·五帝德:第7卷[M]. 卢辩,注. 北京:中华书局,1985:115.
⑤ 司马迁. 史记·五帝本纪:第1卷[M]. 北京:中华书局,1959:6-45.

子二十五人"①,《史记·五帝本纪》中也说:"自黄帝至舜、禹,皆同姓而异其国号,以章明德。"② 由此可见,黄帝集团在华夏民族形成过程中的地位非同一般。从史料上看,黄帝出生地存在着争议。《水经注》云:"南安姚瞻以为黄帝生于天水,在上邽城东七十里轩辕谷。皇甫谧云生寿邱,邱在鲁东门北,未知孰是也。"③ "寿丘"在今天的山东曲阜,而"上邽"在今天的甘肃天水境内,两者相距甚远。《国语·晋语四》载:"昔少典氏娶于有蟜氏,生黄帝、炎帝。黄帝以姬水成,炎帝以姜水成。成而异德,故黄帝为姬,炎帝为姜。"④ 徐旭生考证后认为:"炎帝氏族的发祥在今陕西境内渭水上游一带。"⑤ 根据炎帝与黄帝的亲缘关系推断,可以认为黄帝出生于上邽较为准确。这里正是远古人类生存的地方,有大地湾遗址为证,而且《路史》《汉书人表考》中也有黄帝出生于上邽的记载。

远古时期,黄帝集团是神话传说中源于西北走廊的氏族部落,后经四方攻伐,发展为较大的部落集团。一方面,黄帝集团东进与北上进入燕山南北及黄河中下游,与炎帝、少昊、太昊等部落融合,形成了夏、商、周三族,乃华夏族之雏形;另一方面,黄帝集团向黄河上游的甘青草原发展,由原始农耕转型为游牧,并与三苗集团融合演变成为西戎。据《国语·楚语》记载,三苗是九黎的后延。《战国策·魏策》云:"昔者,三苗所居,左有彭蠡之波,右有洞庭之水,文山在其南,而衡山在其北。"⑥《史记·孙子吴起列传》载:"昔三苗氏,左洞庭,右彭蠡。"⑦《史记正义》曰:"今江州、鄂州、岳州,三苗之地也。"⑧ 可见三苗的分布,"以江汉平原为中心,南到湖南、东至江西、北达河南南部及中部"⑨。史载三苗集团为了生存,不断与其他部落作战,被称为尧舜时期的"四凶"之一。五帝时期,三苗在部落战争中落败,遂"迁于三危"。《尚书·舜典》载:"流共工于幽州,放驩兜于崇,窜三苗于三危,殛鲧于羽山,四罪而天下咸

---

① 左丘明. 国语·晋语四 [M]. 沈阳:辽宁教育出版社,1997:78.
② 司马迁. 史记·五帝本纪:第1卷 [M]. 北京:中华书局,1959:6-45.
③ 郦道元. 水经注:第17卷 [M]. 成都:巴蜀书社,1985:317.
④ 左丘明. 国语·晋语四 [M]. 沈阳:辽宁教育出版社,1997:79.
⑤ 徐旭生. 中国古代史的传说时代 [M]. 北京:文物出版社,1985:42.
⑥ 刘向. 战国策:第21卷 [M]. 宋韬,译注. 太原:山西古籍出版社,2003:207.
⑦ 司马迁. 史记·孙子吴起列传:第65卷 [M]. 北京:中华书局,1959:2116.
⑧ 张守节. 史记正义 [M]. 北京:钦定四库全书影印版.
⑨ 陈连开. 中国民族史纲要 [M]. 北京:中国财政经济出版社,1999:59.

服。"①《后汉书·西羌传》中也说:"及舜流四凶,徙之三危,河关之西南羌地是也。"② 关于三危之地,史书有明确的记载,然而不尽相同。《水经注》曰:"三危山在敦煌县南。"③《太平御览》中认为三危在陇县西鸟鼠山的西南,黑水出其南④。虽然对三危的具体位置说法不一,但是大体位置都在西北走廊。《史记·五帝本纪》载:"迁三苗于三危,以变西戎。"⑤ 这些迁徙至三危的三苗部落,后来演变为西戎,成为氐羌等民族的族源。

```
          远古时期西北走廊的氏族集团或部落
              ↙              ↘
   三皇时期的"黄帝集团"    五帝时期的"三苗集团"
         ↓         ↘    ↙          ↓
       华 夏 族            西    戎
         ↓                      ↓
       汉   族              氐羌等民族
```

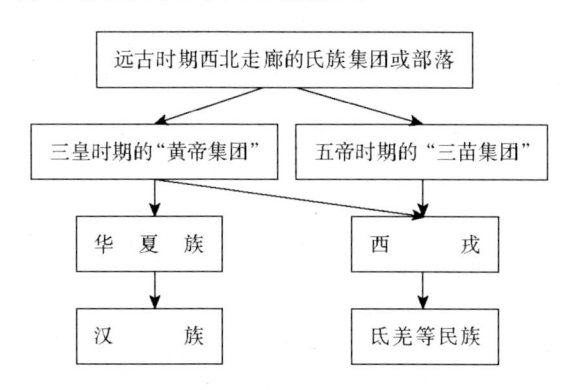

图 2-1　远古时期西北走廊的氏族部落及其发展演变

无论是发源于西北走廊的黄帝集团,还是迁徙而来的三苗集团,都是传说中远古时代的氏族部落,尚未发展到能够称作是"民族"的程度。按照斯大林的观点,氏族、部落或部族之后才能形成民族。从历史材料看,三皇五帝之后出现在西北走廊的是戎。关于戎是不是一个民族,学术界有不同的看法。第一种观点认为戎是羌人部落,代表典籍有《风俗通义》《后汉书》,郭沫若、王锺翰、江应樑也持这一观点。郭沫若说:"所谓西戎,主要指活动在陕甘青藏的一些分散的羌人部落和方国。"⑥ 江应樑认为:"西戎主要是指分布于西部的羌族。"⑦ 王锺翰也认为:"西戎,在西周到战国,主要是指氐羌系各部落。"⑧ 第二种观点把戎看作是对西方民族的泛称。《礼记·王制》篇:"中国戎夷,五方之民,皆有性

---

① 冀昀. 尚书 [M]. 北京: 线装书局, 2007: 10.
② 范晔. 后汉书·西羌传: 第87卷 [M]. 李贤, 注. 北京: 中华书局, 1965: 2869.
③ 郦道元. 水经注: 第30卷 [M]. 成都: 巴蜀书社, 1985: 616.
④ 李昉. 太平御览 [M]. 北京: 中华书局, 1960: 244.
⑤ 司马迁. 史记·五帝本纪: 第1卷 [M]. 北京: 中华书局, 1959: 28.
⑥ 郭沫若. 中国史稿 [M]. 北京: 人民出版社, 1976: 91.
⑦ 江应樑. 中国民族史: 上册 [M]. 北京: 民族出版社, 1990: 74.
⑧ 王锺翰. 中国民族史 [M]. 北京: 中国社会科学出版社, 1994: 121.

也，不可推移。东方曰夷，被发文身，有不火食者矣；南方曰蛮，雕题交趾，有不火食者矣；西方曰戎，被发衣皮，有不粒食者矣；北方曰狄，衣羽毛穴居，有不粒食者矣。"① 第三种观点认为戎是一个单一民族，杨建新、切排主张该论断。杨建新认为："戎是活跃于我国西周、春秋时期的一个单独的民族共同体。"② 切排也同意这一观点，他说："我们不能因为后来的古籍中不断把'戎'当作西北少数民族的泛称，就否定在西周、春秋时期'戎'作为一个单独的民族确实存在过的事实。"③ 以上三种观点的存在，都与先秦文献不足有关，导致出现了不同的理解。据《史记·秦本纪》记载，戎王使者由余观秦，在与秦缪公的对话中提到了戎的治国之道，"上含淳德以遇其下，下怀忠信以事其上，一国之政犹一身之治，不知所以治，此真圣人之治也"④。如果从民族国家的视角看，戎的社会至少有建立在宗法家族之上的组织；即便戎王为一诸侯，也足以说明戎是建立在氏族部落之上的民族。

至于戎为何被称作西戎，这是因为："春秋以后，住居中原的'夷''蛮''戎''狄'尽被所谓'诸夏'所混合、同化，于是人们就逐渐忘了春秋以上的情形。一般人只记得西周为戎族所灭，而齐、鲁一带称夷之族很多，又春秋时诸夏惧怕北方狄族的余影还在，而且从楚国强盛以后，因楚称蛮，人们就把楚代表了蛮。这样一来，夷、蛮、戎、狄便渐渐地与东、南、西、北发生了比较固定的联系。"⑤

实际上，戎是先秦时期真正意义上的民族之一，也是曾经生活在西北走廊一个古老的民族，史称西戎，诞生于陇山东西和泾、渭、洛水流域。在西北走廊，戎的分布很广，有瓜州之戎、义渠戎、邽戎、冀戎，主要从事农业，也兼营牧业。戎在西周时开始东迁，至春秋时大部分戎族迁移至黄河中游地区，融合于华夏族从事农业生产。另外，一部分戎族留在当地继续生活，比如义渠戎、邽戎。义渠戎形成了以城堡为中心的农业区和生活区，手工业的生产也有一定的发展⑥。战国时期，戎消失于历史记载之中。夏商周三代，西戎与东夷、南蛮、北

---

① 礼记 [M]. 崔高维，校点. 沈阳：辽宁教育出版社，1997：44.
② 杨建新. 中国西北少数民族史 [M]. 北京：民族出版社，2009：2.
③ 切排. 河西走廊多民族和平杂居与发展态势研究 [M]. 北京：民族出版社，2009：49.
④ 司马迁. 史记·秦本纪：第5卷 [M]. 北京：中华书局，1959：193.
⑤ 童书业. 中国古代地理考证论文集 [M]. 北京：中华书局；1962：50.
⑥ 甘肃省民族事务委员会，甘肃省民族研究所. 甘肃少数民族 [M]. 兰州：甘肃民族出版社，1989：5.

狄并称"四夷",成为我国少数民族的源头。春秋、战国时期,经过大融合的华夏族居中,并与东夷、西戎、南蛮、北狄组成"五方之民",成为"四海"之内统一的"天下"。至此,中华民族从"多种起源说"到"华夷统一"的历史阶段基本完成。

先秦时期,在西北走廊活动的民族还有氐、羌、月氏和乌孙。氐和羌是我国西北地区两个古老的民族共同体。《诗经·殷武》曰:"昔有成汤,自彼氐羌,莫敢不来享,莫敢不来王。"① 可见,这两个民族很早就出现在华夏版图中。氐族自称"盍稚",殷周时期活动于陇西走廊南端,有自己独特的语言。西汉武帝在位期间,氐人曾大量向西北方向迁移,一部分迁徙至河西禄福(今酒泉)等地。296年,氐族以陇山为中心发动起义,对西晋政权造成了很大的打击;386年,临渭氐人吕光在凉州建立后凉政权,17年之后被后秦所灭。南北朝时期,在西北走廊生存的氐人被汉族和藏族同化,成为西北走廊汉族和藏族的重要组成部分。

羌人是古代活动于河西走廊东部和湟水流域一带的民族共同体,历史悠久。许慎《说文·羊部》释:"羌,西戎牧羊人也。"② 关于羌族的族源,《后汉书·西羌传》说:"西羌之本,出自三苗,姜姓之别也。"这一文献表明,羌族与西迁至三危的三苗有关。据此可以判断,旧石器时代羌人活动在当时的黄河中上游平原及渭河平原,从事农业耕作;大约在新石器时代西迁进入河西和河湟地区,农牧兼营,也就有了"牧羊人"之说。据《后汉书》记载,河湟羌人"所居无常,依随水草。地少五谷,以产牧为业"③。无疑,这是对该地区羌族游牧生活的客观描述。西北走廊的部分羌人以牧羊为生,是迫于环境的制约,并非所有的羌族都以游牧为生。这是因为"古代氐羌活动的地域可算是中国古代民族中较为广大的。特别是羌族,自古以来从今河南一直向西,到今新疆南部帕米尔高原,向南直到四川西部和南部,都有他们的活动踪迹"④。因此,许慎的解释应该是对部分羌人的专门所指。在漫长的历史进程中,西北走廊的羌族演化为许多支系,并由西至东进行迁徙。

丁柏峰认为:"秦统一以后,在先秦时期东迁并留居中原的羌族逐渐融入华

---

① 诗经 [M]. 孔丘, 编订. 北京: 北京出版社, 2006: 382.
② 许慎. 说文解字 [M]. 天津: 天津市古籍书店影印, 1991: 78.
③ 范晔. 后汉书·西羌传: 第87卷 [M]. 李贤, 注. 北京: 中华书局, 1965: 2869.
④ 马长寿. 氐与羌 [M]. 上海: 上海人民出版社, 1984: 1.

夏族，西迁与南迁的羌人则与当地原有居民交融共处，发展成为西南藏彝语族各支的先民。而位于秦国西部河湟诸羌，则由于地域偏远，其种族与文化得以保存发展。"①

史籍记载，春秋战国时期月氏、乌孙和匈奴曾游牧于西北走廊。月氏是生存在西北走廊的一个古老民族，后来西迁至中亚和南亚次大陆的西部。战国后期，月氏族成为河西地区势力比较强大的游牧民族。关于月氏的族属，说法不一。《魏略·西戎传》称其为羌，《旧唐书》以其为戎，羽田亨认为是突厥②，杨建新认为接近羌③，岑仲勉则说介于氐、羌、突厥之间④。虽然月氏的族属尚存争议，但是游牧地相对明确。《史记正义》云："凉、甘、肃、瓜、沙等州，本月氏国之地。"⑤唐初魏王李泰主编的《括地志》载："凉、甘、肃、延、沙等州，本月氏国。"⑥贺次君辑校认为，"延"乃"瓜"字之误。可见，河西走廊的敦煌、酒泉、张掖一带是月氏族最初的生存地。随着匈奴的逐渐强大，月氏族被迫西迁。《史记·大宛列传》云："始月氏居敦煌、祁连间，及为匈奴所破，乃远去。过宛，西击大夏而臣之，遂都妫水北，为王庭。其余小众不能去者，保南山羌，号小月氏。"⑦与月氏相似，乌孙族最早在河西地区游牧，后迁往伊犁河流域。据《汉书》记载，张骞第一次出使西域归来说："臣居匈奴中，闻乌孙王号昆莫。昆莫父难兜靡本与大月氏俱在敦煌、祁连间，小国也。大月氏攻杀难兜靡，夺其地，人民亡走匈奴。"⑧冒顿单于即位初（公元前201年），月氏被匈奴击破，被迫西走塞地。匈奴将乌孙部落安置在额济纳河流域，并扶持难兜靡的幼子昆莫统领各部。至匈奴老上单于时，乌孙举族西迁。《史记》载："单于死，昆莫率其众远徙，中立，不肯朝会匈奴。"⑨

实际上，月氏、乌孙西迁与匈奴的崛起有关。匈奴是我国古代北方的游牧民族，由许多互不统属的氏族和部落融合而形成，族源包括荤粥、鬼方、猃狁、

---

① 丁柏峰. 青海古代游牧社会历史演进研究 [M]. 北京：人民出版社，2012：68.
② 羽田亨. 西域文明史 [M]. 耿世民，译. 乌鲁木齐：新疆人民出版社，1981：7.
③ 杨建新. 中国西北少数民族史 [M]. 北京：民族出版社，2009：57.
④ 岑仲勉. 汉书西域传地里校译：上册 [M]. 北京：中华书局，1981：218.
⑤ 张守节. 史记正义：第123卷 [M]. 钦定四库全书影印版.
⑥ 李泰. 括地志辑校 [M]. 贺次君，辑校. 北京：中华书局，1980：224.
⑦ 司马迁. 史记·大宛列传 [M]. 北京：中华书局，1959：3162.
⑧ 班固. 汉书·张骞李广列传：第61卷 [M]. 颜师古，注. 郑州：中州古籍出版社，1991：441.
⑨ 司马迁. 史记·大宛列传 [M]. 北京：中华书局，1959：3168.

戎、狄在内活动于大漠南北的各族。公元前3世纪，匈奴日益强大，先后攻打周边部落。战国末期，匈奴"西击走月氏"，占领了河西走廊，成为控制西域诸国的据点。秦末汉初，匈奴冒顿单于统一长城以外的游牧区，结束了部落纷争的局面，为长城内外的大统一创造了条件。游牧区统一后，单于在不同的区域设置了管理机构，河西走廊为匈奴右贤王所管辖。根据《史记》《汉书》记载，浑邪王占据着张掖及周边地带，休屠王则活动于武威地区。众所周知，游牧民族"逐水草而迁徙"，流动性很大，但是经济往往很脆弱。一旦气候变化过大，经济受困，匈奴便南下掠夺农耕民族。《史记》中说："其俗，宽则随畜，因射猎禽兽为生业，急则人习战攻以侵伐，其天性也。"[①] 南下的侵袭，给农耕居民的生命和财产带来了巨大损失，而且严重威胁中原农耕政权的巩固。汉武帝时期，对匈奴的消极防御及和亲政策发生了重大转变，先后派兵出击匈奴。元狩二年（公元前121年）春，骠骑将军霍去病率军伐奴，杀折兰王、卢侯王，执浑邪王子，得休屠王祭天金人。同年秋，浑邪王降汉，下属封侯，部众被安置在陇西、北地、上郡、朔方、云中，称为五属国。河西地区归属汉朝版图后，设置武威、酒泉、张掖、敦煌四郡，先后迁徙汉族移民28万人。公元前121年，"汉乃于浑邪王故地置酒泉郡，稍徙民以充实之"。公元前111年，"乃分武威、酒泉地置张掖、敦煌郡，徙民以实之"[②]。河西四郡设置和徙民实边屯田，极大地促进了民族融合与文化交流。

如果说匈奴是战国末期迁徙至河西的游牧民族，那么氐和羌则是西北走廊土生土长的民族。两汉时期，羌族不仅在河湟谷地生存，而且陇东、陇西及河西部分地方都有羌族居住。魏晋南北朝时期，氐族同样经过发展和迁徙，散布于陇西走廊。当然，西迁至西北走廊的游牧民族也不仅是匈奴一族，东胡系统的鲜卑族慕容部也有类似的历程。

西汉初，东胡被匈奴击败，部众分成两支逃散。一支逃往辽东鲜卑山，形成了后来的鲜卑族，东汉末分化为东、西两部，东部鲜卑有宇文、慕容、段（徒何）等部，西部有拓拔、秃发、乞伏等部。三国两晋时期，鲜卑族各部开始向西南迁徙。秃发部经宁夏进入平凉，后西迁至靖远一带。385年，乞伏部在苑川筑勇士城（今榆中县）为都，史称西秦。397年，秃发部在广武（今永登县东南）

[①] 司马迁. 史记·匈奴列传 [M]. 北京：中华书局，1959：2879.
[②] 班固. 汉书·武帝记：第6卷 [M]. 颜师古，注. 郑州：中州古籍出版社，1991：28-30.

建都，后搬迁至西平（今西宁），史称南凉。慕容部的一支于4世纪初西迁河湟地区，并于329年在伏俟城建立政权，自号"吐谷浑"。《晋书·吐谷浑传》称："吐谷浑，慕容廆之庶长兄也，其父涉归分部落一千七百家以隶之。"① 由此可见，吐谷浑原为人名，是鲜卑慕容部首领涉归的庶长子，后率部众西迁，"从上陇，止于枹罕"。《水经注》曰："广大坂在枹罕西北，罕开在焉。昔慕容吐谷浑自燕历阴山西驰，而创居于此。"② 吐谷浑在枹罕落脚后，便积极向西发展，进入河湟谷地氐羌部落散居之地。据《北史》记载，吐谷浑"自枹罕暨甘松，南界昂城、龙涸，从洮水西南极白兰，数千里中，逐水草，庐帐而居，以肉酪为粮。"③ 在迁徙西北后，这支1700余户的鲜卑族与羌、氐、汉、高车、匈奴族部落融合，最后形成了一个新的民族共同体——"吐谷浑族"。

隋唐期间，吐谷浑经历了从鼎盛走向衰落。与此同时，西北走廊出现了党项、吐蕃、回鹘等民族。党项族出现于6世纪，族源古代羌族。《隋书》称："党项羌者，三苗之后也。其种有宕昌、白狼，皆自称猕猴种。"④《旧唐书》云："党项羌在古析支之地，汉西羌之别种也。"⑤《新五代史》称："党项，西羌之遗种。"⑥ 古代羌族为游牧民族，逐水草而居，这种自然的族群迁徙异常频繁。在寻求新的牧草和生存之地的过程中，一支羌族不断吸收鲜卑、吐蕃、吐谷浑、汉族，最后逐渐融合发展为党项族。隋初居住在析支地区，"东接临洮、西平，西拒叶护，南北数千里，处山谷间"⑦，也就是黄河在甘青地区形成的大湾曲部。安史之乱后，吐蕃趁机侵占河湟与河西地区，党项族为了免遭奴役，开始大规模内迁，历经百年之久才逐渐稳定下来。大部分党项族迁徙后进入黄土高原，于1032年建立西夏王朝。

吐蕃是成长于青藏高原的一个古老民族，唐贞观十二年（638年）入侵吐谷浑及党项境内，首次进入西北走廊。唐高宗显庆五年（660年），吐蕃再次北侵吐谷浑，占领青海大部后开始东进之路。仪凤元年（676年），吐蕃攻占了鄯、廓、河、芳诸州，并迁移部分吐蕃部落进驻该地。天宝十四载（755年）安史之

---

① 房玄龄. 晋书·吐谷浑传：第97卷［M］. 长春：吉林人民出版社，1995：1532.
② 郦道元. 水经注：第2卷［M］. 王先谦，校. 成都：巴蜀书社，1985：73.
③ 李延寿. 北史·吐谷浑传：第96卷［M］. 北京：中华书局，1974：3179.
④ 魏征. 隋书·党项：第63卷［M］. 北京：中华书局，1973：1845.
⑤ 刘昫. 旧唐书·党项羌：第198卷［M］. 北京：中华书局，1975：5290.
⑥ 欧阳修. 新五代史［M］. 延边：延边人民出版社，1998：296.
⑦ 魏征. 隋书·党项：第63卷［M］. 北京：中华书局，1973：1845.

乱爆发，吐蕃趁机"入大震关，取兰、河、鄯、洮等州，于是陇右地尽亡"①。陇右失守后，河西诸州相继落入吐蕃手中，整个甘肃为吐蕃所控制。吐蕃统治西北走廊期间，西突厥沙陀部归降吐蕃。值得一提的是，突厥系统的另一属部在吐蕃统治河西百年之后迁入该地区，那就是回鹘。回纥是我国古代北方重要的少数民族，族源为铁勒。《新唐书》载："回纥，其先匈奴也，俗多乘高轮车，元魏时亦号高车部，或曰敕勒，讹为铁勒。"①唐德宗贞元四年（789年），回纥统治者上表唐朝，奏称改名回鹘。此后，史书一般用回鹘作为其族称。回鹘源自铁勒，铁勒又源自匈奴统治下的丁零部落，属突厥族系，因而"其俗大抵与突厥同"。回鹘原居大漠，游牧为生，贞观二十二年（648年）建立回纥汗国。武后执政期间，突厥强盛崛起，"铁勒诸部在漠北者渐为所并，回纥、契苾、思结、浑部徙于甘凉二州之地"②。回鹘第二次复国后，居住在河西的部分回鹘西迁，余部在龟兹（今安西县）称汗，建立西州回鹘政权。唐末五代初，回鹘人以甘州为中心建立了西迁后的另一政权，史称甘州回鹘。辽宋期间，李元昊率领西夏大军先后进攻甘州、凉州，回鹘溃败，河西为党项族统治。战败后的甘州回鹘，一分为三。一部分散居于河西各地，"自元昊取河西地，回鹘种落窜居山谷间，悉为役属"③；另一部分投奔了唃厮啰，"及元昊取西凉府，潘罗支旧部往归唃厮啰，又得回纥种人数万"④；其余部分西逃，进入祁连山、柴达木盆地及阿尔金山之间。

蒙元时代，蒙古军曾西渡黄河，攻破积石州，占领西宁州，封章吉驸马为宁濮郡王。元灭西夏后，西夏故地全部赐为诸王分地，术赤之子拔都分得了沙州，察合台之孙阿只吉分得了山丹。元朝分地镇守之后，一批蒙古族牧民迁入西北走廊。随着成吉思汗的西征中亚，大批归降的工匠和老百姓被征调充军，这些人在蒙古军返回时随军东行，进入中国。元世祖定都大都后，开始在西北地区设置戍边屯田兵，执行"上马则准备战斗，下马则屯聚牧养"的任务。在河西地区，探马赤军的主要成员就是西征带回来的人。元朝政权建立后，中西交通大开，丝绸之路的茶马互市吸引了大批伊斯兰教信徒前来西北走廊居住。明正统年间，在河西寄住的信伊斯兰教的人数相当庞大。明清以来，大量的蒙古族人落驻额济纳

---

① 欧阳修，宋祁. 新唐书·吐蕃上：第216卷 [M]. 北京：中华书局，1975：6087-6111.
② 刘昫. 旧唐书·北狄：第199卷 [M]. 北京：中华书局，1975：5349.
③ 吴广成. 西夏事事：第15卷 [M]. 龚世俊. 西夏事事，校证. 兰州：甘肃文化出版社，1995：180.
④ 脱脱. 宋史：第492卷 [M]. 北京：中华书局，1977：14161.

地区和青海湖环海地区，成为当地的重要民族之一。

从历史变迁的角度看，西北走廊属历代中央政权统治下的边陲之地，游耕于此地的民族流动频繁。随着不同民族势力的此消彼长，大小规模的战事轮番上演，造成休养生息机会较少，民族生活并不富裕。不论是秦皇汉武的开拓，还是唐宗宋祖的经营，这里仍然土地贫瘠，战乱不断。倒是在中原王朝内乱期间，西北走廊却呈现出了少有的繁荣昌盛现象。从民族迁徙的角度来看，西北走廊大规模的迁徙有4次。第一次是春秋战国时期氐、羌、月氏等民族为寻求新牧场和栖息之地进行的迁徙，属自然生存迁徙。早期氐羌民族的迁徙，总体上沿着走廊南下，大量氐羌民族进入藏彝走廊，到达西南边陲。第二次是汉朝的徙民实边，属政策性迁徙。汉武帝建郡强边，大量汉民进入河西四郡从事农耕生产，使得河西走廊成为农牧混合的过渡地带，游牧民族和农耕民族杂居格局初见端倪。第三次是唐宋时期吐蕃的西征与东进，河、湟、江、岷相继成为其游牧之地，为安多藏区的形成奠定了基础。第四次是明代戍边屯田，大批色目人、阿拉伯人、波斯人等入籍河西、河湟和陇右地区，伊斯兰文化迅速发展。经过几千年的迁徙流动，不同民族在这里留下了历史记忆，最终形成了现代多元民族大杂居、小聚居的格局。

第四节　当代西北走廊的民族与文化特点

历史上，西北走廊是民族往来迁徙的通道，也是西戎、氐羌、乌孙、匈奴、鲜卑、吐谷浑、吐蕃、回鹘、党项、蒙古族等民族繁衍生息之地。近现代以来，西北走廊分布着土族、撒拉族、东乡族、裕固族、保安族、哈萨克族、塔吉克族、满族、柯尔克孜等人口较少的民族，他们杂居在汉族、藏族、蒙古族和回族之间，形成了一个个"民族小岛"（费孝通语）。当代民族间的流动非常频繁，西北走廊不仅保留了原有民族的大体格局，而且其他一些少数民族也进入西北走廊。第五次民族普查表明，甘肃省拥有54个少数民族。民族种类的增加，主要是不同民族间的通婚和支边引起的。19世纪50年代，国家实施开发大西北战略，东北的满族迁入甘肃石城镇，同时为了支援少数民族地区经济建设，大量汉族工人、专业技术人员、支边青年、转业军人移入西北走廊少数民族地区。总体而言，西北走廊的民族格局并未发生实质性的改变，依然是土族、撒拉族、东乡族、裕固族、保安族杂居在汉族、藏族、蒙古族和回族之间，呈现出"大杂居、小聚居"的特征。目前，人口总数较多的民族主要有汉族、回族、藏族、蒙古族。

汉族是西北走廊人口最多的民族，基本上分布在各个市县，大约出现于魏晋之后的十六国时期。毋庸置疑，族名是在民族实体的基础上产生的，汉民族的实体早已存在。"距今3000年前，在黄河中游出现了一个由若干民族集团汇集和逐步融合的核心，被称为华夏，像滚雪球一般地越滚越大，把周围的异族吸收进入了这个核心。它在拥有黄河和长江中下游的东亚平原之后，被其他民族称为汉族。"[1] 远古时代的炎黄集团，经过夏商周三代的发展和融合，至秦灭六国，汉族的实体基本上孕育而成。西北走廊的汉族，主要为本地原住居民和实边移民。黄帝集团进入黄河中下游发展时，遗留在当地的华夏族成为陇右最早的原住居民，这部分居民数量并不多，大规模的汉族来自于秦汉时期和明清以来的戍边移民。始皇八年（公元前239年），迁民于临洮（今甘肃临潭）、安故（今甘肃临洮南）、氐道（今甘肃礼县西北）、羌道（今甘肃舟曲）等地。西汉时期，为了达到"断匈奴右臂、隔绝羌胡"之目的，汉武帝派霍去病西击匈奴，置河西四郡，"徙民以实之"，共计7万多户，28万余人。这些移民主要是汉族，包括军民及其家属、特赦囚犯与没有耕地的农民。明洪武年间，实行"移民实边"政策，江浙、河北、湖南、湖北、山西、陕西等地的汉民迁至河湟、河西地区屯田戍边。清雍年间，政府有组织地从河北、河南、陕西、山西、山东5省移民甘肃[2]。据《西宁府新志》记载："今则兰、河、凉即山、陕之民，日增岁益，渐置产业。"[3]

回族，是中亚、西亚迁移至中国的各族人和国内汉族、蒙古族、维吾尔族等民族融合而成的民族共同体。从族源上讲，元代蒙古军西征带来的人、唐宋时期沿陆上丝绸之路暂居在西北的"商客"和海上丝绸之路迁居至东南沿海的"蕃客"，都是回族的先民。《甘宁青史略》载："（伊斯兰教）于唐天宝后，由西域流入甘肃，其教徒多西域人。"[4] 这就是说，李唐王朝就有回族活动于西北走廊，可能与丝绸之路的繁荣有关。赵宋期间，由中亚而来的商贩中大部分为之后的回

---

[1] 费孝通. 中华民族多元一体格局 [M]. 北京：中央民族大学出版社，1999：4.
[2] 切排. 河西走廊多元民族和平杂居与发展态势研究 [M]. 北京：民族出版社，2009：83.
[3] 杨应琚. 西宁府新志 [M]. 台北：文海出版社印行，1966.
[4] 慕寿祺. 甘宁青史略：第3卷 [M]. 兰州：兰州俊华印书馆，1936：29.

族。至元朝，大批西域亲军及军属驻守或从屯于西北走廊。由此可见，西北走廊的回族主要是蒙古人三次西征随军带来的色目人、波斯人和阿拉伯人，还有少量唐宋时期从陆上丝绸之路迁来的商人和贡使。回族以农耕牧养为生，信仰伊斯兰教，主要居住在甘肃省的临夏州、兰州、张家川和青海的西宁、民和、贵德、大通、化隆等地。

藏族是吐蕃的后裔，主要居住在青海的海北、海南、黄南、果洛、玉树藏族自治州和甘肃境内的甘南、天祝藏族自治州。西北走廊藏族的地方性非常强，虽然同操藏语安多方言，但不同地方的藏族在称谓方面并不相同，有玉树二十五族、海南和海北的"环海八族"、同仁十二族、夏河"卡加六族"、玛曲"乔科三部"、大通"广慧寺五族"、化隆上十族、天祝三十六族等不同的藏族部落。这些称谓的差异，多与藏族来源不同有关。比如，玉树二十五族是苏毗多弥的部落，"卡加六族"的始祖是吐蕃将领玉擦，从西藏迁至甘肃后首领称卡加，其后子孙分散组成的六个部落，故名"卡加六族"。

蒙古族进入西北走廊历史久远。1211年，蒙古军队首次进入西北走廊。据《蒙古秘史》记载，成吉思汗于羊儿年出征金国，围攻中都迫使金主归顺，便从莫州、抚州山嘴"出征合申（河西、西夏）百姓"①。《元史》载："二十一年夏，避暑于浑垂山。取甘、肃等周。秋，取西凉府搠罗、河罗等县，遂逾沙陀，至黄河九渡，取应里等县。九月，李全执张琳，郡王带孙进兵围全于益都。冬十一月庚申，帝攻灵州，夏遣嵬名令公来援。丙寅，帝渡河击夏师，败之。……二十二年丁亥春，帝留兵攻夏王城，自率师渡河攻积石州。二月，破临洮府。三月，破洮、河、西宁二州。"② 此后若干次征服之后，都曾派驻军屯田守边，但以被征服者收编留守为主，蒙古族人数较少。《元史·兵志》云："世祖至元十六年，调归附军人于甘州，十八年，以充屯田军。二十二年，迁甘州新附军二百人，往屯亦集乃合即渠开种，为田九十一顷五十亩。"③ 蒙古族大规模进入西北走廊，是明清之事。目前，蒙古族主要居住在甘肃省肃北县和青海省河南县、黄南县、海西县、海北县、海南县。

土族形成于明代末期，主要居住在青海的互助、大通、民和、贵德、民和、乐都、同仁和甘肃的积石山、天祝、卓尼、永登等地。土族的族源主要有两种不

---

① 蒙古秘史 [M]. 余大均，译注. 石家庄：河北人民出版社，2001：209.
② 宋濂. 元史·本纪第一 [M]. 北京：中华书局，1976：23-24.
③ 宋濂. 元史·志第四十八：第100卷 [M]. 北京：中华书局，1976：2569.

同的说法：一种为吐谷浑说，另外一种为蒙古说。《佑宁寺志》中说："成吉思汗之部将格日利特率领其部属到此，现今的霍尔人（土族）约为这些人的后裔。"① 这一清代藏文文献的记载，成了蒙古说的依据。吐谷浑说则认为："吐谷浑亡国后，东迁的一部分逐渐融合于汉族，降附吐蕃的后来融合于藏族，留居于凉州、祁连山一带、浩门河流域、河湟流域地区的吐谷浑人成为土族的先民，土族是以这一部分吐谷浑人为主体，在长期发展过程中吸收了藏、汉、蒙古等民族成份而逐渐形成的。"① 从西北走廊土族的居住地来看，吐谷浑、蒙古族人都曾经占据此地，其后裔中仍然有部分留在当地生存。从藏文史籍来看，霍尔是藏族对吐谷浑的称谓。因此，蒙古说有待商榷。近年来，吐谷浑说在学术界占了上风，而且民族融合成为共识。正如周伟洲先生所说："今天的土族与古代的吐谷浑人有着密切的历史渊源，可以把吐谷浑视为现今土族的祖先，是土族的主源。但必须指出的是：青海的吐谷浑人在漫长的历史发展过程中，先后融合了蒙古、藏、汉、羌等族，最后形成了今天的土族。"② 虽然土族先民是典型的游牧民族，但是明清时代的土族已经大部分从事农业，畜牧业降为副业。目前，青海东部和散居在甘肃境内的土族基本上从事农业生产，兼营畜牧业，信仰藏传佛教，总人口约为 217900 人③，是西北走廊特有民族之一。

裕固族形成于明代后期，系多元融合民族后裔，族源可追溯到公元前 3 世纪末的丁零。公元前 3 世纪末，我国北部和西北部地区生存着许多游牧部落，操突厥语，汉文史籍称其为丁零。丁零南移后逐渐分化，6 世纪中期形成了以回纥为核心的部落联盟。840 年，漠北回鹘汗国政权崩溃，其中一支迁徙至河西走廊。《旧唐书》载："回鹘散奔诸蕃。有回鹘相及职者，拥外甥庞特勒及男鹿并遏粉等兄弟五人、一十五部西奔葛逻禄，一支投吐蕃，一支投安西。"④ 迁徙至河西走廊的回鹘人，分布在沙州、瓜州、肃州、甘州、凉州一带，史称河西回鹘。唐末至五代时期，投奔吐蕃的回鹘人占据着甘州，日渐强盛后建立政权，统领各部回鹘。"因此，河西回鹘又统称甘州回鹘。"⑤ 1036 年，部分河西回鹘南越党金山口，游牧于沙州西南，后称沙州回鹘，宋代又称黄头回纥。1226 年，蒙古大将

---

① 《土族简史》编写组. 土族简史［M］. 西宁：青海人民出版社，1982：24－25.
② 周伟洲. 吐谷浑史入门［M］. 西宁：青海人民出版社，1988：132.
③ 中国 2000 年人口普查资料［M］. 北京：中国统计出版社，2002.
④ 刘昫. 旧唐书·回纥传：第 195 卷［M］. 北京：中华书局，1975：5213.
⑤ 《裕固族简史》编写组. 裕固族简史［M］. 北京：民族出版社，2008：15.

速不台进军河西,占领回鹘人居住地。《元史》载:"丙戌,攻下撒里畏吾、特勤、赤闵等部,及得顺、镇戎、兰、会、洮、河诸州。"① 撒里,蒙古语为黄色,畏吾,回纥的同音异译。留驻此地的蒙古军人逐渐与回鹘人、吐蕃人、汉人融合,成为裕固族的先民。"明中叶,撒里畏兀儿东迁入关,到达今天的肃南和酒泉黄泥堡一带安居下来,就是今天的裕固族。"② 历史上的裕固族先民,以游牧为生,居无恒所,逐水草转徙。目前,肃南裕固族仍然过着游牧生活,而酒泉黄泥堡的裕固族基本上从事农耕生活。裕固族拥有自己的语言③,但没有文字,信仰藏传佛教。裕固族为我国人数较少的民族之一,第六次全国人口普查为 14378 人,主要居住在甘肃肃南裕固族自治县的康乐、大河、明花、皇城等乡和酒泉市黄泥堡裕固族乡,是西北走廊特有民族之一。

撒拉族是一个迁徙民族,族源可以追溯到 10 世纪中亚细亚撒马尔罕的撒鲁尔人,属于西突厥乌古斯部后裔。民间传说中,撒马尔罕的尕勒莽、阿合莽兄弟为躲避当地统治者的迫害,率领同族 18 人东迁,在河州甘加滩巧遇随后东迁的 45 位同胞,共同到达循化定居下来,成为撒拉族的祖先④。研究认为,撒拉族是成吉思汗西征随军带回的中亚细亚撒鲁尔人。这部分中亚民族组成了"西域亲军",东迁后驻屯在循化,长期发展融合了当地的汉族、藏族、回族和蒙古族,于明朝中叶形成了现在的撒拉族。撒拉族信仰伊斯兰教,"早期似乎以畜牧业为主"⑤,现以农业为主,兼营畜牧业。费孝通在《撒拉餐单》一文中这样描述:"我这几年多次去甘肃、青海,目的是想了解一下处于青藏牧区和中原农区之间的那一条历来是农牧桥梁的陇西走廊。循化的撒拉族还处在这条走廊里,农牧结合是他们的经济特点。"⑥ 撒拉族人口较少,主要居住在黄河南岸的青海省循化地区、甘肃省积石山的大河家一带,还有少量散居在临夏、夏河及其他地区,是西北走廊特有民族之一。

东乡族是 13 世纪中期中亚细亚迁徙而来的撒尔塔人后裔。蒙古军队西征过

---

① 宋濂. 元史·速不台列传: 第 121 卷 [M]. 北京: 中华书局, 1976: 2977.
② 甘肃省民族事务委员会. 甘肃少数民族 [M]. 兰州: 甘肃人民出版社, 1989: 191.
③ 裕固族语言分为东部裕固语和西部裕固语, 东部裕固语属阿尔泰语系蒙古语族, 为杨哥家、大头目家、五个家、东八个家、罗儿家、四个马家等部落使用; 西部裕固语属阿尔泰语系突厥语族, 为亚拉格家、贺郎格家、西八个家等部落使用。
④ 甘肃省民族事务委员会. 甘肃少数民族 [M]. 兰州: 甘肃人民出版社, 1989: 317.
⑤ 丁柏峰. 青海古代游牧社会历史演进研究 [M]. 北京: 人民出版社, 2012: 215.
⑥ 费孝通. 费孝通文集: 第 11 卷 [M]. 北京: 群言出版社, 1999: 109.

程中，先后组织了当地军队和大批工匠为其服役，这些被征服者随蒙古军队迁徙至西北走廊。其中掳掠而来的撒尔塔人被编入"探马赤军"，驻守在河州以东地区，过着下马屯垦、上马战斗的生活。东乡族操阿尔泰语系蒙古语，词汇中夹杂着突厥语、阿拉伯语和波斯语中的一些借用词，因而早期学术界有人持东乡族为"蒙古人说"，也有人持"色目人、汉族、蒙古族融合说"。近些年来，更多的学者趋向于"西来说"，认为东乡族源是中亚的撒尔塔人。东乡一词纯属地域名词，主要指河州以东地区，东乡族专指河州以东的撒尔塔人，他们信仰伊斯兰教，现聚居在东乡县、积石山境内从事农作，人口30余万，是西北走廊特有的民族之一。

保安族也是西迁而来的民族。1225年，成吉思汗第一次西征返回期间编入了大量的中亚人，协同蒙古军队作战。1227年，蒙古军队灭西夏王朝之后占领了积石山、同仁等地，这些军队和一些蒙古族人驻扎屯垦守边，成为保安族的先民。明万历年间，在同仁设置"保安营"，修筑"保安堡"，管理以保安城、尕撒尔和下庄为核心的同仁十二族。清朝咸丰、同治年间，保安族先民为坚持信仰伊斯兰教而被迫东迁，经循化到积石山大河家地区重建家园，形成了大墩、梅坡、甘河滩新的"保安三庄"。保安族有自己的语言，属阿尔泰语系蒙古语，但是没有自己的文字，以农业经济为主，兼营手工业和商业，人口较少，是西北走廊的特有民族之一。

哈萨克族是古代北方游牧民族后裔，族源最早可追溯到公元前2世纪中叶的乌孙，以及6世纪中叶融入的突厥部落和10世纪融合的回鹘部落，具有典型的古代游牧民族融合特征。早期的哈萨克族先民，游牧于伊犁河一带。15世纪初期，乌兹别克汗国的阿布尔·海里"对外穷兵黩武、对内残酷镇压"[1]，引起了牧民极大的不满。于是，克列苏丹和赞尼苏丹率部迁徙到楚河流域。15世纪中叶，大量自称哈萨克人的部落脱离乌兹别克汗国聚集在一起，建立了哈萨克族政治实体，这是哈萨克族形成的一个重要标志[2]。20世纪初，居住在新疆巴里坤的哈萨克族首次迁徙到西北走廊。随后的几次迁徙，如1919年、1924年的结局都重走了1911年迁徙的老路，不久便返回新疆。只有20世纪30年代的几次大规模迁徙，哈萨克族真正定居在西北走廊，目前主要居住在阿克塞自治县。"哈萨

---

[1] 甘肃省民族事务委员会. 甘肃少数民族[M]. 兰州：甘肃人民出版社，1989：286.
[2] 杨建新. 中国西北少数民族史[M]. 北京：民族出版社，2003：555.

克族的先民曾经先后信奉过萨满教、佛教、摩尼教、景教（聂斯托里派基督教）等，直到 10 世纪时开始信仰伊斯兰教。"① 目前，哈萨克族经济生产形式以畜牧业为主，兼营农业和工业，并且基本上实现了定居放牧。

表 2-1 西北走廊的不同民族及其宗教信仰

民族名称	族源	宗教信仰	主要聚居地
汉族	华夏族		河湟、陇右全境
藏族	吐蕃	藏传佛教	甘南、同仁、海南、海北、夏河、玛曲、大通、化隆
蒙古族	室韦部蒙兀	藏传佛教	肃北、河南、黄南、海西、海北、海南
裕固族	丁零	藏传佛教	肃南、酒泉黄泥堡
土族	吐谷浑	藏传佛教	大通、互助、民和、贵德、乐都、同仁、积石山、天祝、卓尼、永登
回族		伊斯兰教	临夏、兰州、张家川、西宁、民和、贵德、大通、化隆
撒拉族	撒拉尔	伊斯兰教	积石山、循化
东乡族	撒尔塔	伊斯兰教	临夏
保安族		伊斯兰教	临夏
哈萨克族	乌孙、回鹘、突厥	伊斯兰教	阿克塞

① 甘肃省民族事务委员会. 甘肃少数民族 [M]. 兰州：甘肃人民出版社，1989：287.

第三章 西北走廊民族传统体育文化

第一节 文化与民族传统体育文化

自从人猿辑别，文化随即诞生。文化，即人化，是人类社会化的产物。德国哲学人类学者米切尔·兰德曼认为："人的器官没有片面地为了某种行为而被定向，在远古未被特定化。所以，人在本能上是匮乏的。"[①] 作为自然的存在，人与动物的生物区别在于人类器官"未特定化"。动物先天具备了特定的器官，比如老鹰的翅膀、猿猴的上肢、蝙蝠的耳朵，这些器官的独特功能为动物赋予了生存保障。人类却没有这样的生理构造，从而为后天存在提供了挑战和不确定性，需要后天创造生存可能，因而尼采把人看作是"依然未确定的动物"。"与动物相对照，人的本质是不确定的，那就是说，人的生活并不遵循一种被事先确定的过程，可以说，自然只完成了人的一半，另一半留给人自己去完成"[①]。自然赋予人类生理结构上的匮乏，看似是一种先天不足，恰恰为人类自身的发展提供了必要的空间。从自然的人走向社会的人，就是人的社会化。在这一过程中，人类通过钻木取火、刳木为舟、断木为杵、弧木为弓、剡木为矢等一系列实践活动弥补先天本能之不足，创造人的"第二天性"或"第二自然"。这种补偿人类自身生物本能的活动，就构成了文化。"简言之，凡是超越本能的、人类有意识地作用于自然界和社会的一切活动及其结果，都属于文化；或者说，'自然的人化'即是文化"[②]。

在宽泛意义上，如果把人类实践活动及其结果视作文化范畴，那么不难发现

[①] M. 兰德曼. 哲学人类学 [M]. 阎嘉, 译. 贵阳: 贵州人民出版社, 2006: 7-164.
[②] 张岱年, 方克立. 中国文化概论 [M]. 北京: 北京师范大学出版社, 2004: 3.

文化无处不在。高耸的大楼、飞驰的列车、神圣的祭祀、华丽的服饰、惊险的滑雪、优雅的舞蹈、高难的杂技、神秘的魔术、美味的小吃、热闹的秦腔，都是一种文化现象。至于躺在沙滩上晒太阳，或者体验傣族的泼水仪式，或者到一望无际的草原上策马奔腾，或者电脑前撰文立著，或者参与学术交流活动，都可视作文化行为。此类文化事象，不胜枚举。毫不夸张地说，文化类似于空气，不管你是否意识到，它都是一种存在，而且人类离不开文化。当然，文化的作用力也是如影随形。踏入体育馆，精彩的篮球比赛让在场观众忘记了年龄与身份，声嘶力竭呐喊加油；步入大学校园，浓厚的学术氛围和朝气蓬勃的青年，散发着文化的气息和知识的力量；穿梭于大街小巷，琳琅满目的商品和可口的小吃，吸引着过往的行人驻足体验。这些源自文化的力量，潜移默化地影响着人们的心理，支配着人们的行为。正因为这样，美国人斯密斯·奈将文化力称作软实力，认为其作用高于军事、经济、科技等硬实力。如此重要的文化，人们不可能忽略其存在，对其研究也是非常重视。

古往今来，文化著述可谓是汗牛充栋、举不胜举。这些论著中，对文化的研究占据着主导地位，而文化研究相对较少。但凡文化研究，都绕不开概念与界说，似乎成了相关研究"煮不烂"的老问题。一般而言，文化的界说都基于前人研究来诠释，或者从词源上进行解释。"文"，本义为"各色交错的纹理"[1]。《易·系辞下》云："物相杂，故曰文。"[2] "化"，有生成、造化之意。《易·系辞下》又云："男女构精，万物化生。"[2] 作为联合使用之词，文化始见于《易·贲卦》："贲亨，柔来而文刚，故亨。分刚上而温柔，故小利有攸往，天文也。文明以止，人文也。观乎天文，以察时变；关乎人文，以化成天下。"[2]

在古人看来，治国者不仅要知天文，而且要懂人文，能够教化天下人行为举止，遵从文明礼仪。将"人文"与"化成天下"联结起来，旨在表明"以文教化"的思想观念。到了西汉，文化合一使用较为广泛，多指"文治教化"。《说苑·指武》载："圣人之治天下也，先文德而后武力。凡武之兴，为不服也；文化不改，然后加诛。"[3]《文选·补亡诗》载："文化内辑，武功外悠。"[4] 不管是以文教化，还是文治教化，都是人化而非自然化。西方的"文化"一词，源于

---

[1] 张岱年，方克立. 中国文化概论 [M]. 北京：北京师范大学出版社，2004：1.
[2] 周易正义 [M]. 朱熹，注. 武汉：武汉市古籍书店，1988：22-68.
[3] 刘向. 说苑·指武 [M]. 杨以漟，校. 北京：中华书局，1985：151.
[4] 萧统. 文选·补亡诗：第19卷 [M]. 李善，注. 北京：中华书局，1977：273.

拉丁文cultura，英文拼写culture，原意为耕作、培养，引申为对人的化成教育与教养，类似于中文的"文治教化"。现在的文化一词，泛指一切人化的产物及实践活动。

文化是人类学的核心概念，这个理应被高度关注的研究对象却一度搁置，"文化一词在1800年以前还很少见到"[①]。直到19世纪下半叶，文化研究开始崭露头角，并表现出学派林立的局面。1871年，英国文化人类学家爱德华·B.泰勒将文化定义为"包括知识、信仰、艺术、道德、法律、风俗以及作为社会成员的人所掌握和接受的任何其他的才能和习惯的复合体"[②]。泰勒大杂烩式的界定，虽然道明了文化的整体性、复杂性和广泛性，但是仍然不足以反映出文化的本质，也丢掉了所有器物类文化。在此之后，很多学者对文化进行了阐释和界定。比如，我国学者梁漱溟把文化看作是"一个民族生活的种种方面"[③]，大致包括精神生活、社会生活和物质生活；英国人类学功能学派大师马林诺夫斯基认为，文化是"包括一套工具及一套风俗——人体或心灵的习惯"[④]。1952年，美国文化人类学家克鲁伯（A. L. Kroeber）和克拉克洪（C. KlucKhohn）在《文化：关于概念和定义的评述》中指出："从1871年到1950年80年间，关于文化的定义有164种之多。"[⑤] 由此可见，不同视角下的文化概念并不一致，可谓众说纷纭，仁者见仁，智者见智，很难形成统一的看法。

如果说人类学开启了文化研究大门的话，那么民族学、社会学、哲学则给文化研究注入了新的气象。民族之间的差异，莫过于文化。比如，中国人吃饭用筷子，西方人用刀叉；日本女性正式场合穿和服，欧洲女性则以裙子为主；傣族崇拜水，彝族却崇尚火。对于任何民族而言，文化是赖以生存的基础和维系成员之间的纽带，更是民族延续与发展的基石。因此，民族学研究离不开文化，并以文化作为其最基本的概念和研究的核心。在社会学中，文化虽然是理论研究的焦点问题之一，但是学术地位和关注度不及民族学。由于文化与人、社会共同构成一个纷繁复杂的世界，所以"三位一体"的文化社会学应然而生，成为社会学的一门分支，重点研究文化与人、文化的良性互动及权力关系。基于现象的复杂性

---

① 布罗代尔. 资本主义论丛 [M]. 顾良, 译. 北京: 中央编译出版社, 1997: 124.
② 爱德华·B. 泰勒. 原始文化 [M]. 连树声, 译. 上海: 上海文艺出版社, 1992: 1.
③ 梁漱溟. 东西文化及其哲学 [M]. 北京: 商务印书馆, 1999: 19.
④ 马林诺夫斯基. 文化论 [M]. 费孝通, 译. 北京: 华夏出版社, 2002: 15.
⑤ A. L. 克鲁伯, C·克拉克洪. 文化: 关于概念和定义的述评 [M]. 皮博迪博物馆论丛. 哈佛大学出版社, 1952: 65.

和内容的广泛性，司马云杰把文化看作是"人类创造的不同形态的特质所构成的复合体"①。特质是文化最小的独立单位，类似于民族学、人类学中的文化因子，具有不可再分性和替代性。凡是由人类创造、具有不同形态特质所构成的物质、制度和精神方面产物，都可视作文化。不论是楼房、车辆、手机、望远镜，还是法律、道德、风俗、宗教，抑或是人生观、价值观、世界观、行为方式，都是人类的创造物，经过长期累积、凝炼和传承的结果。对人的存在、生活和世界而言，文化是"历史凝结成的生存方式"②，也是承载人类价值的"符号系统"③。

显而易见，给无处不在、无所不包、无所不能的文化下定义时，不同的学者都遇到了一些麻烦。首先，文化这一概念的内涵，即所反映对象的本质属性，很难用简短的词汇予以准确表述；其次，文化的外延也存在着难以分辨性。以人们熟悉的汽车为例，某种品牌的第一辆汽车肯定是文化，毕竟它是人类创造的一种特质，而且独一无二；一旦成批生产这种汽车，那么就不能成为文化。虽然是人类的创造物，但是却不具备独特性，充其量算作是一种商品。换句话说，并不是所有的人类创造物都属于文化范畴，只有出现新的特质时才能算作一种文化。如果确实需要作出界定，那么文化可以看作是人类生活方式的记忆与汇总。一般而言，广义上的文化可以看作是人类创造的物质财富和精神财富的总和，狭义的文化仅指人类创造的精神财富。

基于文化的复杂性，学者通常对文化进行分类阐释，不同的分类标准，自然会有不同的文化类型。以文化的功能为标准，马林诺斯基认为文化包括物质设备、精神方面的文化、语言、社会组织④；以文化的起源与功能为标准，奥格本把文化分为"物质文化与非物质文化，其中非物质文化又可以分为精神文化和适调文化"⑤；联结自然史和人类史，司马云杰把文化分为"智能文化、物质文化、规范文化、精神文化"⑥；以结构为界说标准，杨善民把文化分为"物质文化、

---

① 司马云杰. 文化社会学 [M]. 北京：中国社会科学出版社，2001：9.
② 衣俊卿. 文化哲学——理论理性与实践理性交汇处的文化批判 [M]. 昆明：云南人民出版社，2005：13.
③ 恩斯特·卡西尔. 人论 [M]. 甘阳，译. 上海：上海译文出版社，2013：64.
④ 马林诺斯基. 文化论 [M]. 费孝通，译. 北京：华夏出版社，2002：4-7.
⑤ 威廉·费尔丁·奥格本. 社会变迁——关于文化和先天的本质 [M]. 王晓毅，陈育国，译. 杭州：浙江人民出版社，1989：2.
⑥ 司马云杰. 文化社会学 [M]. 北京：中国社会科学出版社，2001：14.

非物质文化和象征文化"①；以文化内容为尺度，梁漱溟认为文化是"一个民族生活的种种方面"②，主要包含精神生活、社会生活、物质生活三个方面。文化并非是完全抽象、看不到、摸不着的复合体，特定时空中文化呈现出具体、明晰的体系，因而不同的"标准"或"尺度"，必然会出现五花八门的文化形态。比如，以地域为界，文化可以分为东方文化与西方文化；以时间为界，文化可以分为古代文化、近代文化与现代文化；以环境作为依据，可以分为农耕文化、游牧文化、海洋文化；以社会地位为标尺，文化可以划分为主文化与亚文化；以社会主体为标准，文化有精英文化与大众文化之分。"横看成岭侧成峰"，这样的分类还可以列举很多。不论如何划分，文化是一种自成体系的客观存在，人化后塑造于人。

文化对人的塑造是全方位的，从心灵、性格到行为、举止，无不打上了文化的烙印。婴儿出生，便开始生活在特定的文化空间，接受文化的规训与洗礼。长期的文化熏陶和潜移默化的习得，使得人类文化铭刻于身体，并通过身体展示文化。受文化差异性影响，不同民族展示文化的身体方式不一样。"愤怒中的日本人面带笑容，而愤怒中的西方人则面红耳赤、跺脚，或面色发白，说话带尖叫声"③。这就意味着身体是一种符号，文化塑造的身体反过来象征文化。在符号消费时代，人们不但注重身体的消费，而且刻意通过身体的延伸来展示文化，服饰就是最好的例证。可以说，身体不再是血肉之躯，而是文化的载体。

不难发现，把文化与身体联结起来，便会形成独特的文化类型，亦即身体文化。身体文化范畴较大，备受文化人类学和文化社会学关注。奥地利的格罗尔认为："最广义的身体文化内容十分丰富，它包括能施加于个人品德和社会意识以某些影响，并给身体带来效果明显的精神成分。也即是，包括一切有意识的和无意识的表现。因此，身体文化包含着营养、服装、住宅、村落、体力劳动和休息以及身体保养等问题，同时也包含着我们常说的德式体操、体操和竞技等身体运动。"④ 布朗奈尔（Brownell）认为："人们用身体所做的一切事情（莫斯的身体技术）和形塑其行为的文化要素。身体文化是一个非常宽泛的概念，包括健康、

---

① 杨善民，韩锋. 文化哲学 [M]. 济南：山东大学出版社，2002：64.
② 梁漱溟. 东西文化及其哲学 [M]. 北京：商务印书馆，1999：19.
③ 莫里斯·梅洛庞蒂. 知觉现象学 [M]. 姜志辉，译. 北京：商务印书馆，2001：245 - 246.
④ 岸野雄三. 体育史学 [M]. 白澄声，李建中，胡小明，译. 北京：国家体委百科全书体育卷编写组编印，1982：38 - 39.

卫生、竞技、美丽、服装和装饰，同时也包括手势、姿势、礼貌以及说话和饮食的方式等。"① 由此可见，身体及身体行为是众多文化现象的核心，是文化的隐喻。

在众多文化中，体育是身体文化的典范，通过肢体动作的叙事形式，诠释身体文化。体育是以生理身体为载体的文化实践活动，是"作为主体的自我对客体的自身的一种修炼行为"，具有非生产性特征。作为一种身体文化，体育运动的主要目标是通过肢体活动进行自我锻炼，强化生命的正常运动。毛泽东曾说："天地盖惟有动而已。"② 天地之间，人挺立于其中，主宰着万事万物。哲学上，运动乃天地宇宙、世间万物的基本特征，天地之间的人同样遵循着"动"的规律。适度运动促进身体健康，这是一个古老而永恒的哲理。叔本华认为："没有适度的日常运动，便不可能永远健康，生命过程便是依赖体内各种器官的不停操作，操作的结果不仅影响到有关身体各部门也影响了全身。"③ 没有运动就没有身体的健康，自然谈不上幸福，故而叔本华说："在一切幸福中，人的健康实甚过任何其他幸福，我们真可以说一个身体健康的乞丐要比疾病缠身的国王幸福得多。"③ "一般说来，人的幸福十之八九有赖于健康的身心。有了健康，每件事都是令人快乐的；失掉健康就失掉了快乐；即使其他的人具有伟大的心灵，快活乐观的气质，也会因健康的丧失黯然失色，甚至变质"③。为了幸福，首先要身体健康，自然需要运动。参与运动，凭借身体的参与体验，实现人的自然化，这是体育的本质特征。从文化哲学视角看，身体是体育文化的表意符号，不同民族有自己独特的身体叙事方式，因而呈现出了风格迥异的民族体育文化。

民族体育是各民族在不同历史时期创造的文化形态，通过肢体动作和行为展示身体文化。节日庆典中，游牧民族扬鞭驰马看似竞艺，实则为民族文化的再现与书写，讲述过往历史，成为文化记忆的重要形式。在这里，肢体动作和行为是一种语言、一种符号、一种叙事手段，从而使身体具有写意性和叙述性特征，每一个动作或行为都指向某种意义。可以说，身体是一部民族文化史，隽刻着民族的历史记忆，展示着民族的文化风采。民族体育隶属于体育范畴，"身体的绝对支配性"和"目的性"成为区分其他身体文化的核心要素。绝大部分民族游戏

---

① 布郎奈尔. 中国的身体训练：中华人民共和国道德秩序中的体育［M］. 芝加哥：芝加哥大学出版社，1995：10.
② 毛泽东. 体育之研究［M］. 北京：人民体育出版社，1979：6.
③ 叔本华. 人生的智慧［M］. 张尚德，译. 哈尔滨：黑龙江人民出版社，1987：5-12.

都以身体活动为主要形式,但目的往往以愉悦身心为主,很难成为民族体育文化;同样的道理,部分民族民俗活动也不能称其为民族体育文化。诸如,藏族的锅庄舞、土族的"跳於菟"。脱胎于母体文化之中的民族体育,必然与其他身体文化存在着某种关联与相似性,需要甄别文化的内涵。

民族体育本身是一种文化,源于人的实践活动。人类器官的先天未特定化和生物结构的薄弱,促使后天进行适应性改造,这种实践活动以身体作为改造对象,为体育文化诞生奠定了基础。人类改造身体的实践活动,不但强化了生物学结构,在"适者生存"的大自然面前获得了立足之地,而且为人类其他的对象化活动提供了可能。于是,石器、青铜器、铁器应然而生。在生存实践活动过程中,不同民族创造出了各种身体文化,巫舞、军事、音乐相继出现。随着生产力的发展,以强健身体为核心目标的修炼行为逐渐分化出来,成为独立于其他身体实践活动的文化形式,现代术语称其为体育。当然,民族体育非一时即成,是一个缓慢的、长期的发展演变过程,也脱离不了民族的生活方式。受生存环境和民族心理的影响,不同民族创造出来的体育活动形式各不相同,并且在发展过程中赋予不同的文化意义。比如,脱胎于日常生活中的赛马,在节日庆典、宗教民俗活动中成为竞技、娱乐的活动方式,担负起了民族身份认同的象征;植根于原始生活和部落战争的武术,把技击从野蛮推向文明化,形成了独特的竞技较量和比试方式。从历时性视角看,民族体育的文化内涵从单一逐渐呈现出多元化趋势,这是文化发展的使然。

民族体育或多或少的凝结着一个民族的生活方式,成为诠释和解读民族生活的文本。无须否认,民族体育不但具有体育的基本特征,而且民族性、传统性、地域性、象征性特征异常突出。民族性是文化的基本属性,也是文化的生命线,体现着一个民族特有的生活方式、审美取向、思维和价值观。民族形成的根本性标志是拥有共同的文化,因而不同民族都有自己独特的文化。民族体育是人类文化的重要组成部分,不管是否全球化,都有其始创者和最初的拥有族群。换句话说,体育是不同民族所创造的文化,在渊源上具有民族性特征。世人所熟知的武术,印着中国的标签;女性所青睐的瑜伽,打着印度的烙印。民族体育之所以能够充当民族成员的身份象征,就在于文化的民族性。于是,谈武术会想到中国,说瑜伽会浮现印度,讲跆拳道少不了韩国,提柔道必及日本,论击剑呈现法国。当然,这些符号背后隐含着深层的文化意义。武术包含着中国人对自身以及对宇宙的看法,蕴含着自强不息、厚德载物、刚柔相济、天人合一的民族精神,通过亲身体验方能悟到武术文化的精髓。"文化民族性作为不同民族文化的个性特征，既反映了不同民族成员的主体需要和价值取向，也反映了他们的生存权利、生存智慧和所处的社会发展阶段下实践的历史性特定，是文化发展的主体尺度和客体尺度的辩证统一"①。

传统性是民族体育的历时性特征。民族体育是一个非常宽泛的概念，没有时间跨度的限制，"应该包括民族的传统体育和民族的现代体育"②。目前，学术界对民族体育的界定较多。胡小明认为："民族体育是对具有民族特色的体育活动的总称。"③ 陈青认为："民族体育是指目前流传于各个国家或地区的，富于族群、民族文化特色的体育。"④ 此类定义突出了民族性特征，并未描述历时性特征。作为时间向度，现代通常指20世纪以来的历史时期，用以区分"古代"历史阶段。在我国，辛亥革命则是进入现代的历史标志。若以现代作为时间节点，民族体育大多产生于古代，具有传统性特征。民族体育发展是一个缓慢的积累过程，非一朝一夕之所能是，流传演变过程不断沉积形成文化传统，这是普遍性规律。所以，更多的学者注目于民族传统体育，探究其发展演变过程及其文化内涵。民族传统体育是"指世界各民族在不同历史时期所创造的以满足人在不同历史时期身心发展需要的体育活动形式"⑤。在不同历史时期，民族传统体育既呈现传统特征，又融入时代元素，以满足民族成员的需要。程式化的融合与积淀，使得民族传统体育日渐成熟，成为民族精神和文化传统的栖息地。

如果说民族精神是传统体育之魂，那么其根立于身体，把不同民族规训身体的方式淋漓尽致地呈现在传统体育文化之中。民族是生存在特定空间的文化共同体，这就意味着民族体育与民族生存空间适度相关，民族成员处置身体的方式依赖于生存环境，游牧民族很少用游泳去健身，也很难创造出水上运动形式。从发生学视角分析，民族体育的产生离不开一定的自然环境和民族成员的心理需要。生态、地质、地貌、气候等因素既是民族体育发生的依托条件，又是发展的制约因素，不同地理空间的自然环境因素各不相同，从而形成了地理学上的地域差异。生存于特定地域的民族，其生产生活方式和文化活动必然受当地自然环境的

---

① 童萍. 文化民族性问题研究 [M]. 北京：人民出版社，2011：41.
② 邱丕相. 民族传统体育概论 [M]. 北京：高等教育出版社，2008：3.
③ 胡小明. 民族体育 [M]. 桂林：广西师范大学出版社，2005：3.
④ 陈青. 民族体育跨文化融合 [M]. 北京：民族出版社，2010：50.
⑤ 王刚. 民族传统体育发展的文化审视 [M]. 北京：北京体育大学出版社，2005：41.

影响，明显具有地域性特征。所谓"南人善水舟北人善骑射"，无疑是文化地域性的恰当表征。民族体育是民族文化的重要组分，地域性特征尤为突出，赛马、射箭、摔跤盛行于游牧民族，游泳、赛艇、漂流常见于水乡民族，滑雪、冰球、雪橇开展于寒区民族。借助自然生境进行身体塑造，是民族成员适应环境的必然产物，体现着民族主体与自然环境的和谐统一。

根于身、游于艺的民族传统体育，凝结着不同民族的生活方式，展示着独特的身体文化。从本质上讲，民族传统体育是人类创造的一种身体文化形式，是人的类本质活动的对象化产物。马克思指出："人是类存在物，不仅因为人在实践上和理论上都把类——他自身的类以及其他物的类——当作自己的对象；而且因为——这只是同一种事物的另一种说法——人把自身当作现有的、有生命的类来对待，因为人把自身当作普遍的因而也是自由的存在物来对待。"① 作为类的存在物，人的类本质活动就是自觉改变对象世界的实践活动，其间融入了主体的目的和意愿。与其他实践活动不同的是，民族传统体育以人类自身作为实践对象，旨在改造生理身体和通过身体叙事记忆身体文化。毋庸置疑，民族传统体育本身是一种文化，通过肢体动作和身体行为展示人的本质力量，延续民族精神、信念与价值取向，维系民族成员之间的感情，促进个体社会化和身份认同，是诠释民族传统生活方式的最佳文本。

第二节　西北走廊古代民族的传统体育文化

体育是人类社会发展到一定阶段的必然产物，源于生存需要。德国哲学人类学家米切尔·兰德曼认为，人在本能上是匮乏的，人的器官在先天也未被特定化。"对生命的进步而言，初看起来这似乎是一个不利条件。这样一种造物会发现，它在世上比特别适合于其环境的动物更难维持它自己的生计，因此才有了人的发展只有在'天堂般的'环境条件下才可能产生的理论。然而，虽然非特定化（unspecialization）开始可能有消极影响，但在漫长的发展过程中，它却意味着是一个非常宝贵的优点。"② 在兰德曼看来，正是非特定化的存在，为人类进

---

① 马克思恩格斯选集：第1卷 [M]. 北京：人民出版社，2012：55.
② 米切尔·兰德曼. 哲学人类学 [M]. 阎嘉，译. 贵阳：贵州人民出版社，2006：165.

步和创造各种文化提供了可能。为了生存，人类创造了跑、跳、攀、爬、投等动作技能，在生产之余转变为健身、娱乐之道，现在称为"体育"。

当然，体育的产生并非一蹴而就，而是经历了一个漫长的过程。我国原始氏族社会就有了体育的因素或萌芽，但是尚未脱离生产活动。旧石器时代，石球是最早的狩猎工具之一，同时是抛、踢、弹的器具。《中国古代体育史》中认为，石球"可能是人类最早的球类，是后来一切球类工具和运动项目的鼻祖"[1]。考古证据的不足，使得这种推测缺乏科学依据，但不能说完全没有道理，弓矢的发展印证了体育萌芽因素的存在。《山海经》载："少昊生般，般是始为弓矢。"[2]最早的弓矢，用于狩猎获取食物。《弹歌》曰："断竹，续竹。飞土，逐肉。""断竹，续竹"描述古代弹弓的制造，"飞土，逐肉"描述打猎过程，可见弹弓制作用于狩猎。在原始弓矢的基础上，发展演变出了作为军事兵器和竞技器械的弓箭。可以说，没有弓矢，就没有射箭运动。原始生产活动中的弓矢，孕育着体育的萌芽。随着生产的分工，狩猎用的弓矢演变出了军事上的射箭，功能出现了极大的拓展。物质财富的积累和闲暇时间的增多，在生产、战争掠夺之余诞生了身体训练和单纯的娱乐活动，于是，带有体育性质的射箭运动便产生了。

类似的例证，还可列举很多，譬如"蹴鞠""击壤"。西汉末年，刘向在《别录》中说："蹴鞠者，传言黄帝所作，或曰起战国之时。踏鞠，兵势也，所以讲武知有材也。今军无事，得便蹴鞠，有书二十五篇。"[3] 起源很早的鞠，后附着于军事，闲暇无事期间用其娱乐锻炼。相传帝尧时代，有老者击壤而歌。东汉应劭曰："击壤为木戏。壤，木为之，前广后锐，长尺四寸，阔三寸。未戏，先侧一壤于地，远三四十步，以手中壤击之，故曰击壤。"[4] 早期的田间游戏，最终慢慢演变为规则成形的体育活动，这是历史发展之使然。

古代西北走廊，体育文化元素以骑射为主，大都融在狩猎生产过程中。1972年发现的黑山岩画中，骑马图、射驼图等文化遗存可见体育元素的萌芽。西北走廊早期的民族中，戎、氐、羌、月氏、乌孙等民族都以游牧、狩猎为生，特定环境下的生存方式蕴含着相应的体育元素，骑马、射箭、摔跤皆有可能。"人类总是在一定的生态环境中进行有特质的文化创造，依据不同的生态环境所创造的特

---

[1] 国家体育总局体育文史工作委员会. 中国古代体育史 [M]. 北京：北京体育学院出版社，1990：17.
[2] 陈成. 山海经译注 [M]. 上海：上海古籍出版社，2012：312.
[3] 范晔. 后汉书·梁统列传：第34卷 [M]. 李贤，注. 北京：中华书局，1965：1178.
[4] 吴树平. 风俗通义校释 [M]. 天津：天津人民出版社，1980：399.

质也不相同"①。依水而居，所创文化的性格或因子往往与水相关，游泳、泛舟、赛艇都需要水。逐水草迁徙，所创文化脱离不了草原及其附属环境特质，赛马、赛驼、赛牦牛均与生境内动物相关。西北走廊的生态环境差异较大，东南侧接近四川盆地，气候怡人；西北侧横卧着祁连山，终年积雪不消，冰雪融化形成的几条河流周边则是绿洲。宜农宜牧的河湟谷地和河西走廊，自古以来是游牧民族生存之地，文化生境大体相同。作为早期游牧民族的代表，匈奴人把骑射的军事功能发挥到了极致，以至于赵武灵王学习"胡服骑射"。《史记·匈奴列传》载："儿能骑羊，引弓射鸟鼠，少长则射鸟兔，用为食。士力能惯弓，尽为甲骑。"②骑射作为生产和军事活动，蕴含着赛马、射箭、弓弩、射击、马术等体育元素。南匈奴附汉后，也不忘比赛走马与骆驼。《后汉书·南匈奴列传》记载："匈奴俗，岁有三龙祠，常以正月、五月、九月戊日祭天神。南单于既内附，兼祠汉帝，因会诸部，议国事，走马及骆驼为乐。"③西汉时期，西北走廊月氏、乌孙等部族也善骑射。史载月氏拥有"控弦之士计一二十万"，管中窥豹，略见一斑。乌孙与"匈奴同俗"，骑射无须多议。

吐谷浑乃鲜卑族慕容部一支，其祖辈也以骑射立国，每年"设坛埒，讲武弛射，因以为常"④，西迁后出土的棺板彩绘图和岩画中的狩猎图表明骑射文化有增无减。值得一提的是，吐谷浑人结合青海特有的马种"青海骢"，创造出了独特的马术文化，谓之舞马，意即能够舞蹈的马。吐谷浑在驯马过程中，以打击鼓乐作为节奏，使良马建立并形成闻乐而舞的条件反射和动力定型，供人观赏。这种不由人骑且随乐而舞的马，经常作为贡品呈现给中原皇帝。《宋书·鲜卑吐谷浑传》记载："世祖大明五年，拾寅遣使舞马、四角羊。皇太子、王公以下上舞马歌者二十七首。"⑤ 舞马传入中原后，对其记载有所增加，唐朝诗人薛曜的《舞马篇》、郑嵎的《津阳门诗》中的描写较为详细，成为细赏舞马全貌的佳作。西羌南迁途中，部分部落在青藏高原一带居住下来，7世纪初建立了吐蕃民族政权。伴随着军事实力的强大，吐蕃开始了东进、北上和南下之路，唐贞观十二年（638年）东进攻伐吐谷浑和党项，安史之乱后借机占领了整个西北走廊，并称

---

① 张碧波，董国尧. 中国古代北方民族文化史 [M]. 哈尔滨：黑龙江人民出版社，2001：1554.
② 司马迁. 史记·匈奴列传 [M]. 北京：中华书局，1959：2879.
③ 范晔. 后汉书：第89卷 [M]. 李贤，注. 北京：中华书局，1965：2944.
④ 魏收. 魏书：第1卷 [M]. 北京：中华书局，1974：12.
⑤ 沈约. 宋书·鲜卑吐谷浑传：第96卷 [M]. 北京：中华书局，1974：2373.

该地为"朵思麻""安多"。青藏高原属于高寒地带,"土宜小麦、青稞",因而吐蕃早期以畜牧业见长,但也兼营农业。《旧唐书·吐蕃传》记载:"其地气候大寒,不生粳稻,有青稞麦、裛豆(豌豆)、小麦、乔(荞麦)。"① 西藏壁画和敦煌壁画中,有关骑射的描绘很多,安多藏区也有骑射遗风。格萨尔赛马称王的故事,说明吐蕃人在赛马、射箭等方面的重视程度。

回鹘人善骑射,经常赛马和射箭,《突厥语大词典》中相关词条记载频繁,足以明示。"回鹘人有善骑射的传统,骑射不仅是他们获取生活资料的手段,同时也是他们宗教祭祀中的一项重要活动"②。宋人王延德《高昌行记》载:"居民春月多群聚遨乐,於其闲游者马上持弓矢,射诸物,谓之禳灾。"③ 高昌回鹘与甘州回鹘、河西回鹘同源,皆属铁勒部落联盟中的一支,骑射文化颇盛。党项系羌族分支,又称"党项羌",自古尚勇,善骑射。武威西郊出土的西夏2号墓室棺木彩绘图,栩栩如生地展示了党项族的骑射风采。正是这种尚武骑射民风,造就了西夏军事人才辈出,为西夏建国奠定了坚实的基础。蒙古族是继匈奴之后创造辉煌历史的北方游牧民族,率众征伐之后进入西北走廊。蒙古铁骑威震天下,自然骑射水平甚高。《元史·兵志》云:"家有男子十五以上,七十以下,无众寡尽签为兵。十人为一牌,设牌头,上马则备战斗,下马则屯聚牧养。"④《蒙古秘史》更是记载了大量的骑射事件和善骑善射的人物,诸如成吉思汗、木华黎、只儿豁阿歹。另据《成吉思汗碑铭》记载,当时也松格·洪古图尔射箭达335度之遥。蒙古族人入驻西北走廊后,骑射文化并未消失,而是传承发展。《清稗类钞》记载:"蒙人不论男女老幼,未有不能骑马者。其男女孩童自五六岁即能骑马驰驱于野"⑤ "青海之蒙古妇女出必跨马,致里之温,不常用鞍,辄一跃而登马背焉。"⑤ 这些历史记载,无疑是蒙古族骑射文化的珍贵史料。

"对于游牧民族来说,天下哪里有水草,那里就可以放养更多的牲畜,哪里就是他们的家。他们的经济生活只是单纯地依靠自然界水草茂盛的环境,重复着简单的再生产。农业与牧业虽然都受到自然条件的制约和影响,但是后者所受自然环境的影响和制约比前者为深为大。"⑥ 一场"白灾"或一场"黑灾",都能让

---

① 刘昫. 旧唐书·吐蕃传:第196卷 [M]. 北京:中华书局,1975:5220.
② 黄聪. 中国古代北方民族体育史考 [M]. 北京:人民出版社,2009:98.
③ 王延德. 高昌行记 [M]. 说郛三种:第56卷. 上海:上海古籍出版社,1988:2609.
④ 宋濂. 元史:第98卷 [M]. 北京:中华书局,1976:2508.
⑤ 徐珂. 清稗类钞 [M]. 北京:中华书局,1986:2214-2989.
⑥ 刑莉. 游牧文化 [M]. 北京:北京燕山出版社,1995:7.

游牧民族陷入绝境。经济上的脆弱性，迫使牧民兼营狩猎或农耕，抑或出兵掠夺农耕民族的食物。早期狩猎不仅要具备捕获猎物的方式，同时需要举办"与兽搏"的技能，长期发展演变出了摔跤活动。西北走廊的古代游牧民族，摔跤是必备技能，匈奴、乌孙、吐谷浑、回鹘、吐蕃、蒙古族都有大量的摔跤文献记载。摔跤，古称角力，秦更名角抵。《礼记·月令》曰："（孟冬之月）……天子乃命将帅讲武，习射御、角力。"①《汉书·武帝纪第六》载："元封三年春，作角抵戏，三百里内皆来观。"② 1955 年，陕西长安出土的汉代匈奴人角抵铜饰牌，有两个匈奴人拴马后进行角抵的运动图像。敦煌壁画更是栩栩如生地描绘了很多古代的摔跤运动，为世人研究摔跤提供了宝贵的参考。

西北走廊的古代民族，不但赛马、摔跤、射箭文化盛行，而且蹴鞠、马球、捶丸、步打球也有发展。蹴鞠，我国古代著名的球类运动，又叫踢鞠。战国、秦、汉时期，西北走廊流行蹴鞠，尤其是军队中鲜有记载。汉朝蹴鞠也成了"治国习武"之道，广泛流传于军队。郭璞注《三苍》云："毛丸可踢戏者曰鞠。踢鞠，兵势也，所以陈武士简才力也。"③关于马球的起源，目前说法较多，有波斯说、吐蕃说、突厥说等几种。无论马球起源于何处，但吐蕃曾经有马球运动是肯定的。《封氏闻见记》载："景云中，吐蕃遣使迎金城公主，中宗于梨园亭子赐观打毬，吐蕃赞咄奏言：臣部曲有善毬者，请与汉敌。上令仗内试之，决数都，吐蕃皆胜。"④ 这种马球竞技，在唐朝诗歌中也有体现，敦煌遗书 S.2049、P.2544《杖前飞·马毬》记录了当时马球运动的开展情况，"毬似星，杖如月，聚马随风直冲穴"。不仅吐蕃喜好马球，回鹘人也打马球。此外，吐谷浑传承了鲜卑族百戏中的体育活动，如秋千等项目。

表 3-1　西北走廊古代民族的传统体育活动

古代部落或民族	主要民族传统体育或者类体育活动
戎、氐、羌、月氏、乌孙	骑射
匈奴	骑射、赛马、赛骆驼、摔跤
吐谷浑	舞马、骑射、秋千

---

① 礼记 [M].崔高维，校点.沈阳：辽宁教育出版社，1997：59.
② 班固.汉书：第 6 卷 [M].北京：中华书局，1962：194.
③ 许慎.说文解字注 [M].段玉裁，注.郑州：中州古籍出版社，2006：108.
④ 封演.封氏闻见记：第 6 卷 [M].北京：中华书局，1985：74.

(续表)

古代部落或民族	主要民族传统体育或者类体育活动
吐蕃	骑射、赛马、马球
回鹘	骑射、赛马、武术、秋千、击球
党项族	武术、骑射、蹴鞠
蒙古族	骑射、赛马、赛骆驼、射箭、秋千
回族	武术、拔腰、木球

第三节 西北走廊现代各民族的传统体育文化

民族传统体育是各民族创造的一种重要文化形式，通过肢体运动达到竞技、健身、娱乐、教育和民族认同之目的，具有民族性和传统性特征。从过去能够延传至今，民族传统体育文化必然有其存在的逻辑，至少能够满足人的某种生存需求。"人为了生存，必须克服人的生物学劣势，从自然环境中获得满足自身生存需求的资源来弥补自身的缺点，这已在很多文化人类学家的研究中得到了证实"[1]。譬如奔跑能力和搏击能力不足，原始人就追赶不上动物，自然很难获取猎物，但是人能够通过后天锻炼创造出所需要的奔跑能力、搏击技能、投射和捕猎能力，满足自身的生存需要。当生理身体无法满足想要的某种能力时，人还能够借助延伸性的身体达成所需，牧民之所以骑马就是因为马的快速奔跑能力优于人类。实现生存需求的过程，既是人的社会化过程，也是文化创造的过程，创造的文化在满足主体需求的同时，还为主体提供生存意义和价值。正如伊格尔顿所言："文化不仅是我们赖以生活的一切，在很大程度上，它还是我们为之生活的一切。感情、关系、记忆、亲情、地位、社群、情感满足、智力享乐、一种终极意义感，所有这些都比人权宪章或贸易协定离我们大多数人更近。"[2] 对不同的民族而言，某一文化的生存意义和价值是不一样的。在美国，体育就是一种生活方式，是一种极具价值的肢体文化，但是在中国就不是那么回事了，甚至上体育课都是很痛苦的事，更不用说生活方式了。北方游牧民族视水草牲畜为衣食

---

[1] 童萍. 文化民族性问题研究[M]. 北京：人民出版社，2011：42.
[2] 特瑞·伊格尔顿. 文化的观念[M]. 方杰，译. 南京：南京大学出版社，2000：151.

父母，其文化含义不言而喻，中原农耕民族未必会把水草牲畜放在眼里。土族青年"打秋"，包含着祖先崇拜和民族历史的文化记忆，这是土族生活图式的一部分，外地游客就很难理解轮子秋中的民族价值。这就是文化民族性的具体体现，不同民族的传统体育文化往往蕴含了该民族存在的合理性，以及发展的潜力和可能性。

民族性是传统体育文化赖以存在的基础，它能呈现民族的过去。换句话说，过去事物的持久性不在于存在本身，而在于存在所携带的文化象征意义。有些时候，现存文化的某些特质已经发生了明显的改变，其所表达的意义不会因为个别特质的改变而变化。现代铁质轮子秋取代了传统的木质轮子秋，却无法取代轮子秋在土族人心中的地位；不管现代那达慕融入了多少经济和时代元素，都改变不了蒙古族那达慕中的民族精神和文化记忆。即使在海外看见外国人多么蹩脚的武术，也无法磨灭武术文化本身的含义，以及中国的文化标签。文化民族性的生成，是世代承袭的结果，更是文化传统性的体现。民族传统体育文化世世代代积累、传承，久而久之形成了文化传统，约束、规范和教化民族主体。如果失去这些民族文化传统，逝去的一代与活着的一代之间的社会连结将会大幅减弱，生物基因在延续，文化基因则会发生断裂。民族传统体育文化的传统性，是社会结构的一个向度，这一点无法掩盖。在瞬息万变的今天，不关注民族传统文化，不关注民族体育文化的民族性和传统性，文化同化只是时间问题。

在民族性和传统性的前提下，透视西北走廊各民族的传统体育文化，是研究文化传承与嬗变的基础。西北走廊现有汉族、藏族、蒙古族、回族、裕固族、保安族、东乡族、哈萨克族、土族、撒拉族10个世居民族，传承和发展着本民族的传统体育文化。宏观层面上，民族传统体育文化是一个统一的有机整体，具有不可分割性；微观层面上，民族传统体育文化又包含着不同的项目，呈现出多样性特性。梳理西北走廊各民族传统体育文化，游牧民族传统体育文化占有重要地位，赛马、射箭、摔跤较为常见，赛牦牛、赛骆驼也能够看到，依水而生的民族体育文化相对不多。汉族传统体育活动主要有武术、秋千和高跷，藏族传统体育文化活动有赛马、马术、押甲、赛牦牛、射箭、蹬棍，蒙古族传统体育文化活动有赛马、射箭、摔跤、赛骆驼，裕固族传统体育文化活动有赛马、射箭、摔跤、拉棍，回族传统体育文化活动有武术、木球、掼牛、赛马，撒拉族传统体育文化活动主要有划皮筏、赛马、摔跤、射箭、武术、打蚂蚱、拔腰，东乡族传统体育文化活动主要有射箭、游泳、打咕咕社、赛皮筏，保安族传统体育文化活动主要有赛马、射箭、摔跤、武术、打抛尕、夺腰刀、打五枪,哈萨克族传统体育文化活动主要有赛马、叼羊、姑娘追、摔跤。

表3-2　西北走廊现代民族的传统体育活动

民族名称	主要民族传统体育	民间游戏、舞蹈
汉族	武术、秋千、高跷	
藏族	赛马、马术、秋千、押甲、赛牦牛、蹬棍、射箭、登山	锅庄舞
蒙古族	赛马、射箭、摔跤、赛骆驼	
裕固族	赛马、射箭、摔跤、拉棍	
土族	轮子秋、赛马、摔跤	弦子舞
回族	武术、赛马、掼牛、木球	踏脚
撒拉族	划皮筏、赛马、摔跤、射箭、武术、打蚂蚱、拔腰	
东乡族	射箭、游泳、打咕咕社、赛皮筏	
保安族	赛马、射箭、摔跤、武术、打抛尕、夺腰刀、打五枪	
哈萨克族	赛马、叼羊、姑娘追、摔跤、马术	

第四章 西北走廊民族传统体育文化的传承

第一节 传承与文化传承

文字的出现是文明的标志。在中国古代的书籍中，有仓颉造字之说。相传，黄帝的史官仓颉看见一名天神，相貌奇特，面孔长得好像是一幅绘有文字的画，仓颉便描摹他的形象，创造了文字。除仓颉造字说之外，古文献中还有"结绳""八卦""图画""书契"等说法。传说归传说，但却反映出上古时代人们就开始创造、发明和使用文字。从现有考古资料看，中国在 4500 年前就有了图像文字[1]。古人从刻画符号开始，经过图像文字、甲骨文的积淀，最终演变为汉字，至今仍然为国人所用。汉字是中国人创造的文化之一，它之所以能够流传并沿用至今，关键在于传承。由此可见，传承是文化的命脉，是自身延续的血液。

理解文化传承，须探源什么是传承。

在古汉语中，"传"和"承"多见独立使用。《庄子·养生主》中，传"指穷于为薪，火传也，不知其尽也"[2]。《诗·秦风·权舆》中把承解释为"于嗟乎，不承权舆"。类似的典籍记载很多，对二字的解释也不尽相同。《字汇·人部》说："传，继也。"可见，"传"就是指将已有的东西继承下来。《汉语大字

---

[1] 1957 年，考古人员在山东莒县陵阳河发现了大汶口文化遗址。1960 年，考古人员采集到的三件刻画图像陶文的大口尊，陶尊上各刻有一个图像文字，后经陆续发掘共发现 12 个单字。这些文字是按照实物的形状描绘出来的，字体的结构与甲骨文上的象形字十分相似，但比甲骨文要早 1000 多年。山东省文物管理处，济南市博物馆. 大汶口——新石器时代墓葬发掘报告 [M]. 北京：文物出版社，1974：55-67.

[2] 庄周. 庄子 [M]. 雷仲康，译注. 沈阳：辽宁民族出版社，1996：34.

典》也有"延续、继承"的解释。"承,继也。"① 意思是"承继、继续、传继"。从词源上讲,"传承"一词由"传"和"承"联合而成。概言之,就是"传递、延续"。

在现代科学体系中,"传承"一词首见于民俗学研究,指民间知识的传授和继承。作为一个基本概念,民俗学把传承与文化联结起来,不但拓展了传承的内涵与外延,而且使得传承获得了更为宽泛的意义。传承不再是简单的民俗沿袭和继承,而是一种文化习得和再生产的过程。民俗是人类最基本的原生文化形态,有特定的"编码"和解码规律,用于传递特定符号意义。正如美国民俗学者P·里普斯与G·韦雷所说,传承"乃是一种主体的、大规模的时空文化的连续体,它限于指一种技术或整个文化中的持久形貌,它占有一段相当长的时间,以及一种在量上面不等,但在环境上却有其意义的空间"②。文化需要传承,传承方能延续。文化传承现象绝不仅局限在民俗学范畴,而是传统文化的根本性特征,也是非物质文化遗产的特征。

传承是文化的基本特征。先秦时期,宗法家庭、君国臣民思想奠定了人情世风。秦汉的大一统,并没有改变这一文化观念。历史发展三起三落,但是"人情世风"仍然纠缠着当下的中国人。古人寄予未来,相信自己死后子女能够继承遗产、遗愿,于是就有了"愚公移山"的故事。到了现代,为子女留下居住的房屋仍然是国人心中的愿望。诞生于生产生活中的中华武术,是中国的"国粹",历经千年依然为国人论道。李白酒后舞剑、少林武术名扬全球,这都是文化传承的表现。

第二节 西北走廊民族传统体育文化传承体系

任何一种文化,都有其特定的生存空间和传承体系。比如,游牧文化是一种草原文化,有水、有草、有畜、有游牧民族;农耕文化是一种土地文化,耕地、谷物、村落和农民是构成农耕的必备条件;海洋文化是一种商业文化,轮船、航海、商品交换。在这里,草原、土地、海洋成为不同文化的生存空间。可以说,

---

① 汉语大字典编辑委员会. 汉语大字典 [M]. 成都:四川辞书出版社,1986:208.
② 张紫晨. 中外民俗学词典 [M]. 杭州:浙江人民出版社,1991:224-225.

我国北方游牧民族创造的文化扎根在草原上，一代又一代地传承与发展；中原农耕民族扎根泥地，脸朝黄土背朝天，书写了一部又一部史诗，代代相传。离开特定的生存空间，文化就发生变迁；没有传承体系，文化则会消失。

仔细考察文化的发展，不难发现生存空间就是文化传承的外部要素。文化传承的外部要素由自然环境和社会环境两部分组成，自然环境包括生态、地貌、气候等因素，社会环境包括物质条件、政治条件和居住民族等因素。

有了外部要素，文化尚不能传承，还需要文化传承的内部要素发挥作用，内外结合形成文化传承的条件。一般来说，传承人、传承内容与途径就是文化传承的内部要素，其作用方式如图4-1所示：

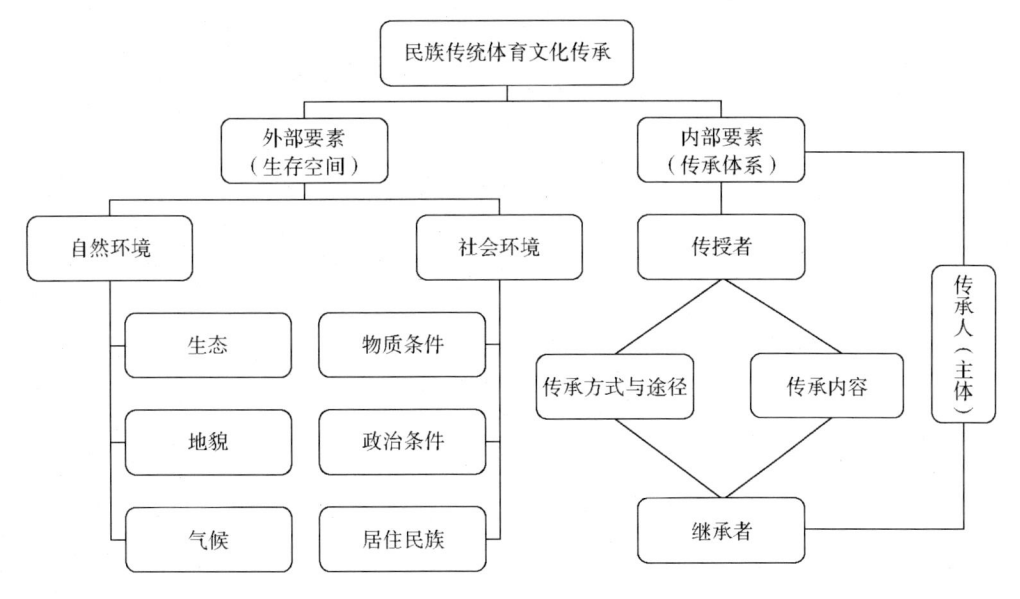

图4-1 民族传统体育文化传承要素图

文化是人创造的，是人的类本质活动的对象化。作为实践活动的文化，人是文化的主体，也是文化的出发点和归宿点。传承是文化发展过程中的关键环节，通过主体的互动实现代际之间传承。参与文化传承的主体，都属于传承人的范畴。传承人，也就是延续和继承的主体，有传授者和继承者之分。传授者，位于传承过程的上游地位。唐代陆德明《经典释文》说："传者，相传继续也。崔云：薪火，爝火也。传，延也。"① 继承者，位于传承过程的下游地位，是文化

---

① 陆德明. 经典释文：七［M］. 北京：北京图书馆藏宋刻本影印原书版，1980：98.

传承中的"受者"。民族传统体育文化的传承主体,同样由"传者"和"受者"共同组成,位于传承体系的两极,分别扮演着"传"和"承"的角色。文化传承活动是由"传"和"承"不断交替推进的动态过程,任何一个传承人都处于民族传统体育传承链条中的某个交叉点,扮演双重身份,兼任双重职能。传承人首先是民族传统体育文化的继承者,需要从上一级的传承人那里获取文化精髓和操作形式,并且经过个人的努力内化为稳定的心理特征。随着时空的转移,该继承者会跃升为传递者,为下一代文化传承人论经授道。流传于西北走廊的八门拳、撕拳、炮拳,相传为清朝一位名为常燕山的回族武术家所传。常燕山原籍河北沧州,自幼习得一身武功,后落脚兰州①。从文化传承的视角看,常燕山既是河北沧州武术的继承者,又是兰州八门拳、撕拳、炮拳的传授者。无独有偶,这种跨越地域、影响极大的武术传承人,在西北走廊不止常燕山一人,武术宗师马凤图更是名传三陇。马先生出生于河北沧州一个武术世家,参加过晚清的武童生应试训练,精通中医,擅长通备拳,1920年进入军旅生涯,1926年随冯玉祥军刘郁芬部转战西北,先后在宁夏、甘肃、青海担任要职。20世纪40年代退出政界,在西北师范大学兼任武术课教师。与常燕山不同的是,马凤图先生的传人更为广泛,有弟子,有军人,也有学生,个体和群体共存,影响甚远。正如其子马明达所言:"几十年过去了,他所弘扬的通备武学已经在大西北生根发芽,遍地开花,成了大西北特别是甘肃、陕西、新疆三省(区)传播最广的武术流派之一。以甘肃而言,通备拳被称为'马家拳',早在三四十年代就已经成为国术馆的主要教材,拥有一大批爱好者。解放以来,代表甘肃省参加全国武术活动的主要是'马家拳'和马门弟子,在甘肃各市、州、县练'马家拳'的成千上万,人数之多是任何拳派所不能比的。这样大面积的传播,与他的一大批弟子如王天鹏、刘靖国、边仙桥、罗文源、邸世礼、王伯温、方学礼、魏毓明、陈万治等人,和他的子辈们的不懈努力分不开,但开创局面的人物是马凤图。"①

地域性武术是西北走廊民族传统体育的一种,更多的传统体育文化依靠群体来传承。如果准确地区分这些民族传统体育文化的传承主体,大致可以分为个体和群体两类,国家、民族和个人三个层面。

从国家层面讲,文化传承是维护国家安全、弘扬民族精神和保持文化血脉的重要举措,因而借助政治权力和各种制度传递民族文化是各个国家的必然选择。

---

① 马明达. 说剑丛稿[M]增订本. 北京:中华书局,2007:120-344.

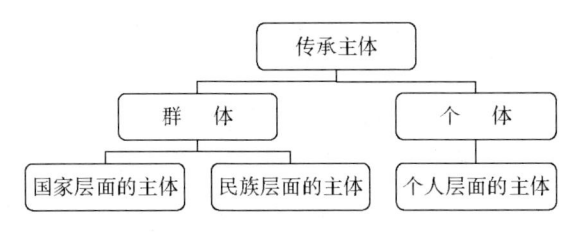

```
                    传承主体
              ┌────────┴────────┐
            群 体              个 体
       ┌──────┴──────┐          │
   国家层面的主体  民族层面的主体   个人层面的主体
```

图 4-2 民族传统体育文化的传承主体

毫无疑问，各级各类学校成为民族文化传承的重要场域，学生自然是国家层面文化传承的主体。作为中国传统文化的汉文化，主要通过国家层面进行传承。当然，脱胎于儒家文化的中华武术，蕴含着深厚的儒家思想，诠释和体现着中国文化精神，早已被纳入教育体系，通过学校平台进行传承。西北走廊的各类学校中，不但能见到武术教学内容，而且一些学校开设了少数民族传统体育项目，自觉传承民族传统体育文化。值得一提的是，西北走廊还出现了专门性的武术学校，成为难得一见的民族传统体育文化习练基地。金昌文武学校、平凉崆峒武术学校就是这样的教育培训机构，传承主体就是国家未来的主人。事实上，中华民族大家庭的所有成员都是国家主体。对于中华民族传统体育文化，需要国人树立主体意识，自觉传承传统文化。

从民族层面讲，文化就是民族的灵魂和标签，也是区别于其他民族的身份象征。只要提到"男儿三艺"，人们马上会想到大漠草原上的蒙古族人和那达慕大会，以及蒙古汉子特有的骑马、射箭和摔跤技能。同时，文化是维系民族共同体的纽带，每个人必须掌握一种文化，以使自己置身于某一个民族中。随着社会流动性的加快，西北走廊现有 55 个民族成份，其中人口总数在 1000 人以上的有汉族、藏族、蒙古族、回族、撒拉族、裕固族、东乡族、土族、保安族、哈萨克族。这些民族都拥有各自的传统体育文化，像叼羊、姑娘追、赛骆驼、赛皮筏、打石头、拉棍等都属于小众文化，尚未达到中华武术的"国粹"地位，基本上在本民族成员内部流传。民族中所有成员都是本民族文化的载体，自小学习、接受、遵循本民族的文化，充当文化继承者的角色，成年后以文化传递者的身份教育子代，无形中实现了民族文化的延续。目前，拔腰、蹬棍、耍石子等民族传统体育项目主要依靠撒拉族传承；打抛尕、打五枪、抹旗等民族传统体育传承于保安族内部；轮子秋是土族特有的民族传统体育文化活动，族内传承特征异常突出。没有突破民族界限时，文化主要依靠本民族内部进行传承，民族的消亡意味着文化的消失。663 年，吐谷浑消失在历史的记忆中，族体的消失使得"舞马"

也只能在文化典籍中见到。从民族主体的视角看,任何一个民族成员都是本民族传统体育文化的传承者,理应承担起文化传承的责任。

  从个人层面看,文化是个体社会化的必备条件,文化习得过程就是适应社会的行为。人类先天尚未被特定化,在体质和器官方面存在着本能上的薄弱,需要后天来弥补先天的不足。这种补偿人的生物性之不足的活动,就构成了人的文化。阿尔诺德·格伦由此把文化称为人的"第二本性"[①],米切尔·兰德曼则把文化理解为人类的"第二天性"[②]。当一个婴儿降临时,周围的文化生境是陌生的,风俗、行为模式、规则及文化意义都需要他慢慢适应与理解。每个人首先必须学习各种文化,以使自己能够在自然链条上生存。民族传统体育是一种行为文化,需要人通过肢体语言来完成,习练可以强化体能、促进个体社会化。个体学习与适应民族传统体育文化的过程,也就是文化塑造主体人格的过程,深厚的精神文化会潜移默化地熏陶和培养主体的心理,促进其不断发展。当然,文化不仅仅是规范、约束、教化人的工具,人也绝不会被动地接受文化的塑造,也会创造文化。一个人具备了相应的行为能力,就不再是纯粹的生物人,而是一个文化主体,是自身文化形成过程中的主动参与者,既不会仅由文化任意刻写,又不会仅被形式、价值观念和操作同化,这就意味着有可能超越现有的文化生境,创造出新的文化。明末清初武术家陈王庭,自幼习武,汇集诸长,创始出了陈氏太极拳;壳子棍创始人、崆峒派武术创始人都是在习练武术的基础上,创设自己的门派。在这里,传统的民族民间文化人身份独特,既是文化的继承者,又是文化的创造者。尽管文化个体有性别、年龄、职业、修养等差异,对文化传承和发展所起的作用不同,但文化的传承离不开个人创造性的传承活动。可以说,个人是文化传承的最小单位,任何一个人都会成为本民族文化的传承人,也会成为异族文化的传承人。

  文化塑造主体,主体创造文化。文化一旦被创造出来,就需要人来传承。在文化传承主体中,个人是民族主体和国家主体的基础,民族主体则是国家主体的重要组成部分。不管在哪个层面,文化的传承都不是一蹴而就的,而是通过各种方式和途径慢慢实现的。民族传统体育文化历史悠久、源远流长,有的来源于生产实践,有的来源于军事斗争,有的来源于宗教祭祀,还有的来源于生活娱乐。

---

① 衣俊卿. 文化哲学——理论与实践交汇处的文化批判[M]. 昆明:云南人民出版社,2005:8.
② 兰德曼. 哲学人类学[M]. 阎嘉,译. 贵阳:贵州人民出版社,2006:223.

这些来源于不同的民族传统体育文化，其存在方式也往往不同。就文化存在的形态而言，民族传统体育可分为自在的文化和自觉的文化。与此相应，民族传统体育文化的传承，主要有自在的传承和自觉的传承两大类。

传承方式
- 自在的传承
  - 生产活动中传承
  - 日常生活中传承
  - 宗教活动中传承
  - 节庆习俗中传承
- 自觉的传承
  - 家族（师徒）传承
  - 学校传承
  - 军队传承
  - 社会组织传承

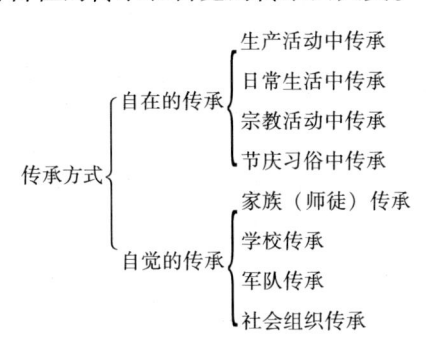

图 4-3　民族传统体育文化的传承途径

以自在形式存在的民族传统体育文化，具体传承的途径可以归结为以下几个不同的层面：生产活动中传承、日常生活中传承、宗教活动中传承、节庆习俗中传承。

生产活动中传承。生产活动是人类获取物质资料的主要手段，也是创造文化的重要途径。从原始文明到现代工业文明，人类的生产方式经历了采集与狩猎、斯威顿耕作与畜牧、农业生产、工业生产四个阶段。不同的发展阶段，都有体育或者类体育的活动产生，这些源于生产活动的体育文化，在很长时间内生存于母体文化环境中，借助着母体文化的乳汁生长。在某种意义上，生产活动也充当着民族体育文化传承的途径之一。采集与狩猎是人类最早的生产方式，原始先民依靠采集野生植物和围猎动物来生存。在祁连山北麓，考古人员发现的34处岩画中，集体围猎的画面就占有很大比重，充分反映了当时的生产方式。在黑山峡谷两旁，有一幅狩猎场面的岩画，手持弓箭的猎人与长角鹿、野牛紧张对峙，生动地再现了当时的生产情景。这些岩画记录了人类早期的生产方式、生产工具和生产技能，其中奔跑、投射、跳跃等技能可视为体育活动的雏形。在采集狩猎基础上，人类发展起来了新的生产方式——斯威顿经济和畜牧。这两种生产方式或经济类型，并非所有的民族都必须全部经历，西北走廊的游牧民族就没有经历斯威顿生产，直接从采集狩猎过渡到畜牧生产。自然发生论认为，人类围狩的大型猎物一时吃不了，暂时将食草动物驯化并成群饲养，逐渐开创了畜牧经济。畜牧生产以有蹄类动物为畜种和以水草利用为路线，辗转生产。在生产过程中，游牧民族创造出了灿烂的草原文化，其中包含特征鲜明的民族体育文化。西北走廊曾经生存过西戎、氐、羌、匈奴、吐谷浑、鲜卑、蒙古族等游牧民族，骑射是他们谋取生存的重要手段，也是他们擅长的体育活动。《史记》记载，匈奴人"儿能骑羊，引弓射鸟鼠，少长则射鸟兔，用为食。士力能惯弓，尽为甲骑""其俗，宽则随畜，因射猎禽兽为生业，急则人习战攻以侵伐，其天性也"①。作为游牧民族，匈奴人必须掌握骑射等基本的生存技能，方能"随畜"和"射猎禽兽"。骑射本来是匈奴族的生产技能，闲暇时匈奴人以骑射为乐，进一步推动和发展了生产技能。从这一点上讲，生产需要促进了匈奴族骑射行为的传承，使得一代又一代的匈奴人都拥有良好的骑射技术。匈奴人的生产活动为骑射体育诞生和发展创造了条件，也为传承奠定了基础，可以说这是历史发展之使然。

与匈奴族相似，通过迁徙进入西北走廊的鲜卑族也擅长骑射。鲜卑族源于大兴安岭中北部的东胡系统，被匈奴击败后逃至鲜卑山，以游牧为生。根据史料整理，鲜卑开展的民族体育活动有狩猎、泅渡、百戏（角抵、高絙百尺、长趫、缘橦、跳丸等）、骑射、赛马、武艺、速跑、登山、击壤、投壶、跳绳等②。在众多的民族传统体育中，骑射是鲜卑的立国之本，历代帝王都曾设坛讲武，比试骑射。《魏书》记载："五年夏五月，幸参合陂。秋七月七日，诸部毕集，设坛埒，讲武驰射，因以为常。"③ 东汉末年，鲜卑族分化为东西二部，东部鲜卑慕容部的一支于4世纪迁徙至西北走廊，并于329年建立吐谷浑政权。虽经过长途跋涉迁徙至西北走廊，但吐谷浑仍然继承了祖辈的游牧和狩猎生活，当然还有骑射体育。作为鲜卑后裔，吐谷浑的骑射体育主要通过生产活动来传承，考古出土的彩绘图画是最好的佐证。2002年，在青海海西蒙古族藏族自治州德令哈市郭里木乡出土棺木三具，棺板上有精美的彩绘图画，画面分A、B棺板及挡板，A板所画内容由狩猎图、行商图、宴乐图、野合图、祭祀图、盛典图六幅彩绘组成，B板所画内容由祭山图、奔丧图、对射图、歌舞图、吊唁图、哭祭图、来使图、献

---

① 司马迁. 史记·匈奴列传 [M]. 北京：中华书局，1959：2879.
② 黄聪. 中国古代北方民族体育史考 [M]. 北京：人民出版社，2009：50.
③ 魏收. 魏书：第1卷 [M]. 北京：中华书局，1974：10-12.

礼图、送灵图九幅彩绘组成①。柳春诚、程起俊研究认为是吐谷浑墓葬，A 棺板上图画的内容涵盖了吐谷浑民族的各个方面，生活气息十分浓厚，是一个民族、一个时代的社会生活全景图②。从柳春诚临摹的狩猎图（图 4-4）来看，骑射是吐谷浑人生产活动中必不可少的生存技能，图中左侧展现的正是狩猎生产中的骑射技术，左下方一位骑马猎人拉弓射箭，满月之状栩栩如生，左上方三位猎手骑马挽弓，追赶逃跑之野牦牛，给人极强的视觉冲击。

图 4-4　吐谷浑狩猎图

通过扩张进入西北走廊的古代民族有吐蕃、蒙古族。吐蕃是生存在青藏高原的古老民族，以畜牧为主兼营农业生产，唐贞观年间进入西北走廊。通过战争扩张，吐蕃的生存地域相比以前有了大的变化，河湟地区和陇西走廊南端都出现了

---

① 德令哈市郭里木乡古墓发掘后，板画成为研究古代社会文化最珍贵的考古图像史料。目前，围绕板画出现了吐蕃说、吐谷浑说和苏毗说 3 种推断性观点。青海省文物学者程起骏和柳春诚从人物服饰及狩猎、行商、野合、祭祀等画面推断，棺板上画的是吐谷浑人的生活场景；中央美术学院的罗世平从人物髭面、拜见礼、驰猎射牛、宴饮等内容判断后认为，板画描绘的应是吐蕃人的社会生活，持这一观点的还有许新国、霍巍等人；北京大学考古文博院的林梅村通过对板画中神树及男女交合图的解读，得出这是苏毗人的风俗。从宴饮中的女子和野外交合画面来看，吐蕃说很难成立，毕竟与藏传佛教的伦理观念格格不入，况且吐蕃进入河湟地区时佛教已经成为其"国教"。苏毗女国风俗中男子不干政事，而图画中有男子射牛至祭以及男女主相敬如宾的场面，显然断言苏毗说比较牵强。综合板画与文献分析，吐谷浑说相对客观准确，因为吐谷浑最初信仰萨满教，典籍中有祭祀天地山川和生殖崇拜的记载，故本研究遵从吐谷浑说。

② 柳春诚，程起俊. 吐谷浑人绚丽生活——德令哈市郭里木乡出土棺板画研读 [J]. 中国土族，2004：4-9（冬季号）.

吐蕃人。但是，吐蕃的生存生境并未发生大的改变，也没有脱离高山、草原和高原生态系统。从民族分布变迁的角度看，吐蕃的扩张是一种"民族假性迁徙"，实际上是民族分布的扩散过程①。扩散不会造成民族文化的变异，也不会改变文化生境，日常生活也不会发生大的变化，原先根植于畜牧生产活动中的骑射也被传承了下来。布达拉宫壁画上，就有骑射图，反映出吐蕃人的生活史。在早期，射箭已成为吐蕃民间和官方的竞技比赛项目，它是男子应具备的九项技能之一。蒙古族属于东胡系统，游牧于大漠南北，骑射为民族成员必备技能。自幼生活在马背上的民族，在成长过程中对祖辈创造的骑射体育从模仿到参与，自发成为本民族文化的传承者。这种源于生产活动中的民族体育文化，在传统社会中主要在生产活动中传承，通过日常放牧和狩猎实现代际之间的传承。

随着时代的变迁，西北走廊游牧民族后裔的生产方式发生了很大变化，逐渐转向半农半牧或者纯粹的农业生产。与此相应，源于生产活动中的民族传统体育文化，其传承方式开始朝着多元化方向发展。节日庆典成为民族文化传承的重要平台和载体，扮演着民族传统体育文化的传承场。春节是中华民族最大的节日，也是土族最为隆重的庆典日。青海互助地区的土族在正月初一开展一年一度的轮子秋大赛，一些没有子女的夫妇专门在打麦场上立几架秋千或轮子秋，供青年男女玩耍，据说这样就会喜得贵子。春节期间，汉族则喜欢耍狮子、踩高跷、划旱船。对于不同的民族而言，节日是民族文化的集中展示。春节、火把节、泼水节，是汉族、彝族、傣族各自的节日，期间民族成员会尽情享受本民族所特有的文化。西北走廊很多民族的生产生活方式发生了变化，但仍然继承了先民的骑射体育。譬如，裕固族传统体育有赛马、射箭、赛骆驼、套马，撒拉族有射箭、赛马，哈萨克族有赛马、射箭、叼羊，藏族有赛马、赛牦牛、跑马射箭、马术，保安族的射箭、打五枪、抹旗，土族的赛马。但是，这些源于生产活动中的民族体育文化，目前主要通过节庆习俗进行传承，成为村寨节庆期间的娱乐方式。

日常生活中传承。生活方式是一个民族长期以来自然形成的具有较大稳定性的一种生活习性，它通过代代相传的方式被一个民族直接继承下来，表现着较为

---

① 民族分布的变迁方式主要有扩散、迁徙、代偿移置三种。扩散是指一个民族凭借其文化的正常运作，连续而稳定的散布到该文化所适应的整个生存生境的过程，这样的过程若不受到外力的阻碍，则必然以占有全部生境为其终结。杨庭硕，罗康隆，潘盛之. 民族、文化与生境 [M]. 贵阳：贵州人民出版社，1992：85-87.

丰富的文化内涵[①]。在西北走廊，源于日常生活的民族传统体育很多，传承于日常生活中的民族传统体育文化也很多。

图 4-5　莫高窟第 299 窟窟顶北坡狩猎图（北周）

图 4-6　莫高窟第 249 窟窟顶北坡狩猎图（西魏）

撒拉族主要分布在黄河流域，渡河是撒拉人不可避免的日常活动。起初，撒拉人抱着羊皮袋泅渡过河，后来发展为乘坐牛皮筏子过河。皮筏是一种古老的水上交通工具，由数只完整的牛皮或羊皮充气并排扎上圆木制作而成。自然而然地，划皮筏便成了撒拉族日常生活的一项技能。任何人都无法回避日常生活的旋

---

① 张文勋，施惟达，张胜冰. 民族文化学［M］. 北京：中国社会科学出版社，1998：144.

律和内容，哪怕是惊涛骇浪，需要渡河时就必须拥有划皮筏的各种智慧和能力。长期的锻炼，使得撒拉族男子掌握了不同气候、环境和条件下的划皮筏技能。闲暇时节，撒拉人将日常渡河的生活技能演变为娱乐性体育项目，通过划皮筏比赛，增添生活乐趣。这种以竞技形式展示生活技能的划皮筏运动，无疑具有多项文化功能，娱乐身心、凝聚民心和强化族群认同成为显性存在，逐渐登上舞台。当然，撒拉族还有许多类似的民族体育，打缸、蹬棍、踢瓦片等都是生活中常见的文化娱乐活动，其传承方式根植于民族生活当中。日常生活无形中成为民族体育文化的传承载体，使得一代又一代的撒拉人不知不觉地传承了本民族的文化。

农闲时节，西北走廊的土族通常会打轮子秋，唱转秋歌，跳安昭舞。轮子秋，土族语称"卜日热"，意为"旋转""转轮轮"，是土族的传统体育活动。每年秋冬季节碾完场后，土族村民会涌向打麦场，将大板车的轮子卸下并竖起来，在抵地一侧车轮上压放"碌碡"[①]以稳固重心，朝上的车轮上平绑一架木梯（有些乡村用横杆来代替木梯），梯子两端系上皮绳或粗麻绳挽成的绳圈，两人推动木梯，使之旋转，两人在绳圈内凌空表演出各种惊险动作。此时，其他的土族青年身着艳丽的民族服装，跳起"安昭舞"，唱着"转秋歌"，以此感谢先民的丰功伟业，庆祝乡民五谷丰登、牛羊肥壮，寄语未来生活美好。大板车产生于古代，主要用来作战、巡游和运输，河湟、陇右地区普遍用于拉农作物；木梯是农村常用的生活工具，主要用于垛小麦、垛青稞和攀爬高处。一个生产工具，一个生活用具，加上用于固定和起稳定作用的碌碡，就构成了最简单的轮子秋。这种运动装置与土族的生产生活方式高度相关，轮子秋源于生产活动，传承于日常生活，农闲时以生产工具和生活用具组合成运动器材，无意间说明了经济不发达地区人们的聪明才智和创造性。随着现代经济的发展，大板车被架子车和三轮车所代替，木梯被铝合金梯子替换，与此相应，轮子秋的生产也发生了很大变化。许多地方的农民用钢管做轴，用钢板制成轮盘，装上滚珠轴承，饰以丝绸、彩绸、彩带等，制造出专门的轮子秋，供土族同胞转秋、表演。近年来，轮子秋的传承也呈现多样化，继日常生活传承之外出现了竞技传承和旅游传承的方式。

宗教活动中传承。"宗教发展的历史与人的进化，文明文化的发展是同步的，因而它的意义不可低估。人类早期文化形式都与宗教有着不可分割的关系，无论

[①] 碌碡，西北地区农村碾小麦、青稞等农作物的工具。早期的碌碡由人工凿刻石头而成，呈圆柱状，两侧镶有木柄，通过牲畜拉动碌碡碾压谷物。现今多为水泥和石块浇筑而成，重量较大，一般由农机拖着碾场。

是物质文化如生产劳动、衣食住行，抑或是精神文化如语言、教育、原始艺术、宇宙观等，都依附于宗教的内容"①。毋庸置疑，宗教具有文化传承作用。西北走廊是古代丝绸之路的必经之地，也是多元文化交汇地，伊斯兰教、藏传佛教、道教在这里聚首。部分民族传统体育文化成为宗教仪式中的元素，借助宗教活动实现自发传承。古代匈奴人拜天地、祭祖先、敬畏鬼神、实行多神崇拜，表现出了原始的萨满教色彩。有一些宗教观念和意识形态，并未产生教规、教义。因此，匈奴人的信仰隶属于宗教范畴，但不是完全意义上的宗教。在匈奴人看来，天神和地神主宰着人间的命运，天上的风雨雷电会带来灾难和死亡，地上的水草和森林能够提供生存所需的牛羊和禽兽。人们只有顶礼膜拜，才能得到庇佑，消灾降福。《后汉书·南匈奴列传》记载："匈奴俗，岁有三龙祠，常以正月、五月、九月戊日祭天神。南单于既内附，兼祠汉帝，因会诸部，议国事，走马及骆驼为乐。"②"龙祠"是匈奴族最大的祭祀活动，一年有三次，以秋季的"大会蹛林"最为隆重。"蹛林"始见于《史记》，《史记·匈奴传》云："秋，马肥，大会蹛林。"③"《索隐》服虔云：'匈奴秋社八月中皆会祭处'。郑氏云：'地名也'。《正义》颜师古云：'蹛者，绕林木而祭也'。"③祭祀之后，还要"议国事""走马及骆驼"。这种集祭祀、政事、娱乐为一体的宗教活动，在单于的亲自主持下成为一种仪式性活动，代代相传，即使南匈奴附汉，也没有间断。仪式包含着匈奴人对"天神"的理解，显示出了一种超自然力量，起到了教化的作用。伴随着"龙祠"仪式，"走马及骆驼"也被传承了下来。

匈奴人祭天神是自然崇拜的表现。在生产力相对低下的社会，人们对自然界充满了畏惧心理，最终通过自然崇拜来寻求精神寄托。《礼记·祭法》云："山林川谷丘陵，能出云，为风雨，见怪物，皆曰神。"④ 由此可见，自然界的神秘物都可作为人类崇拜的对象。匈奴人还以山为崇拜对象，视山为神。据《西河旧事》记载："白山冬夏有雪，故曰白山，匈奴谓之天山，过之皆下马拜焉。"⑤ 匈奴人所拜之天山，实为祁连山。《后汉书·显宗孝明帝纪第二》载："窦固破呼衍王于天山。"李贤注曰："天山即祁连山，一名雪山，今名折罗汉山，在伊州

---

① 王海龙，何勇. 文化人类学历史导引 [M]. 上海：学林出版社，1992：195.
② 范晔. 后汉书：第89卷 [M]. 李贤，注. 北京：中华书局，1965：2944.
③ 司马迁. 史记·匈奴列传 [M]. 北京：中华书局，1959：2892-2893.
④ 礼记 [M]. 崔高维，校点. 沈阳：辽宁教育出版社，1997：155.
⑤ 张澍. 二酉堂丛书史地六种 [M]. 兰州：甘肃人民出版社，1992：155.

北。"① 河西自古畜牧之所以"天下饶",全仗祁连山的冰川雪水。在月氏、乌孙西迁后,整个河西为匈奴所占据。匈奴人视祁连山为神山,实则是游牧民族对水草的依赖,故在被霍去病打败后,匈奴人哭唱"亡我祁连山,使我六畜不蕃息;失我焉支山,使我妇女无颜色"②。把自然力量当作支配自身的异己力量加以崇拜,是匈奴人自然崇拜的表征。与自然崇拜相比,西北走廊部分民族以祖先作为原始崇拜的对象,甚至把祖先与神灵、自然合为一体加以崇拜。"天地祖宗,本为一体,至为神圣。各族神话几乎都一致说本民族是天神的后裔,或天神创造了世界、人类"③。吐蕃是继戎、羌、氐、匈奴、吐谷浑、党项族之后进入西北走廊的游牧民族,以祖先为天神、以神山为圣地进行崇拜。

藏文《唐蕃会盟碑》记载:"圣神赞普鹘提悉补野自天地浑成,入主人间,为大蕃之首领。于雪山高耸之中央,大河奔流之源头,高国洁地,以天神而为人主,伟烈丰功,建万世不拔之基业焉。"④

"工布第穆萨摩崖刻石"亦云:"初,天神六兄弟之子聂墀赞普来主人间,自降临天山墙垛以来,至支贡赞普之间,凡传七代……赐与噶波莽布支之子孙后代。"④

神话传说不但是藏民的起源说,也是藏族先民山神崇拜的源头。藏族先民将祖先崇拜与自然环境中的神山崇拜联系起来,经过苯教的演绎和仪式化形成了山神崇拜,流传至今。每年藏历七八月间,安多藏族要前往刚任波切祭祀山神,举行转山仪式。插箭祭祀仪式结束后,一系列的庆典活动随即展开,赛马、摔跤、拔河、跳舞、唱歌等,尽显民族风情。这种仪式性民族传统体育文化,带有宗教仪典特征,在营造集体欢腾的同时保持着仪式的严肃性。因为赛马、摔跤、拔河之首要目的不在娱乐,而重在强化族群认同,"唤醒某些观念和情感,把现在归为过去,把个体归为群体"⑤。安多藏族转山会中体育的功能,与古代奥运会中的体育并不完全相同。希腊人用体育来祭祀神灵,是以"神与人同形,同样具有喜怒哀乐"为前提的;作为祭祀仪式的一部分,这样的身体竞技在本质上是宗教的,是沟通人与神之间的象征符号。藏族赛马、摔跤、拔河与歌舞,则是在仪式

---

① 范晔. 后汉书:第 2 卷 [M]. 李贤,注. 北京:中华书局,1965:120.
② 李昉. 太平御览:第 50 卷 [M]. 北京:中华书局,1960:244.
③ 黄泽. 神圣的解构——民族文化研究的多维审视 [M]. 南宁:广西教育出版社,1998:136.
④ 王尧. 吐蕃金石录 [M]. 北京:文物出版社,1982:43-101.
⑤ 爱弥儿·涂尔干. 宗教生活的基本形式 [M]. 渠东,汲喆,译. 上海:上海人民出版社,1999:498.

结束之后的庆典活动，旨在维系和强化部落的族源认同与凝聚力，是沟通人与人之间的重要方式。借助宗教的力量，民族传统体育文化得以稳定地传承。

蒙古族早期信仰萨满教，有着祭天的传统。1252年，宪宗皇帝在日月山①拜天祭祀。《元史·祭祀志》云："元兴朔漠，代有拜天之礼。衣冠尚质，祭器尚纯，帝后亲之，宗戚助祭。其意幽深古远，报本反始，出于自然，而非强为之也。宪宗即位之二年，秋八月八日，始以冕服拜天于日月山。其十二日，又用孔氏子孙元措言，合祭昊天后土，始大合乐作牌位，以太祖、睿宗配享。岁甲寅，会诸王于颗颗脑儿之西，丁巳秋，驻跸于军脑儿，皆祭天于其地。"②

西北走廊的蒙古族，依然保持了崇拜山水神灵的习俗，还建立了"祭海会盟"制度。每年农历七月十五，蒙古族头领在青海湖祭海，仪式结束后到札藏寺③协谈会盟之事。会盟，商讨军国政务，蒙古族人南下之前就已实行；祭海，祭祀海神，清乾隆年间形成官方制度。在祭海会盟之后，还要举行跑马打靶、赛牛、射箭、跳"羌姆"等活动。20世纪80年代以来，环湖周边的蒙古族、藏族居民自发恢复了祭海活动，在祈求神灵保佑的同时强化了族群认同。只有参加祭祀仪式，个体才能获得信众角色，慢慢掌握宗教生活中的象征意义。仪典之后的赛马、民族歌舞，是展示民族个性和强化民族心理的文化活动。参与赛马的过程，往往是获得族群认同的过程，"很明显，仪式的过程本身要比输赢的结果重要得多"④。

民族传统体育文化的宗教意义，成为融入仪典的主要原因。可以肯定的是，这类传统体育文化的传承途径，并非以宗教为唯一载体，还有生产生活、节日庆典等多种途径。譬如，藏族摔跤和歌舞常见于日常生活中，在生产活动中也能见到赛马的场面。在不同的场合，民族传统体育文化所起的作用是不同的。正是有多种途径可以依赖，一些生产功能消退的民族传统体育得以传承下来。

宗教是一种社会群体现象，有一套特定的实践活动。"任何宗教都包含着

---

① 历史上日月山较多，此处日月山在和林之东北、克鲁伦河上游一带，非青海湖东南之日月山。芈一之. 散论章吉驸马及其他——治史杂谈[J] 青海社会科学，1990，4：140-144.

② 宋濂. 元史·祭祀志：第72卷[M]. 北京：中华书局，1976：1781.

③ 札藏寺，位于今天湟源县巴燕乡莫尔吉沟口，始建于明崇祯十年（1637年），由五世达赖的传法弟子札藏曲结加央喜绕在固始汗的支持下建成，寺内建有七座和硕特蒙古王公的府邸，俗称"衙门"。固始汗统治青海时期，札藏寺是蒙古29旗协商政务的中心，安多13大寺之一。

④ 阿伦·古特曼. 从仪式到纪录：现代体育的本质[M]. 花勇民，钟小鑫，蔡芳乐，译. 北京：北京体育大学出版社，2012：22.

'信'与'行'两个方面,'信'之于内,'行'之于外"①。一旦皈依某种宗教,那么其行为会受到信仰的支配,自发地遵从和模仿宗教行为。宗教文化的内在作用力,最终通过信众的行为表现了出来。对于这一现象,恩格斯有独到的见解,他认为:"一切宗教都不过是支配着人们日常生活的外部力量在人们头脑中的幻想的反映,在这种反映中,人间的力量采取了超人间力量的形式。"②恰恰是这种无形的力量,促使"信众"学习仪式中的各种细节,成为文化的传递者。时至今日,西北走廊10个主要民族都信仰宗教,回族、东乡族、撒拉族、保安族、哈萨克族信仰伊斯兰教,藏族、蒙古族、裕固族、土族信仰佛教,汉族多以信仰道教为主。不管是哪种宗教,在本质上具有相同点。作为信仰体系,宗教也是人类文化的载体之一。伴随着宗教仪典,民族传统体育文化演变为族群认同的标志和纽带,并长期沿袭、发展和传承。西北走廊的宗教活动中,还有很多民族传统体育文化的身影,至今为世人所乐道。

表4-1 西北走廊宗教活动中的民族传统体育文化

民族	宗教节日	民族传统体育文化活动
藏族	转山会	骑马、射箭
土族	观经会	赛马、跳坎
蒙古族	祭海会盟	赛马、摔跤、射箭
哈萨克族	古尔邦节	赛马、叼羊、姑娘追、摔跤
撒拉族	开斋节	赛马
保安族	开斋节	蹬棍

节庆习俗中传承。节日庆典是各族人民普遍传承的民俗文化活动,具有外显性特征。我国是一个统一的多民族国家,各个民族在历史演变过程中形成了丰富多彩、风格迥异的民族节日。以汉族为例,主要的节日有春节、元宵节、清明节、端午节、中秋节、重阳节等20多个,每个节日都有纪念、庆典等民俗文化活动。精彩纷呈的节日庆典,已经成为民族文化的重要表征。民族节日是民族文化的重要载体,延续、传承和展现沉淀了几千年的文化传统。节日期间,人们自发地传承各种节日文化,春节期间人们祭祀祖先、走亲访友、舞龙舞狮、跑旱

---

① 戴康生,彭耀. 宗教社会学[M]. 北京:社会科学文献出版社,2000:49.
② 马克思恩格斯选集:第3卷[M]. 北京:人民出版社,1972:354.

船；正月十五吃元宵、闹花灯；端午节吃粽子、赛龙舟、打秋千；腊月初八喝腊八粥；除夕吃年夜饭。每年全国各地的少数民族节日，彝族的火把节、傣族的泼水节、藏族的望果节、大理白族的三月街，如同灿烂的星河，照耀在祖国的大江南北，成为民族文化的一个个小视窗。

世居西北走廊的主要民族有汉族、藏族、蒙古族、回族、土族、东乡族、保安族、撒拉族、裕固族、哈萨克族，在岁末年节、纪念性节日、农牧节日期间，这些民族都能看到传统体育文化活动。春节源于虞舜时期，已有4000多年的历史，是中国最大的传统节日，各个民族都通过开展不同形式的娱乐活动来欢度新年。每年春节期间，西北走廊的蒙古族居民策马奔腾，一展骑手风采，赢取鲜花；汉族要舞狮、划旱船、踩高跷、唱戏；阿克塞哈萨克族举行摔跤活动，参赛者双腿套在麻袋中，然后用绳子把麻袋口扎在腰间进行摔跤。大年初一，东乡族青年拿土块做武器，互掷对方，进行传统的打土块仗。在藏历新年，安多藏族一般要跑马射箭、角力、拔河、赛牦牛。李安宅在"拉卜楞藏民年节"一文中，这样描述20世纪40年代赛马活动："群众在堂内宴会毕，即出来赛马。地点，上他洼在村西空场，下他洼在村东大道上。前者先举行，后者后举行。参加者盛装乘马，三五鱼贯而驰，马跑得正欢的时候，发枪射击，次数越多越好，或将枪由马项马腹绕过；或掷向空中，做种种把戏。射击虽无目标，然已惊心动魄，极表现尚武的精神。最妙是十几岁的孩子，与乃父并马驰骤，尤非内地所得而见。"[①]

年节作为一年之中最隆重的节日，除了辞旧迎新的特点之外，也是民族文化展演的大舞台。在年节之后，西北走廊各民族还有不同类型的节日，期间也能见到传统体育文化的身影。这些民族节日大致可以分为两类，一类是纪念性节日，一类是农牧节日。纪念性节日源于纪念某些历史事件或历史人物，像汉族的寒食节、端午节、七夕节，彝族的火把节，傈僳族的刀杆节；农牧节日与生产方式相关，要么是开耕仪式，要么是欢庆丰收。

寒食节，又叫禁火节，是我国历史上非常重要的纪念性节日。传说晋国功臣介子推被焚死于绵山，后人为纪念这位忠臣而设寒食节，首见于西汉。据《新论·离事》记载："太原郡民以隆冬不火食五日，虽有疾病缓急，犹不敢犯，为

---

① 李安宅，于式玉. 李安宅、于式玉藏学文论选［M］. 北京：中国藏学出版社，2002：36.

介子推故也。"① 南朝梁宗懔《荆楚岁时记》云："去冬节一百五日，即有疾风甚雨，谓之寒食。禁火三日，造饧、大麦粥。"② 这一天，人们出门踏青、郊游、荡秋千、蹴鞠、打马毬。敦煌遗书 S.5636《寒食相通屈上坟书》、P.3502《寒食相仰书》中都有民间踏青郊游的记载。由于寒食节与清明节非常相近，到了唐代逐渐合流为一个节日。所以，文献中寒食清明节经常同时出现。比如敦煌遗书 S.6171《水鼓子·宫辞》，描述寒食清明节宫人观赛情况。在寒食节，除了蹴鞠以外，秋千也是受人喜爱的运动③。王维《寒食城东即事》曰："蹴鞠屡过飞鸟上，秋千竞出垂杨里。"④ 陆游《感旧未章盖思有以自广》云："路入梁州似掌平，秋千蹴鞠趁清明。"⑤

就活动内容而言，节日是一个综合性的文化活动，但民族传统体育文化活动不会缺席。望果节中，角力、拔河、投掷、跑马射箭、赛牦牛悉数展现；那达慕大会中，男儿三技"骑马、射箭、摔跤"是核心；香浪节中，赛马、赛牦牛、拔河、摔跤、赛跑、唱歌为常规活动。

图4-7 莫高窟第428窟东壁南侧赛马图（北周）

---

① 桓谭. 新论·离事：第11卷 [M]. 上海：上海人民出版社，1977：47.
② 宗懔. 荆楚岁时记 [M]. 宋金龙，校注. 太原：山西人民出版社，1987：33.
③ 毕世明. 中国古代体育史 [M]. 北京：北京体育学院出版社，1990：269.
④ 彭定求. 全唐诗：第125卷 [M]. 北京：中华书局，1960：1259.
⑤ 陆游. 陆放翁全集 [M]. 北京：北京市中国书店，1986：570.

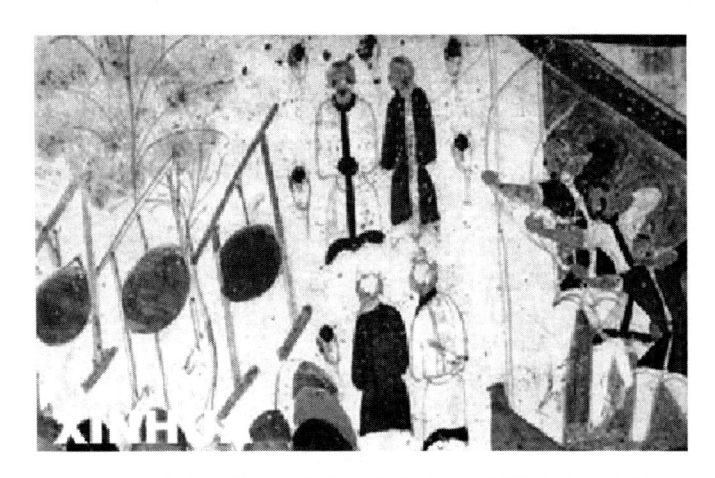

图 4-8　莫高窟第 290 窟窟顶人字坡西披射箭比赛（北周）

表 4-2　西北走廊节庆习俗中的民族传统体育文化

节日名称	民族	民族传统体育文化活动
春节	东乡族	打"咕咕嘟"
割礼	哈萨克族	赛马、摔跤
藏历新年	藏族	赛马、赛牦牛、角力、拔河
春节	汉族	舞狮、舞龙、社火

表 4-3　西北走廊部分民族传统体育文化的自在传承方式

民族	生产活动	日常生活	宗教活动	节庆习俗
匈奴	骑射	赛马、射箭	走马、赛骆驼	赛马、射箭、赛骆驼
吐谷浑	骑射	射箭		舞马、射箭、赛马
汉族		武术		舞龙、舞狮、旱船
土族	赛马	轮子秋		轮子秋、武术
回族		武术、木球		木球
撒拉族	射箭	划皮筏		赛皮筏
藏族		赛马	赛马、摔跤	赛马、射箭、摔跤
蒙古族	赛马	赛马、摔跤	赛马、赛牦牛、摔跤	赛马、摔跤、射箭
裕固族	赛马、赛骆驼		赛马、摔跤	赛马、摔跤
哈萨克族	赛马	叼羊		叼羊、姑娘追

以自觉形式存在的民族传统体育文化，其传承途径有家族（师徒）传承、学校传承、军队传承、社会组织传承。

家族（师徒）传承。家族是人类赖以生存的基础，也是社会结构的重要组成部分。在中国传统文化中，家的地位非常重要，一个人首先要"齐家"，然后才能"治国""平天下"。以血缘关系为纽带，在同一祖先的基础上分化和繁衍出的社会组织便是家族。稳定的家族结构和长期的专制制度，契合而成传统社会独特的"家国同构"现象，在一定程度上影响了中国家族文化的融合与发展。至今，相对封闭的家族文化仍然可见。陇右的壳子棍，孤岛式地传承于秦安县高家山高氏家族内，以至于流传200多年未能发扬光大。清朝乾隆年间少林寺的虚名和尚反清复明失败，被发配至秦安服刑，逃出监狱后被高家祖辈搭救，为报恩始传壳子棍。至此，壳子棍开始在高氏家族内流传，高殿帅、高金旗、高广斌、高鱼庆、高鉴珍、高世定、高金祥、高增伯、高景文、高勋是主要的传承人。壳子棍的传承带有典型的家族特征，有着严格的传承制度，传男不传女，传内不传外，女儿和女婿自然学不到壳子棍，即便是高氏男子，也不是所有人都会壳子棍。改革开放前，壳子棍都是以口传身授的方式在家族内传承，没有形成图谱和文字资料。直到全国武术挖掘整理阶段，国人见到了壳子棍的风采。1986年在全国挖掘传统武术成果评比大会上，壳子棍被评为中国名棍之一[①]。2002年，蔡智忠出版了《壳子棍研究》，该书以图片为主，配以文字，全面介绍了壳子棍，成为壳子棍传承中宝贵的文字资料。相对于壳子棍的传承，西北走廊的一些民族传统体育文化，却在家族所有成员中传承和共享，汉族的社火、高跷、舞狮、旱船就是最好的例证。在家族的基础上，地域村落成为民族传统体育文化的生存空间。

西北走廊是一个多民族、多元文化交汇的地带，不同地域、不同村落呈现出风格迥异的民族体育文化，同一村寨家族文化也呈现出了明显的风格。壳子棍朴实无华，简洁实用，重技击轻表演，表现出了"南棍"特征。陇右棍法较多，既有土生土长的鞭杆，还有外源性棍术，譬如壳子棍、天启棍。与壳子棍在家族内"孤岛式"传承相反，河州天启棍则走出了"家"门，择徒而授，发展态势较好。

---

① 蔡智忠. 话说壳子棍[J]. 中华武术, 1996 (6): 47-48.

河州，相传大禹治水之地，史载"导河自积石，至龙门，入于沧海"①，秦属陇西郡；前凉张骏太元21年（344年），分凉州地置河州，州治枹罕，河州之名自此始。河州位于甘肃南部，今临夏回族自治州，"自古是多民族聚居区，尚武之风盛行，而拳家多崇尚练棍"②。天启棍是风格古朴粗犷，梢把并用，把法灵活多变，转换巧妙，技击犀利刁钻，棍棍着力，为陇上四大名棍之首。关于天启棍的来历，民间流传着至善禅师传棍说③、常燕山传棍说④和王喇嘛传棍说⑤三个版本，均无确凿证据，不足为信。河州天启棍分回汉两家，汉族天启棍始于王福海。根据1931年编纂的《导河县志》记载，天启棍是清朝从山东传入河州，王福海为河州天启棍的首传人，因脚大善走而得名王大脚。

"王富海，俗名王大脚，咸同年间近古稀，精技击，幼从山东得一拳术，名曰天启棍，内分十二门三十六招，习之娴熟，有滴水不能侵身之妙，故陇上武术家称大脚为宗师。"⑥

从这段记载看，天启棍大约在乾隆年间传入河州，至今至少二百余年。迄今为止，尚未发现比这更早的文字记载。1993年出版的《临夏回族自治州志》记载，王福海"少年受山东拳师指教，得武术天启棍真传"⑦。新修临夏州志的记载，与坊间传言山东人王喇嘛传棍给王大脚的说法基本一致。不管是"从山东习棍"，还是"山东人传棍"，王福海都是天启棍在河州当地的首传人。如果以王福海作为河州天启棍的第一代传人，那么他的儿子麻狼与徒弟魏廷贤⑧就是第二代传承人。麻狼事迹不显，魏廷贤则名声很大，不但棍法精良，而且德艺双馨，"凡来河州献艺的齐鲁拳师，交手后莫不叹服"⑨。魏廷贤"融武术各派之所长，形成风格粗犷、古朴无华、动作多变、梢把齐用、以短制长、拙中寓巧"⑨的天

---

① 尚书［M］．冀昀，编．北京：线装书局，2007：45.
② 杨万民．临夏县史话［M］．兰州：甘肃文化出版社，2010：161.
③ 民间传言，少林寺至善禅师乃朝廷武将，流落民间，始传天启棍。
④ 马明达．说剑丛稿［M］．增订本．北京：中华书局，2007：120.
⑤ 民间传说，游僧王喇嘛流落河州，身患疾病，为感恩王福海照顾而传棍。
⑥ 黄陶庵．导河县志［M］．手抄本．兰州：甘肃省图书馆藏，1931．该手抄本民国十八年开编，20年成书，未公开发行，书中用"王富海"，与现有文献存在着"福"字之差。
⑦ 临夏州志编纂委员会．临夏回族自治州志：下册［M］．兰州：甘肃人民出版社，1993：1433.
⑧ 魏廷贤，今临夏县三角乡魏家坡跟人，河州天启棍的主要传人，后人称"老魏把式"。《临夏回族自治州志》专门在人物志中为其立传。调研访谈发现，当地有人提此人名叫"魏廷魁"。杨万民主编的《临夏县史话》中也用魏廷魁。本研究遵照官方临夏州志，行文全部用"魏廷贤"。
⑨ 临夏州志编纂委员会．临夏回族自治州志：下册［M］．兰州：甘肃人民出版社，1993：1433.

启棍术，被后人称为"魏家棍"，其人被尊称为"老魏把式"。他广收门徒，积极弘扬天启棍，其子魏光隆、外甥穆惠来、弟子郝维礼，以及后来的张子纲、方学义、李静悟、侯尚达、方汝楫，都是"魏家棍"中的代表人物。毫不夸张地说，在传承和发展天启棍方面，魏廷贤超越了其师父。

从王福海到魏廷贤，"师徒"成为天启棍传承人中的上下两极，择徒而授也就变成了传承法则。师徒传承是传统武术最重要的传承途径，并未超出家族传承的范畴。在中国，师徒关系是一种特殊的父子关系，这种关系建立在"类宗法家庭"的基础上，但不以血缘为纽带，取而代之的是武术。"凡百学艺，莫不有师，况乎技击之学。疾徐闪展之度，非亲拟不能悉；开合封闭之妙，无启示不为功。苟无师承，宁能窥其要耶？"[①] 于是，习武要拜师，学艺须有缘。只有拜师入门后才算正式传人，方能列入本门谱系，否则永远是门外弟子。一旦"登堂入室"，那就"一日为师，终身为父"，正式建立起了契约关系。在武术传承人的谱系中，"师父"与"徒儿""师兄"与"师弟、师妹"就是"择徒拜师"后的称谓。当然，择徒是一个严肃的过程，需要遵循一定的准则，并非所有都可传可授。《少林拳术秘诀》中说："师之授技，须先考察其人之性情、志气、品格，经三月之久，始定其收留与否。"[②] 清代《杨氏传钞太极拳谱》中规定："第一，不传不忠不孝之人；第二，不传根底不好之人；第三，不传心术不正之人；第四，不传鲁莽灭裂之人；第五，不传目中无人之人；第六，不传无礼无恩之人；第七，不传反复无常之人；第八，不传得易失易之人……传忠孝知恩者，心气和平者，守道不失者，真以为师者，始终如一者。"[③]

关于王福海收魏廷贤为徒，当地流传着这样一个故事：魏廷贤家贫如洗，自幼给舅舅家放羊。一日，魏廷贤在山上放羊，正好王福海与同伴去朱家泉游玩，路经魏家坡根，见他在山中舞棍，便捷径上山观看，了解情况，魏以实言相告，王便收其为徒。这则故事说明，魏廷贤喜好武术，而且有些基础，又是良家百姓，或许这就是王福海收魏为徒的理由。以师徒关系构建的社会关系，具有明显的家族式特征，是中国宗法家庭思想的延续。伴随着武术门派的增多，不同的"家族"应运而生。河州天启棍不但有"回系"和"汉系"之分，而且存在着"回不传汉，汉不传回"的门户之见。从家族视角看，"师父"在师徒传承中具

---

① 卞人杰. 国技概论[M]. 南京：正中书局，1947：82.
② 尊我斋主人. 少林拳术秘诀[M]. 北京：北京市中国书店影印版，1984：77.
③ 王宗岳. 太极拳谱：第8卷[M]. 沈寿，点校. 北京：人民体育出版社，1991：52.

有绝对话语权，在建立权威上远远超出象征性的符号意义。一个拳师借助掌握的武术技艺，将自己定位于训练弟子的角色中，认真传教，不能误人子弟，力求严师出高徒。在"父为子纲"思想的影响下，弟子必须遵师命、守师训，否则会被"清理出门"。

学校传承。学校传承是借助教育的力量，把民族传统体育纳入学校教育内容，培育人的同时实现文化的传承。实际上，学校教育对人的培育作用是通过文化的传递和传播实现，归根结底是文化本身的功能。离开文化传承，学校教育也就失去了培育人的途径和手段。作为文化的主要传承场，学校有着得天独厚的优势，师资、典籍、文化氛围是家庭教育、社会教育所无法比拟的。学校借助着制度的力量，把文化传递作为教育内容，实现人类的自我完善和发展。作为学校教育的内容，民族体育文化的历史非常悠久。在古代西方，希腊哲人"用体育教育身体，用音乐陶冶心灵"；无独有偶，我国西周六艺教育中的"射、御"，就有民族体育文化元素。在中国古代，夏商时期就有教射与学射的专门学校。《孟子·滕文公上》："设为庠、序、学、校以教之，庠者养也，校者教也，序者射也；夏曰校，殷曰序，周曰庠，学则三代共之，皆所以明人伦也。"[1] 射箭是原始先民的生存技能，到了三代则发展为军事技能，成为学校教育的重要内容。《礼记》云："十有三年，学乐，诵诗，舞'勺'。成童舞'象'，学射御。"[2] 15岁以上的成童，必须学习射箭，"不能，则辞以疾"。汉代官学与私学并举，主要以儒学经典为教材，涉及民族体育文化的内容不多，反倒是游牧民族教育中，民族体育文化内容较多。"逐水草而居"的生存模式，决定了游牧民族早期的无法形成学校教育，但这并不意味着游牧民族没有教育。一家一草场、一族一区域，注定了游牧民族的教育方式就是家庭教育，家庭充当着学校的角色。古代西北走廊的游牧民族有戎、氐、羌、月氏、乌孙、匈奴、鲜卑、吐谷浑、党项、吐蕃、回鹘、蒙古，他们以骑射、狩猎等生存教育为主要内容。匈奴人"儿能骑羊，引弓射鸟鼠"，党项族"善骑射""关弓驰马，拳勇绝人"，回鹘人亦"善驰射"。敦煌藏经洞中发掘出的吐蕃文书《礼仪问答写卷》中，有"青年为之增添智慧令其学文习算，为增添勇气令其骑射技击学武"之说。从这些史籍论述中，游牧民族的骑射教育略见一斑。游牧文化的传承与发展，明显地受到了民族所在环境

---

[1] 孟子·滕文公上 [M]. 万丽华，蓝旭，译注. 北京：中华书局，2006：105.
[2] 礼记 [M]. 崔高维，校点. 沈阳：辽宁教育出版社，1997：101.

的影响。"游牧民族这一地理生存环境所决定的民族特征及民族心理倾向，又不能不对牧猎教育文化产生影响，极为重视军事、体育及生存技能方面的知识教育，以便使其下一代有足够的能力适应游牧社会的生存环境。"①

唐代大兴"武举制"，角抵、拔河、骑射出现在官方学校教育中，极大地促进了民族体育文化的传承。此后虽然几经起伏，传统武术在官学时有绽放，并在20世纪初"国术救国"思想下出现了一次峰值。当代民族传统体育文化逐渐在学校中占据了一席之地，学校传承呈现制度化。截至2013年底，西北走廊的各级学校体育课程中，均有武术的身影。中小学体育与健康课程中，武术基本功练习和五步拳赫然在列，部分中小学编撰了以民族传统体育文化为核心的校本体育教材。普通高校的武术选项课程中，太极拳、初级长拳、初级刀、初级棍、初级剑术支撑起了教学的内容体系。当然，专门教授民族传统体育文化的学校以及专业院系同样存在。譬如，甘肃省就有两所专门培养武术人才的学校，一所是平凉市崆峒文武学校，另一所是金昌文武学校。崆峒文武学校创立于1999年，是一所全日制、寄宿制民办武术学校，后转为公办学校，主要开设武术套路、散打、跆拳道、文化课程；金昌文武学校创建于2005年，是一所集武术、文化、艺术一体的民办综合学校，主要开设武术传统套路、自选拳、器械、散打、影视表演、文化课程，在校学生100余人。西北走廊培养民族传统体育专门人才的院系有西北师范大学、西北民族大学、青海师范大学、青海民族大学等6所。从招生层次划分，一类是本科教育层面上的民族传统体育专业，另一类是研究生教育层面上的民族传统体育学专业（表4-4）。

表4-4 西北走廊高校研究生民族传统体育学专业发展简况

学校	招生方向
西北师范大学	武术套路、民族民间体育、西北民族体育文化
西北民族大学	民族传统体育项目研究、民族传统体育理论研究、敦煌体育考古研究

西北走廊民族传统体育文化传承的学校平台中，专业院系起着举足轻重的作用。这些专业的学生，已经成为学习、传播和研究西北走廊民族传统体育文化的新生力量。西北师范大学的研究生教育中，专门设置了西北民族体育文化和民族民间体育两个研究方向，成为挖掘、整理、传承地域民族体育文化稳定的平台。

---

① 张碧波，董国尧.中国古代北方民族文化史[M].哈尔滨：黑龙江人民出版社，2001：1555.

此外，兰州大学西北少数民族体育文化研究所、兰州理工大学国家体育总局体育文化研究基地、兰州交通大学国家体育总局体育文化研究基地、兰州文理学院敦煌拳艺文化研究所，这些专业平台和研究机构，无疑是当代最为主要的传承中介。这是因为，学校教育具有规范化、制度化和规模化特征，能够保证文化传承的系统性，学生对文化的源与流、表与里、内与外、功能与价值掌握较为完善，有效地实现了文化的传承。"教育可以说是一种不断外化—内化的文化呼吸运动，社会文化也就在这个过程中传递。"①

军队传承。军队是保家卫国的武装组织，也是一个集体，统一的行动为文化传承创造的条件。作为国家机器，严明的军纪是文化传承的重要保障。

自古以来，西北走廊多战事。先秦时期，西北走廊为西戎居地和华夏边陲，战争不断；汉唐之后，西北走廊多属中原王朝的边疆，农牧民族之间你争我夺、长期对垒。"这里具有既宜农、又宜牧的自然条件，所以形成了古代农、牧民族居地的交界地区和农、牧经济分布的过渡地区。鉴于这种情况，农、牧民族为了各自的政治利益和经济利益，常常以武力争夺这一地区"②。战争的驱动，不但促进了原始武术的诞生，而且使得"武"成为军队日常习练的第一要务。嘉峪关黑山中，就有最早记录军事操练的岩画（图4-9）。画中3组人进行集体操练，肢体动作清晰可见，人物形象栩栩如生，反映出原始社会末期军事训练场景。从部落集体训练的片段中，可以窥见武术的雏形、功能和传承场。

战国时期，更多的民族传统体育出现在军事训练中，军队成为体育文化传承的载体。角力是一项古老的军事体育项目，《礼记·月令》记载，"孟冬之月，天子乃命将帅讲武，习射御、角力"③。讲武即讲习武事，《左传》中也有"三时务农，一时讲武"的记载。讲武既有兵法知识，又有技击之道，自然少不了以技击为本的传统武术。敦煌壁画第61窟南壁《法华经变》中，也有手持枪、剑、盾的士兵集体列队操练图。传统武术在军队传承的资料很多，这里不再赘述。习射御，就是练习弓射、弩射和学习驾驭战车。逐水草而居的游牧民族，以"射猎禽兽为生"，擅长骑射。骑射包括骑术和射技，是难度大、技巧性高的人马一体项目，最初用于狩猎，后来发展到军队训练。"一旦骑射用于战争，那么马背上的骑士就不再是专门从事经济活动的猎手，而是投入军事斗争的战士了，这标志

---

① 鲁洁，吴康宁. 教育社会学 [M]. 北京：人民教育出版社，1990：160.
② 郭厚安，陈守忠，王永曾. 甘肃古代史 [M]. 兰州：兰州大学出版社，1989：20.
③ 礼记 [M]. 崔高维，校点. 沈阳：辽宁教育出版社，1997：59.

图4-9 黑山岩画中的集体操练图

着中国历史上一件新的事物即骑兵诞生了。骑兵部队的诞生即意味着骑射文化从劳动生产性向军事实用性的转变,同时也是骑射技术进行大量正规、系统训练的开始"①。这种训练有素的骑兵,灵活性较高,在快速出击、阵地突击穿插等方面表现出了极大的优势,以至于中原农耕民族效仿和发展骑射技术。春秋时期,齐桓公"救晋公,禽狄王,败胡貉,破屠何而骑寇始服"②;战国时期,"赵武灵王亦变俗胡服,习骑射,北破林胡、楼烦"③。赵武灵王的"胡服骑射",是借鉴游牧民族骑兵的典范。当然,中原农耕民族没有停留在模仿的层面,转而发展了骑射兵法。《豹韬·林战》云:"林间木疏,以骑为辅,战车居前,见便则战,见不便则止。"④ 军队骑射训练,直接拓展了骑射文化的传承路径,也造就了一批军中骑射名将。陇右名将李广,射术精湛,曾"黑夜射虎"。《史记·李将军列传》云:"广出猎,见草中石,以为虎而射之,中石没镞,视之石也。"⑤ 对于李广射术,诗人卢纶毫不吝啬,赞曰:"林暗草劲风,将军夜引弓。平明寻白羽,没在石棱中。"⑥

---

① 黄聪. 中国古代北方民族体育史考 [M]. 北京:人民出版社,2009:69.
② 黎翔凤. 管子校注 [M]. 北京:中华书局,2004:425.
③ 司马迁. 史记·匈奴列传 [M]. 北京:中华书局,1959:2885.
④ 吕望. 六韬:第五卷 [M]. 上海:上海书店,1989:38.
⑤ 司马迁. 史记·李将军列传 [M]. 北京:中华书局,1959:2871.
⑥ 彭定求. 全唐诗:第278卷 [M]. 延边:延边人民出版社,2004:1709.

李广不但出猎射"石虎",而且被匈奴捕获后冷静应对,伺机而动,射杀追骑,成功脱逃。《汉书·李广苏建列传》载:"后四岁,广以卫尉为将军,出雁门击匈奴。匈奴兵多,破广军,生得广。单于素闻广贤,令曰:'得李广必生致之。'胡骑得广,广时伤,置两马间。络而盛卧。行十余里,广阳死,睨其傍有一儿骑善马,暂腾而上胡儿马,因抱儿鞭马南驰数十里,得其余军。匈奴骑数百追之,广行取儿弓射杀追骑,以故得脱。"①

除李广之外,李陵、甘延寿、李晟、刘锜、王德、吴璘均是出自西北走廊的骑射将军。

角力是继"讲武、习射御"之后,用于身体训练的军事手段。根据清人孙希旦注,角力即"角击刺之技勇",是"步卒之武"。秦初改名为角抵,不但用于军事训练,而且功能扩展为娱乐。《汉书·刑法志》记载:"春秋之后,灭弱吞小,并为战国,稍增讲武之礼,以为戏乐,用相夸视。而秦更名角抵,先王之礼没于淫乐中矣。"②《文献通考·兵考一》言:"秦始皇既并天下,分三十六郡。郡置材官,聚天下兵器于咸阳,铸为钟鐻,讲武之礼罢,为角抵。"③《汉书·武帝第六》载:"三年春,作角抵戏,三百里内皆观。"应劭曰:"角者,角技也,抵者,相抵触也。"文颖曰:"名此乐为角抵者,两两相当角力,角技艺射御,故名角抵,盖杂技乐也。"④ 这里的角抵,实为技艺表演,是皇宫嬉戏之乐。从军队徒手搏斗训练演变为技艺表演,角力的功能开始分化,为民间摔跤的发展提供了基础。

从项目特征看,角力属于体能类项目,可以用作士兵身体训练。《角力记·述旨》开宗明义:"夫角力者,宣勇气、量巧智也。然以决胜负,骋趫捷,使观之者远怯懦,成壮夫。已勇快也,使之能斗敌。至敢死者之教勇,无勇不至。斯亦兵阵之权舆,急竞之萌渐。"⑤ 换句话说,身体促进的军事价值是角力在军队传承的根本性动力,娱乐只是从属功能。随着蹴鞠、马球等球类游戏的出现,军队娱乐活动走出了单一的角力范畴。蹴鞠,我国古代著名的球类运动,又叫蹋鞠。春秋时期,蹴鞠已经作为训练士兵体能和技巧的军事项目了;到了汉朝,蹴

---

① 班固. 汉书:第54卷 [M]. 颜师古,注. 北京:中华书局,1962:2443.
② 班固. 汉书:第23卷 [M]. 颜师古,注. 北京:中华书局,1962:1085.
③ 马端临. 文献通考:上册 [M]. 北京:中华书局,1986:1307.
④ 班固. 汉书:第23卷 [M]. 颜师古,注. 北京:中华书局,1962:194.
⑤ 调露子. 角力记 [M]. 北京:中华书局,1985:1.

鞠成了"治国习武"之道，广泛流传于军队。郭璞注《三苍》云："毛丸可蹴戏者曰鞠。蹴鞠，兵势也，所以陈武士简才力也。"① 《史记·集解》引刘向《别录》曰："蹴鞠者，传言黄帝所作，或曰起战国之时。蹴鞠，兵势也，所以练武士，知有材也，皆因嬉戏而讲练之。"② 由此可见，当初蹴鞠主要用作军事练武，随后演变为娱乐性体育项目。史载骠骑将军霍去病在驻守河西期间，不忘蹴鞠，"其在塞外，卒乏粮，或不能自振，而骠骑尚穿域蹋鞠"③。虽然霍去病的蹴鞠之事，成为后人责其"贵不省士"的理由，但是这绝不影响他击溃匈奴，收复河西之功名。秦汉之后，驻守西北走廊的军队中开始流传马球运动。马球，外文名polo，古人在马背上持器械同场对抗的竞技运动。关于马球的起源，目前学术界有波斯说、吐蕃说和中原说三种。不管源于何处，马球在唐宋时期得到了广泛的传承与发展，上至宫庭军队，下至勾栏瓦舍，到处可见击毬场面。敦煌遗书S.6171《水鼓子·宫辞》详细描述了宫人在寒食清明节观赛情景④：

先换音声看打球，独教□部在春楼。
不排次第排恩泽，把板宫人立共头。
寒食两日坊内宴，朝来□排是清明。
飞龙更取□州马，催促球场下踏城。

敦煌遗书是人类宝贵的稀有文献之一，记录了当时社会的各个方面。宫人观看马球比赛的记述，仅是敦煌文献中马球运动的一部分。敦煌遗书S.2049、P.2544《杖前飞·马毬》记录了马球运动的开展情况，"毬似星，杖如月，聚马随风直冲穴"，比赛盛况一目了然。古代敦煌是游牧民族聚居地，也是西北边疆的重镇，汉时就设敦煌郡。唐代敦煌地区马球的盛行，实际上与当地居民和驻军有关。生存在马背上的民族，在马匹调教和骑术方面可谓天下第一，上马击毬自然不在话下。"唐时地处边陲地区的敦煌是十分重要的军事重镇，当地的驻军为提高将士的身体素质，加强作战能力，一直把马毬活动作为重要的军事训练内

---

① 许慎. 说文解字注 [M]. 段玉裁, 注. 郑州：中州古籍出版社，2006：108.
② 司马迁. 史记·苏秦列传 [M]. 北京：中华书局，1962：2257.
③ 司马迁. 史记·卫将军骠骑列传 [M]. 北京：中华书局，1959：2939.
④ 任半塘. 敦煌歌辞总编：中册 [M]. 上海：上海古籍出版社，1987：720.

容，并修筑了毬场"①。球场除了用作打毬之外，还用于宣告朝廷任命、招待官员、赏罚将士。敦煌遗书 P.3239《甲戌年（914 年）邓弘嗣改补充第五将将头牒》云："领步卒虽到毬场，列阵排军，更宜尽忠而效节。"② 敦煌遗书 P.3451《张淮深变文》载："诏赐尚书，兼加重锡，金银器皿，锦绣琼珍，罗列毬场，万人称贺。""安下既毕，日置歌筵，毬乐晏赏，无日不有"③。敦煌遗书 P.3702《失调名》曰："朔方安西总了，沙州差使祗迎。比至正月十五，毬场必见喜声。"④ 这两句歌辞描写"甘州告捷，唐帝加恩，沙州庆军功"时，打球取乐的情景。敦煌遗书 P.2629《归义军衙内酒破历》载："十九日，寒食座设酒三瓮，支十乡里正纳毽场酒半瓮。"⑤ 讲述归义军打败吐蕃，统治河西时期在敦煌郡的球场纳酒账的情况。敦煌遗书中，此类文献很多，均与守关军队有关。管中窥豹，足以看见军队传承民族传统体育文化的史实。

如果说古代守边军队是民族传统体育文化传承的载体，那么近现代军队的文化传承功能仍然存在。清末军营中，尚武之风盛行；中华民国期间，习武练兵成为救国之道。马凤图仗剑西行，使得"通备武术"在西北军营广为流传。随着电子战和立体式打击的应用，当代军队的民族传统体育文化传承趋于弱化。

社会组织传承。社会组织又称"非政府组织""民间组织""非营利组织"，泛指人们为了特定的社会服务目的、实现共同的愿望而自发成立的组织形式。这些组织具有非政府性、非营利性、互益性、组织性特征，一般以"社"或"会"冠名，是一种内生型自组织。在人类文明的发展过程中，社会组织在传承文化、服务社会、承担社会责任等方面起到了非常重要的作用。我国古代产生过不同类型的社会组织，祭祀、工商、文艺、体育领域都出现了社会团体。以民间祭祀为例，周代每 25 家为一社，共同祭祀一个社神，后人将这种组织形式称作"里社"。到了汉代，100 家为一社，元代 50 家为一社，明代 100 户为一社。这种以"社"为单位的地域祭祀组织，一直延续到了今天。秦汉以后的民间祭祀，还有一种以"会"为单位专门祭祀某一神灵的社会组织，如老君会、正义会、世忠会等。在古代中国，唐代出现了专门的体育社团。据《角力记·出处》记载：

---

① 李重申. 敦煌古代体育文化 [M]. 兰州：甘肃人民出版社，2000：61.
② 唐耕耦，陆宏基. 敦煌社会经济文献真迹释录：第 4 辑 [M]. 北京：全国图书馆文献缩微复制中心，1990：93.
③ 王重民，王庆菽，向达. 敦煌变文集：上集 [M]. 北京：人民文学出版社，1984：125.
④ 任半塘. 敦煌歌辞总编：中册 [M]. 上海：上海古籍出版社，1987：699-700.
⑤ 甘肃藏敦煌文献：第 2 册 [M]. 兰州：甘肃人民出版社，1999：166.

"蜀都之风，少年轻薄者，□□为社，募桥市勇壮者。敛钱备酒食，约至上元，会于学社，山前平原作场。"① 这里的"社"，就是专门角力的社会组织。北宋期间民间出现了"弓箭社"②"忠义社"③，南宋期间则出现了"齐云社、角觝社、锦标社、英略社"④"射弓踏弩社、蹴鞠、打球、射水弩社"⑤。如今，我国各族人民内部的社会组织较多，比如侗族的"款"、苗族的"鼓社"、仫佬族的"冬"、瑶族的"油锅"，这些社会组织至今承担着本民族传统文化的传承载体。

近代以来，西北走廊专门传承与发展民族传统体育文化的社会组织较多，其中著名武术家马凤图一人就创办了四个武术社团。1929 年，马凤图创建了张掖国术馆，1930 年在西宁创建了青海省国术馆，1934 年在兰州创建了甘肃省国术馆，1947 年在兰州创建了华斌体育学社。除此之外，西北走廊还有许多民族传统体育文化社会组织，譬如 1920 年成立的中华精武会、1932 年成立的临洮国术馆、1935 年创立的天水国术馆、1937 年创立的武威国术馆、1940 年成立的酒泉国术馆、1987 年成立的青海武术协会、2010 年成立的兰州通备武学发展研究会、2013 年成立的青海省少数民族体育协会、2014 年成立的甘肃省太极拳协会，这些社会组织至今承担着本民族传统文化的传承载体。

表 4-5　西北走廊民族传统体育文化传承的社会组织一览表

时间	组织名称	创办者	地点	主要成员
1920 年	甘肃中华精武会		兰州	张得荣、王福辰、梁子材、俞少卿、袁世五
1929 年	张掖国术馆	马凤图	张掖	杨发科、郑有光
1930 年	青海省国术馆	马凤图	西宁	王玉堂、张昌荣、黎丹、王剑平
1934 年	甘肃省国术馆	马凤图	兰州	邵力子、林镜、邓宝珊
1947 年	华斌体育学社	马凤图	兰州	
1982 年	西宁武术协会	冶国福	西宁	

---

① 调露子. 角力记 [M]. 北京：中华书局，1985：9.
② 脱脱. 宋史·兵志 [M]. 北京：中华书局，1977：4725.
③ 李心传. 建炎以来系年要录 [M]. 北京：中华书局，1956：199.
④ 四水潜夫. 武林旧事 [M]. 杭州：西湖书社，1981：40.
⑤ 吴自牧. 梦粱录 [M]. 杭州：浙江人民出版社，1980：181.

(续表)

时间	组织名称	创办者	地点	主要成员
1984 年	昆仑武术馆	周金生	西宁	
1987 年	青海省武术协会		西宁	
1992 年	大通农民武术馆		大通	
2000 年	青海武术院	田登双	西宁	
2010 年	兰州通备武学发展研究会	张飞鹏	兰州	武术研究和培训机构
2013 年	青海省少数民族体育协会		西宁	
2014 年	甘肃省太极拳协会	刘建华	兰州	张正红

"民族文化的传承方式和途径讲的是文化载体的问题，文化是通过各种不同的载体获得传承的"[①]。不论是自觉的传承还是自在的传承，载体是民族传统体育文化传承的一个重要环节，直接会影响文化的传承。比如，宗教活动的世俗化，使得部分民族传统体育日渐势微。近年来，国家鼓励社会组织承担社会责任，在一定程度上激活了民族传统体育文化的传承。不同的传承方式和途径，具体表现为文化载体的要素差异。以自在方式存在的文化载体，其要素受社会环境影响较大，表现出了明显的变异性特征。一般而言，生产生活方式的改变会引起与之密切相关的文化变迁。从游牧走向定居轮牧，必然弱化了马匹的工具属性，骑马技能随之淡化。以自觉方式存在的文化载体，其要素具有稳定性，变迁程度相对缓慢，因而更加有利于文化的传承。在这个意义上，自觉方式存在的载体是民族传统体育文化传承的最佳选择。

表 4-6 不同传承方式中的要素一览表

传承范围	生产活动中传承	日常生活中传承	宗教活动中传承	节庆习俗中传承	家族（师徒）传承	学校传承	军队传承	社会组织传承
传者	技术拥有者	技术拥有者	宗教权力拥有者	头人、技术拥有者	技术拥有的长辈	专业教师	技术教官	技术拥有者
承者	参与生产者	场域成员	族群成员	文化空间成员	筛选出的文化继承人	适龄学生	军人	社会组织成员

---

① 张文勋，施惟达，张胜冰. 民族文化学 [M]. 北京：中国社会科学出版社，1998：143-144.

(续表)

传承范围	生产活动中传承	日常生活中传承	宗教活动中传承	节庆习俗中传承	家族（师徒）传承	学校传承	军队传承	社会组织传承
时空	不固定	不固定	相对固定	固定	不固定	固定	相对固定	相对固定
手段	口耳相传 行为模仿	口耳相传 行为模仿	宗教仪规 行为示范	仪式展演 行为示范	口耳相传 行为示范	课堂教学训练	军事训练	口耳相传 行为示范
标准	技术标准	技术标准	道德标准 技术标准	道德标准 技术标准	道德标准 技术标准	道德标准 行业技术标准	道德标准 行业技术标准	道德标准 行业技术标准
特点	场域共享、内容与生产相关	场域共享、内容与生活相关	族群共享、宗教活动组成部分	文化空间共享、庆典内容之一	族群共享或派系共享、内容较为系统	国家共享、内容全面系统	国家或行业共享、内容较为系统	行业共享、内容较为系统
结果	实用性	娱乐性	神圣性	娱乐性	实用性	科学性、知识性	实用性	实用性、娱乐性

第三节 西北走廊民族传统体育文化的传承动力

文化是人类创造的物质财富和精神财富的总和。对于"财富"，人类总是情有独钟，不愿让其消失。随着时间的流逝，一代又一代的人相继逝去，而文化却通过代际传递继承了下来，成为人类最宝贵的"财富"。自古至今，中华民族创造了无数灿烂辉煌的文化，逐渐沉淀为民族的身份象征和精神家园，滋养和哺育着一代又一代的中国人。作为中华民族传统文化的重要组成部分，民族传统体育无疑是民族智慧、民族精神和民族性格的具体体现，历经千年经久不衰。当然，并不是所有的民族体育文化都能传承至今，部分体育文化永远停留在人类成长的历史记忆中。如今，人们只能在典籍中管窥吐谷浑的"舞马"，无法在现实中一览"青海骢"的舞姿。伴随着中华民族绵延繁衍下来的传统体育文化，为什么能够被传承下来？西北走廊是中华民族的发源地之一，这里有不同民族独具特色的传统体育文化，其传承的动力何在？上一辈为什么愿意把传统文化传递给下一代？继承者为什么会愿意学习传统文化？

这种看似不成问题的问题，虽然可以通过"自上而下"看历史的方式得到学理解释，但是"自下而上"的透析方法更适合于这类问题研究，尤其是研究根植于民族间的传统体育文化。西北走廊的很多民族传统体育文化，尚处于原始文化末期形态，而且大多与民俗、宗教文化相伴而生，因此在借鉴人类学、现象学、解释学、实证主义理论的基础上，需要从具体的、真实的案例中探寻民族传统体育文化传承的动力。

一、轮子秋的娱乐价值与祖先崇拜

轮子秋是土族最喜爱、最常见的传统体育活动，源于生产活动。相传土族先民赫汗布勒为寻求耕田犁地之路，先后上天擒龙，攀山捉牛，都未能获得成功。没有气馁的他再下平滩，驯服黄牛开荒播种，秋收后欢庆丰收时人们利用大车轱辘创造了轮子秋。土族是以吐谷浑人为主体，融合蒙古族、藏族、汉族等成分而逐渐形成的民族，先民为游牧民族，元末明初转向农牧兼营，明代以后主要以农耕为生。从传说中的描述看，轮子秋诞生于元末明初，由畜牧业向农业转变的过程中。传说是口述史的最初形式，不是正史，无法作为轮子秋产生的直接证据，但丝毫不影响它的历史学价值。毕竟，民间传说流传了几千年，具有广泛的人民性，而且口述的《荷马史诗》被尊为西方史学的滥觞，《史记》也把五帝的传说正式载入史册。由此可见，信史起初并不排斥传说和口述的史料。在青海互助土族聚居区，流传着一首广为传唱的古老赞歌《唐德格玛》，其中就有缅怀祖先、欢庆丰收时创作轮子秋的记载。土族赞歌《唐德格玛》中唱道：

> 土族先民为了耕种，上云天，擒青龙，驾金犁去垦田，没有成功；又攀石山，捉野牛，套银犁来耕地，也失败了。再下平滩，牵黄牛，驾铁犁，终于可以开荒植田播种。"犁了南滩犁北滩，洒下金子般的青稞种子"，丰收的秋天，用大板车把麦捆运进场院。车子翻了，朝天的那扇轱辘转个不停。只见两个净肚娃娃在车轮上飞舞，口唱丰收的家曲《杨格喽》。

以歌证史，在很大程度上真实地反映了土族先民寻求生存方式的艰难历程，也形象生动地描述了轮子秋的诞生过程，为理论上解析文化传承的动力提供了具体详实的标本。

轮子秋的产生带有神话传说的色彩,这与祖先崇拜有关。畜牧业是游牧民族的生存之道,但却是相对落后的生产方式,对天时、气候及环境的依赖性很大。面对自然灾害,土族先民不得不走上农牧兼营之路,通过农业耕作来补偿一些生活资料。这种生产方式的变迁,非一日而就,往往需要长期的探索。在这一过程中,土族先民赫汗布勒化作英雄,不但驯服了黄牛,而且成功耕种了青稞,解决了单纯依靠畜牧业的生产方式,为土族在西北走廊的繁衍生存立下了汗马功劳。赫汗布勒既是祖先,又是英雄,自然不能忘记。在漫长的历史中,土族人对赫汗布勒的崇拜已经变成了一种对英雄的图腾崇拜,并融入民族文化生活中。《唐德格玛》赞歌就是一种传颂和怀念祖先赫汗布勒的形式,轮子秋也包含着对英雄祖先的崇拜和纪念。先民赫汗布勒上天擒龙下地驯牛的故事,发生在从游牧向农耕转化时期,是土族历史发展的外化,反映着土族人民对神秘自然的崇拜开始走向征服,体现了土族人民英勇无畏的精神和征服自然的决心。现代土族青年飞身旋转在车轮或梯子上,表演"寒鹊探梅""金鸡独立""孔雀开屏""猛虎下山"等许多优美精巧、高难度的惊险动作,以身体技能展现对先民征服自然的模仿和崇拜,演绎民族的文化品质。

在表现形式上,轮子秋带有明显的娱乐表演成分。在青海土乡,轮子秋一般由四个人进行,两个人转动车轮,两个人荡秋,轮流表演各种漂亮的空中动作,围观者则在秋下载歌载舞,为转秋者呼喊加油,从而营造和烘托出了土族乡村集体欢腾的氛围。在众人的目光关注中,表演者竭尽全力做各种力所能及的动作,以此来扮演或者充当英雄角色,这种运动不仅能锻炼坚强的意志、团结协作能力和平衡能力,而且能愉悦身心、调节生活和增进情感,强化民族认同感。从传承过程看,祖先(英雄)崇拜、欢庆丰收的意义大于竞技表演和娱乐观赏的意义。轮子秋的传承是一个自发、直接的学习过程,每年秋季收获后至次年的正月十五日,土族聚居地都能看到轮子秋以及围在"秋下"的年轻人。随着年年岁岁的推移,一代又一代的年轻人学会了转秋、唱"花儿"和跳"安昭舞"。从围观到参与,无形中成为轮子秋的传承人,完成了无缝衔接与传承。在这种群体传承中,有时候很难确切地找到传者,既有父辈,又有子代,师傅、师父、师友、师兄弟都搅合在一起,共同实现了民族传统体育文化的传递。但是,坐下来倾听土族老人的观点,不难发现传承关系非常清晰:

老人家,您会转秋吗?

会，我们土族人都会转秋。

那您是从几岁开始学的？

几岁，说不清，大概很小就开始玩。

您跟谁学的？

跟谁学的，老一辈呗，还能有谁。

您为什么要学转秋？是找乐吗？

是，也不是，凡正老祖宗留下来的东西，我们不能丢。

您说的老祖宗是谁？有具体的指代吗？

赫汗布勒，大家都这么说，赞歌里也有。①

在互助县文化局，工作人员也证实了"父辈为传者、子代为承者"的传承关系。但在田野实证过程中，确实观察到了一些小孩跟着年龄稍大的孩子模仿、学习转轮子秋。或许，这就是群体自发传承模式的特点，代际传递很清楚，群内传播相对复杂。文化传承就是指代际之间的传递，这一过程需要"传者"和"承者"共同完成，实现的基础就是传承主体对民族文化的认同。"动静张弛、协调平衡、优美惊险是轮子秋的表演形式，轮子秋结构、土族服饰、歌谣和舞蹈是轮子秋的独特魅力，美丽传说、历史发展、民族秉性是轮子秋的文化内涵"②。毫无疑问，轮子秋有竞技、健身、娱乐、教化、族群认同等多项功能，沉淀在土族人民心底最深的却是文化认同，即对"老祖宗留下来的东西"的认同。在土族人民心里，生存需要找到生存之道，这条道路是未知的，也是艰难的，赫汗布勒找到了农耕生产方式，自然就是民族的英雄。英雄帮助人们找到了生存之道，在欢庆丰收的日子里，人民也不会忘记这位祖先，对英雄的崇拜演化为唱赞歌《唐德格玛》和转轮子秋。可以说，轮子秋传承的根本动力就在于土族人民对祖先（英雄）的崇拜和对美好生活的寄托，有了祖先赫汗布勒，也就有了生存的可能和美好的未来。于是，轮子秋传承的文化逻辑归纳为：生存需求（黄牛犁地，耕作青稞），获得食物，欢庆丰收时节，自然忘不了英雄祖先，打秋以示纪念。土族人以打秋的方式娱乐庆祝、崇拜祖先，这就超越了简单的娱乐，也避免了轮子秋为现代体育项目碾压的后果。换句话说，轮子秋中包含着土族的历史记

---

① 2013年11月访谈资料，访谈地点：青海省互助县。
② 逯克胜.土族轮子秋成因探析——以大车辂辘和梯子为例[J].青海民族大学学报：社会科学版，2013，39（3）：26-29.

忆和英雄祖先的崇拜意识,这就是土族人传承轮子秋的深层原因。

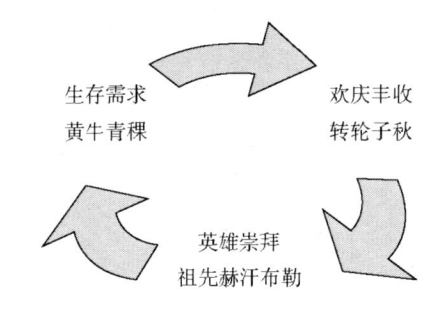

图4-10　轮子秋中的英雄崇拜与历史记忆

二、河陇武术的技击功能与军事价值

自古以来,西北走廊战事不断,迫使人皆习武。上古时期,狩猎和部落掠夺奠定了尚武遗风,黑山岩画便是例证;先秦时期,西戎驻牧河湟谷地,周边游牧部落和早期秦人杂居其间,农牧交野与部落战争推动了重武尚马的习俗;两汉时期,农牧民族你来我往地厮杀争夺,进一步强化了崇勇尚武之风;魏晋时期,政权迭替的拉锯战迫使全民皆兵、习武从戎;唐宋时期,吐蕃东进陇右带来的战事,足以重振历代武风;蒙元时期,铁骑先后多次踏上西北走廊,战争无法避免。历代战争之多,可以归结为两个方面:一方面,亦农亦牧的自然条件和农牧交野的过渡地带,必然会形成农耕民族与游牧民族以及游牧民族之间的利益冲突,战争似乎是当时唯一的手段;另一方面,西北走廊属于中原王朝(汉、唐除外)的边陲,领土扩张和掠夺纷争未能缺席。西北走廊的战争,看似为政治通过另外一种手段的继续,实则为经济基础和生存版图之争。中原王朝稳定及强盛期,游牧民族退居其次,生存空间压缩表现为游牧民族之间纷争频繁;一旦中原农耕王朝内部分裂,游牧民族会借机进犯掠夺,表现为农牧民族战争爆发。张岱年曾指出:"处于守势的中原农耕人,他们世代相沿用以抵御游牧人的最基本策略是'修障塞,饬烽燧,屯戍以备之。'历尽艰辛前仆后继而修筑起来的万里长城,正体现了中原华夏民族试图把农耕区围护起来的防御心态。"① 长城是农牧分野和战争的历史遗证,至今屹立在河湟地带。

---

① 张岱年. 中国传统文化概论[M]. 北京:北京师范大学出版社,2004:28.

残酷的战争给西北走廊古代民众带来了极大的痛苦，生活漂泊不定，亲人服役征战，人为灾难令人伤感。"苦哉边地人，一岁三从军；三子到敦煌，二子诣陇西；五子远斗去，五妇皆怀身"①。这首三国魏人左延年的《从军行》，淋漓尽致地描绘了战争对一个家庭的破坏，映衬出当时民族国家的社会状况。虽系案例，但带有普遍性，毕竟战事不断的河湟与陇右很难获得休养生息的机会，苦难在所难免。战争的滋养和熏陶，孕育出了西北走廊各民族尚武崇勇的精神气概。尚武之风，源于先秦；夏、商、周三代，无不以武著称。《管子·君臣》云："神圣者王，仁智者君，武勇者长，此天之道，人之情也。"② 武勇与神圣、仁智并举，冠以天道、人情之理，可谓尚武崇勇之高，已达极致。《诗集传》亦曰："秦人之俗，大抵尚气概、先勇力，忘生轻死。"③ 上行下效的尚武民风，持续盛行至汉唐元明清乃至今天。《汉书·地理志》载："天水、陇西山多林木，民以板为室屋，及安定、北地、上郡、西河，皆迫近戎狄，修习战备，高上气力，以射猎为先。"④《通典·州郡四》载："安定、彭原之北，汧阳、天水之西，接近胡戎，多尚武节。"⑤ 此类尚武遗存，实则为当时社会风尚的真实写照，其他文献皆有记载。"正因为陇右边民在漫长的历史时期中，受到戎马生活的熏陶，所以逐渐养成了'弓马是尚'的习俗"⑥。

秦灭六国，一统天下，中原大地开始文风盛行，武风逐渐消退；两汉以后，儒学上升为治国之道、民风之首，身体慢慢隐退，虽后几经起伏，均未能上升至先秦的认识高度。唯独在西北走廊尚武崇勇的习俗流传延续，这可能与社会结构有关。西北边陲、农牧交野地带，多民族聚居在战争阴云密布的狭长空间，要么迁徙，要么备战，讲武或许是必要的生存之道。恰如武术研究者所言："拳勇是治国平天下之大旨。"⑦ 冷兵器时代，无拳无勇不但可能遭受凌辱，而且会面临着生存的困境，所以学拳习武是保家卫国的重要手段。唐代诗人朱庆馀在《自萧关望临洮》中说："寺寺院中无竹树，家家壁上有弓刀。"⑧ 清朝诗人沈翔的《凉

---

① 王秉钧. 历代咏陇诗选 [M]. 兰州：甘肃人民出版社，1981：6.
② 管子 [M]. 房玄龄，注. 上海：上海古籍出版社，2015：214.
③ 诗集传 [M]. 朱熹，注. 北京：中华书局，1958：79.
④ 班固. 汉书 [M]. 颜师古，注. 郑州：中州古籍出版社，1991：273.
⑤ 杜佑. 通典：第174卷 [M]. 北京：中华书局，1984：924.
⑥ 郭厚安，陈守忠. 甘肃古代史 [M]. 兰州：兰州大学出版社，1989：21.
⑦ 习云太. 中国武术史 [M]. 北京：人民体育出版社，1986：21.
⑧ 彭定求. 全唐诗：中 [M]. 郑州：中州古籍出版社，1996：3204.

州怀古（十首）》中说："金钟鼛鼓空东序，大剑长枪遍比间。"① 以诗咏武印证了河湟及陇右边陲居民独居特色的尚武崇勇精神。西北走廊特殊的地理位置和复杂的人文环境，决定了民众的生存方式和精神风尚，频繁的战事催生了民间习武之风，名将辈出乃民风孕育所成。

《汉书·赵充国列传》记载："秦汉以来，山东出相，山西出将。秦时将军白起，郿人；王剪，频阳人。汉兴，郁郅王围、甘延寿、义渠公孙贺、傅介子、成纪李广、李蔡、杜陵苏建、苏武、上邽上官桀、赵充国、襄武廉褒、狄道辛武贤、庆忌，皆以勇武显闻。"② 陇山以西的郁郅、义渠、成纪、上邽、狄道均位于西北走廊，乃武风盛行之地。东汉的张奂、皇甫规、皇甫嵩，三国的姜维，北魏的贺源，隋唐的李晟、李愬，南宋的刘锜、吴玠、吴璘、王德，明朝的张尔奇、王承恩、魏寰，清朝的韩雯鹏、马进良、包进忠、沙琥，这些名将的共同特征皆是自幼习武、善骑射、精通兵法。《孙子兵法·作战篇》云："夫将者，国之辅也。"③ 作为国君的助手，将具备一定的才能。"将者，智、信、仁、勇、严也"③。智居将才第一位，勇位列第四，五德皆备，方视为将。《司马法》亦云："凡民，以仁救，以义战，以智决，以勇斗，以信专，以利劝，以功胜。"④ 由此可见，古代名将首先要足智多谋，而且要勇敢果断，身先士卒。如果没有"一夫当关"之勇，很难服众，自然就无法获得国君、大臣、士兵的信任和将帅之位。观古之名将，武艺超强者居多，李广骁勇善战，赵充国身先士卒，韩信酷爱武艺，卫青勇武自强，关羽刀枪见长，岳飞百步穿杨，韩世忠武功独步。"中国古代的兵家与武术有如同源之水，同本之木，存在着至为密切的联系，因为二者的根本特征都是技击的运用"⑤。名将出世，武艺为基，在冷兵器时代是司空见惯的事。西北走廊名将辈出，源于环境使然。战乱频发，迫使人皆习武，以保家卫国。"人尚争战而武艺精，四民乐业，无浇浮之俗，古为用武之国"⑥。源于生存需要的技击，在战争的驱动下演变为搏击厮杀之术，"练为战"的实用性得到了进一步强化。上古遗风，技击始终是习武人的初衷，也是西北走廊民众安身立命的保障。

---

① 李庆云. 河西风物诗选 [M]. 兰州：甘肃人民出版社，1989：56.
② 班固. 汉书：第69卷 [M]. 北京：中华书局，1962：2998.
③ 孙武. 孙子兵法 [M]. 北京：光明日报出版社，2008：2—12.
④ 司马穰苴. 司马法 [M]. 长沙：第九战区司令长官司令部印，1940：87.
⑤ 国家体委武术研究院编纂. 中国武术史 [M]. 北京：人民体育出版社，1996：44.
⑥ 升允，安维俊. 甘肃新通志·兴地志·风俗 [M]. 南京：江苏广陵古籍刻社，1989：3.

战争孕育了"河陇"① 习武之风，现流传于民间的地方武术，仍然以攻防技击见长。八门拳是河陇流传最广的地域武术，朴实无华，攻防技击性极强，接近实战。这种重技击特征与源流有关。当地流传的八门拳谱记载："清嘉庆年间生常燕山来兰曾遍传八门武艺，人多呼常巴巴……"② 据此，郝心连断言八门拳系外来人常燕山首传，但是对其籍贯没有定论。《中国武术人名辞典》载："常燕山清乾隆、嘉庆年间河北燕山（亦说山东）人，精通八门武艺，尤擅长大枪、大杆子，八门武艺的主要传人之一，嘉庆中期来甘肃兰州传授八门武艺，名满甘陇，著有《八门拳论》。"③ 武术家马明达也认为，"八门拳传于常燕山，则是毋庸置疑的事情"④，而且"八门拳同流行于河北省的'岳氏散手'有亲缘关系，很像是同一个源头的不同流派"⑤。岳氏散手最初由上盘三手、中盘四手、下盘二手动作组成，以捆、拿、打、推、锁、跌、靠作为技击要诀，系短打类拳术。如果说"源"是八门拳实用之根的话，那么"流"则是技击变迁之始，或增或减。八门武艺传入河陇之后，不断融入本地拳术，形成了以排子为特色的拳种。排子是按照约定的程式，见招拆招的一种实战切磋方式，体现八门拳的对抗性和实战性。"八门拳术是技击性很强的拳种之一，它的主要技击特点是技击方法细腻，快速有力，往往是一式多变，一招多用，上下结合，左右兼顾，变化莫测，故有'一犯五'之说。所谓'一犯五'，系指对方一出手，我则连续用不同的手法进攻五次，实际上也就是五种不同打法的组合"⑥。习武之人都带有一定的目的性，河陇八门拳传人将攻防演练作为一种手段，从侧面反映出特定环境中的自我需求。武术具有技击属性，迎合了河陇人民防身需要，使得八门拳得到了广泛的传播。历史流变的结果，昭示出社会环境对武术文化的影响，这也是八门拳朴实无华的道理所在。

河陇武术重技击的特点，不仅体现在八门拳派中，以棍著称的器械武术同样

---

① 河陇是约定俗成的地域概念，为唐代所设陇右、河西二道的简称。雍际春认为："'陇右'作为地域概念，最早出现于汉末魏初……广义的'陇右'等同于'十道'时期的陇右道辖域，狭义的'陇右'仅指今甘肃省黄河以东、青海省青海湖以东至陇山的地区。"（雍际春. 陇右文化概论 [M]. 兰州：甘肃人民出版社，2005：20.）

② 郝心连. 八门拳术 [M]. 北京：人民体育出版社，1990：5.
③ 昌沧，周荔裳. 中国武术人名辞典 [M]. 北京：人民体育出版社，1994：3.
④ 马明达. 说剑丛稿 [M]. 兰州：兰州大学出版社，2000：147.
⑤ 马明达. 说剑丛稿 [M]. 兰州：兰州大学出版社，2000：144-153.
⑥ 郝心连. 八门拳术 [M]. 北京：人民体育出版社，1990：10.

崇尚攻防价值。不论较长的天启棍、壳子棍，还是较短的鞭杆以及长短相连的连枷棍，皆以技击见长，崇尚拨打和攻防之术。天启棍的文字记载，始见于《（续修）导河县志》，为清季传入古河州。马明达研究认为，河州天启棍与明季程宗猷《少林棍法禅宗》中的"棍势五十五图"有着明显的渊源关系，"乃是程氏棍法不断传衍中的一个支系，或者说是一种版本"[①]。河陇当地流传的天齐棍、天旗棍、天奇棍，"大抵都出自假托依附之作"[①]，实则均为天启棍。天启之名，与程氏著作出版年号有关。天启元年（1621年），程宗猷编撰完成了《单刀法选》《长枪法选》《蹶张心法》，与《少林棍法阐宗》合刊，命名为《耕余剩技》。"正如戚继光曾经以'辛酉'（嘉靖四十年，1561年）纪年为刀法命名一样，因为程宗猷的《耕余剩技》刊行于明熹宗天启元年，故后世拳家便以天启年号为棍名"[①]。天启棍系外地传入古河州的武术，传承过程中融入了枪术，形成了独具特色、攻防俱佳、亦枪亦棍的动作体系。棍术以打置敌，素有"棍扫一大片"之说；枪术以扎置人于死地，素有"枪扎一条线"之说。将枪术动作融入棍术动作体系，恰恰体现了河州武人对攻防技击的追求，是武术实战之路的再现。

乾隆年间，壳子棍传入陇右秦安县高家山，世代相传形成了重技击轻套路的棍术流派。壳子，即模子，该棍法主要包含壳子和搏棍两部分，其中壳子分单头壳子（45个）和双头壳子（21个），搏棍分对打和散打两种形式。作为客家武术本地化的代表，壳子棍讲究整学活用、攻守全面、简单实用，内容基本上没有"花架子"，以五绝、六凶、七克、八守为棍法之精华，强调"棍棍不脱空"的实战理念。壳子棍的实用风格，同样在与之齐名的鞭杆技击体系中体现得淋漓尽致。"甘谷豹子坪的鞭杆，秦安高家山的壳子棍"。鞭杆属于短棍系列，一般长约三尺左右，也有四尺和仅为一尺长的袖里鞭，便于随身携带。甘谷，秦属陇西郡，后亦称作伏羌，民风淳朴，以农业为生。由于山多，旧时人们运输农作物以扁担为主，鞭杆是爬山歇息时的扁担支架、涉水时手拄的拐杖；农闲外出经商，鞭杆作为护身和防身的主要器械，素有"六尺条子五尺棍，三尺鞭杆不离身"之说。鞭杆技法以"搬、点、劈、扣、刮、封、提、绕、扭、压、墩"为主，动作短小迅猛，灵活多变，两头并用，实战性极强。豹子坪的换手鞭杆侧重走鞭换手，力贯鞭稍，以击打穴位见长。河陇棍术中，连枷棍融合了长棍和短棍攻防特征，又兼具软器械之长，明显带有军事武艺色彩，技击性不言自明。

---

① 马明达. 说剑丛稿 [M]. 兰州：兰州大学出版社，2000：144-153.

自古以来，西北走廊战事频发，迫使人皆习武，即便是迁徙民族也不例外。上古遗风，成为武术发展的温床，战争则强化了武风，突显出技击的实用性。如今流传在河陇大地的武术拳种较多，主要有八门拳、马氏通备拳、查拳、小红拳、天启棍、风魔棍、壳子棍、鞭杆、昆仑拳、六合心意拳、四门拳、六合大枪、七星杆子、盘龙棍、小四柱、燕青拳、炮锤、八虎单拳、形意拳、罗汉拳、翻子拳、七势连拳、连枷棍等种类，溯源其踪，多属外传的客家武术，部分本地化后形成了地域特色的武术流派，如八门拳、天启棍、壳子棍。这些本土化的客家武术，无一例外地受到了地域文化思想的影响，融合发展部分技术动作，突出实战技击理念，具体表现为武术文化的流变。表面上看，这种武术文化变迁是由社会环境引起的，包括人、民族、地域文化和社会，实则为武术文化的适应。任何一种武术，传入新的文化空间必然要适应新的场域规则，当然，这种适应并不会改变武术的本质，只是形式、内容和精神层面的嬗变。作为地域性知识，西北走廊自古就有尚武崇勇的风俗，也是河陇文化空间的场域规则。武术的本质是技击，客家武术进入西北走廊，其技击功能不会弱化，毕竟上古遗风、地域社会环境和民族成员心理需求都有明确的指向，那就是强化技击功能和实战特色，以保证自身的生存安全。武术是人化的产物，最终要服务于人；武术的变迁由人来完成，自然会按照主体的需求和意愿来引导变迁。生存安全和军事战争是古代河陇民众习武的动因，也是武术文化存在的实践逻辑。由此可见，客家武术本地化引起的文化变迁是一种永恒现象。

西北走廊属于亦农亦牧、农牧交野地带，古代民族迁徙频繁、不同民族杂居导致战事不断，生存与战争需要迫使人皆习武、保家卫国，长期积累形成了浓郁的尚武习俗。汉唐之外的大部分时期，西陲居民还肩负着守边重任，上马战斗，下马耕作，兵民一体的社会结构加速了武术的繁荣与发展，至今仍然保留着军旅武术之风。陇右四门拳中的军营派、河陇地区流传甚广的马氏通备武术，就是最好的例证。新中国成立以来，社会空前安定，民族团结乐业，西北走廊呈现出历史上少有的盛世。和平年代的到来，技击之术不再是河陇人民生存的必要保障，武术的实用价值大大弱化，习练武术的人数逐渐减少。古代武术的盛行和现代武术的失落，映射出武术与社会的互动。人的行为受自我、社会和国家意志的支配，这是最简单的逻辑；同样的道理，人们习武肯定存在着价值选择。冷兵器时代，武术的技击功能和军事价值是毋庸置疑的，既能杀敌，又能防身，没有什么能够取而代之。

三、那达慕中的民族精神与文化记忆

任何民族都有独特的文化标签，蒙古族也不例外。那达慕，蒙语为游戏、娱乐、游艺，是蒙古族文化的标签。生存在西北走廊的蒙古族人，至今传承和弘扬本民族的文化传统。传统的形成非一朝一夕，历经长期的发展和积淀，慢慢汇集而成。早在远古时代，蒙古先民生活在额尔古纳河流域的山林地带，以狩猎为生。《蒙古秘史》记载："朵奔·蔑而干到脱豁察黑温都儿山岗上去猎捕野兽""字端察儿窥视被狼围阻在山崖上的野兽，射杀而食之""放鹰捕猎"[1]。阴山岩画中也有狩猎的画面，把古人射猎场面勾画得淋漓尽致，无疑是早期北方民族生产方式的真实写照。在特定生存空间中，人类的生活方式和物质基础都与自然环境密切相关。生存在山林中，蒙古先民通过捕猎获取必要的食物，但却无法保证食物的连续性，只能外出寻找食物，部落之间的生存战争随即而至。林间的掠夺厮杀逐渐演变为领地的争夺，日益强大的部落走向草原，征服游牧部落，不断扩展生存空间。"当草原的游牧人和森林中的狩猎者结合在同一个'礼萨'之下的时候，标志着蒙古人最终统一起来了"[2]。从早期"林木中百姓"到后来的"毡帐中百姓"，蒙古人的生产和生活方式发生了很大变化。与此相应，蒙古人的环境适应能力得到了相应的提高。山林中狩猎，不仅需要强健的体魄、与兽搏斗之能和射杀猎物之术，而且要有驯服和饲养动物的能力；草原上游牧、骑马奔走和套马技巧为日常所需，久而久之练就了娴熟的马背技能，素有"马背民族"之美誉。古老的生产和生活方式，是摔跤、射箭和赛马形成之源。伴随文明前进，这些生存本领逐渐演化为独具体系的技能，成为部落强盛的标杆。在生活资料的获取和生存空间的占有方面，摔跤和骑射对部落的发展贡献较大，优先于其他技能。于是，蒙古人自幼习得这些技能。《黑鞑事略》记载："其骑射，则孩时绳束以板，络之马上，随母出入。三岁，以索维之鞍，俾手有所执射，从众驰骋。四五岁，挟小弓短矢，及其长也，四时业田鼠，凡其奔骤也，跂立而不坐，故力在跗者八九，而在髀者一二，疾如飙至，劲如山压，左旋右折，如飞翼。故能左顾而射右，不持抹鞅而已。其步射，则八字脚步阔而腰蹲，故能有力而

---

[1] 蒙古秘史 [M]. 余大钧, 译注. 石家庄: 河北人民出版社, 2001: 7 - 11.
[2] 雷纳·格里塞. 蒙古帝国史 [M]. 龚钺, 译. 北京: 商务印书馆, 1989: 167.

穿札。"①

摔跤、赛马、射箭是游牧民族共有的竞技活动,但是蒙古族却把三项竞技视作"男儿三艺",以此始作和发展为民族文化象征的那达慕大会,这在游牧民族中绝无仅有。

"男儿三艺",亦称男儿三技、好汉三艺、草原三艺,是蒙古族民族精神的象征。史料记载,蒙古族在节日、祭祀、出征期间都会举办摔跤或骑射比赛,展示身体技艺、文化品格和民族精神。1225年,成吉思汗征服撒儿塔兀勒率军返回途中,在不哈·速赤忽和前来迎接的那颜、百姓举行规模盛大的乃日,射箭比武以示庆祝。据《成吉思汗碑铭》记载,当时也松格·洪古图尔射箭达335度之遥。《中华全国风俗志》亦载:"蒙人嗜好摔跤,颇有古罗马之风焉。每于鄂博祭日,为正式举行期。"②迁徙至西北走廊的蒙古族,不但在群众聚会举办赛马、摔跤和射箭活动,而且将竞技活动延伸到劳动之余。青海蒙古族借会盟之机,习练马足,礼毕聚众赛马。据《清稗类钞》记载:"会盟典礼,蒙、番原名跑马大会,藉此习练马足,尽马力之所及兼程而至。事后又会集于海岸,择旷野纵辔绝驰,以角胜负。"③肃北蒙古族青年男子"放牧、出外打猎有空时摔跤,在陶海聚会或者剪马鬃、拔牛毛、剪羊毛、擀毡的劳动之余也常常进行摔跤比赛"④。文化空间的拓展与延伸,实际上是深层文化精髓的延续与发展。不论是博克角逐,还是策马奔腾、沉稳穿杨,都是草原民族身体文化的表达和展示,体现着蒙古族尚力崇勇、顽强拼搏、百折不挠的民族精神。

作为民族的精髓和灵魂,民族精神形成于长期的共同生活和实践之中,是民族发展的不竭动力。任何民族都有自己特有的民族精神,隐含在民族文化的深层。对蒙古族而言,最能体现民族精神的莫过于"男儿三艺"。摔跤,蒙古语为博克,参赛者不分体重级别同场竞技,只能依靠力量、技术、谋略和心理能力获取比赛的胜利。对于身体瘦弱的选手而言,显然很难击败一个身体强壮的博克手,但是这丝毫不影响蒙古族青年的摔跤热情,他们不会因为力量悬殊而退却,反而迎难而上,勇敢面对身高强悍、技艺超群的博克手。这种明知取胜机会不多,却不畏强手,敢于拼搏的行为,恰恰是蒙古族民族精神的表征,是勇者应有

---

① 彭大雅. 黑鞑事略[M]. 徐霆,疏證. 北京:中华书局,1985:10.
② 胡朴安. 中华全国风俗志[M]. 北京:气象出版社,2012:449.
③ 徐珂. 清稗类钞[M]. 北京:中华书局,1986:2991.
④ 查干扣. 肃北蒙古人[M]. 北京:民族出版社,2005:276.

的风范。如果说摔跤的过程反映了蒙古族人顽强拼搏、百折不挠的精神,那么,摔跤的结果则体现了蒙古族人对力的崇尚。摔跤比赛中,竞技能力较弱的选手逐渐被淘汰出局,经过多轮次的较量,最后的胜者必然是力拔山河、技艺娴熟的博克手。蒙古族人视力量为民族生存和发展之基,唯有力拔山河者,才配得上"博克"的称号,成为人们心目中的英雄和崇拜的偶像。尚力崇勇、顽强拼搏的民族精神,源于狩猎和游牧生产,在战争的驱动作用下逐渐形成。狩猎生产需要与兽搏斗的技能和胆量,敢搏善搏才有可能获得食物,注定了蒙古族人对力、技、胆的优先发展;游牧生产需要驯服和控制畜生,只有借助身体力量和技巧,方能完成驯马、骑马、阉马、钉马掌、剪羊毛和宰杀牛羊。狩猎和游牧生产中的搏斗,并非一蹴而就那么简单,往往屡经失败,从而铸就蒙古族人百折不挠的心理品质。部落战争更加需要力量、技巧和勇于拼搏的精神,加速推动了民族精神的内化。"特殊的生存环境,特殊的生产方式和生活方式,形成了各个不同民族对人与世界关系的特殊理解,积淀为特殊的文化观念,升华为特有的民族精神"[①]。民族精神一旦形成,便深藏于民族文化和民族生活之内核,成为一个民族延续的血脉、挺立的脊梁和崛起的动力。"男儿三艺"中的摔跤,保持了生产劳动的实践性,将尚力崇勇、顽强拼搏和百折不挠的民族精神具身体现,昭示出强大的生命力。

"男儿三艺"中的赛马,不但能够展示选手高超的骑技和过人的胆识,而且体现出蒙古族人勇敢顽强的精神和坚韧不拔的品格。马是古代游牧民族食物之源,也是生产活动必不可少的交通工具,在狩猎、放牧、迁徙征战、访亲聚会和商品交换中都离不开它。"马比一切更受重视,马群是古代蒙古族人的主要财富,没有马,草原经济便无法经营"[②]。正因为马的基础性作用,使得蒙古族人非常崇尚马,史诗《格斯尔》中有多处骏马赞歌。围绕草原之骑,蒙古族人创造了养马、驯马、赛马等一系列马文化,成为独特的一道风景线。生长于鞍马间的蒙古族青少年,自幼习得骑马之术。《清裨类钞》记载:"蒙人不论男女老幼,未有不能骑马者。其男女孩童自五六岁即能骑马驰驱于野。"[③] 蒙人擅长骑马,同时乐于赛马,纵马驰骋高山草原,方见英雄本色。跑马赛中的速度与激情,走马赛中的耐力与毅力,既是专门训练的结果,又是日常生活的投射。"青海之蒙古

---

① 张曙光. 民族信念与文化特征——民族精神的理论研究 [M]. 北京:人民出版社,2009:25.
② 符拉基米尔佐夫. 蒙古族社会制度史 [M]. 刘荣,译. 北京:中国社会科学出版社,1980:61.
③ 徐珂. 清裨类钞 [M]. 北京:中华书局,1986:2989-2214.

族妇女出必跨马,致里之温,不常用鞍,辄一跃而登马背焉"[1]。长期的马背生涯,磨砺出了蒙古族人吃苦耐劳的品格和坚韧不拔的意志,这是赛马者必备的素质,足以保证骑手在高度紧张的精神状态中冲过终点。良好的意志品质,是赛马的基础,选手还需具备高超的驾驭马的能力,以及勇敢顽强的精神。骑手借助马匹,延伸自己的身体,提高运动速度,实现超越对手的梦想。这里的延伸,并不是人体与马匹的简单叠加,而是要构建一个稳定、牢固的结合点,使马匹成为人体的延伸部分,达到真正的人马合一,形成一种"组合身体"。赛马运动的魅力之一,便是骑手怎样控制和驾驭属于自己的"非人手足",创造出最大运动速度。这既是对勇者骑马技术的挑战,也是对烈马奔跑能力的考验。"在骑术比赛中,骑手与马匹的统一以及二者所创造的和谐不仅是决定比赛胜负的前提,而且是比赛本身的实质内容"[2]。比拼的对象,与其说是对手,倒不如说是自己的"组合身体"。回到对抗的层面,赛马运动彰显出了身体的决定性作用,以及延伸身体的不确定性,迎合了观众的视觉需求。对于骑手而言,比赛是一场超越自我和征服对手的表演,享受身体带来的荣誉与喝彩。在恣意享受的背后,却是骑手艰辛的骑驯历程和顽强的毅力,毕竟赛马是竞争性、观赏性与危险性并存的运动。只有技艺娴熟、直觉惊人的骑手,才会抓住瞬息即逝的机会,从夹缝中超越对手,成功突围。如果缺乏竞争意识和人马高度默契的身体,就很难完成这种危险的超越,展示一马当前的勇气、胆量和魄力。

射箭是力量与技巧、刚健与沉稳相结合的运动,源于狩猎生产。《弹歌》云:"断竹,续竹,飞土,逐宍。"[3] 古人制造和使用弹弓的形象,一览无余地呈现在了世人面前。作为原始的弓矢,弹弓的主要功能在于"逐肉"[4],获取猎物。随着弓矢的改进与发展,出现了弓箭,成为人类蒙昧时代高级阶段发端的标志。带有机械性质的弓箭,在提高生产力的同时,可以避免人类与猎物的直接对抗,大大降低了自身的伤亡。早期在林木中生存的蒙古族人,弓箭不仅充当着狩猎工具,而且成为掠夺和部落战争的利器。最好的例证,莫过于《蒙古秘史》。比如,孛端察儿在"没有食物吃时,窥视被狼围阻在山崖上的野兽,射杀而食

---

[1] 徐珂. 清稗类钞[M]. 北京:中华书局,1986:2989-2214.
[2] 汉斯·乌尔里希·古姆布莱希特. 体育之美:为人类的身体喝彩[M]. 丛明才,译. 上海:上海人民出版社,2008:107.
[3] 赵晔. 吴越春秋·勾践阴谋外传[M]. 北京:中华书局,1985:197.
[4] 宍,古同"肉"。

之"①；面对劫马贼的追击，孛斡儿出对铁木真说："朋友，你把弓箭给我，我来射他！"①此类记载，《蒙古秘史》中还有很多。利用弓箭进行射猎和部落掠夺，是蒙古族先民真实生活的写照，反映出蒙古族人仍然处于氏族社会末期。恩格斯指出："弓箭对于蒙昧时代，正如铁剑对于野蛮时代和火器对于文明时代一样，乃是决定性的武器。"② 在特定的自然环境与经济生活条件下，弓箭成了蒙古族人的生存工具和生命象征。拉弓射箭可获取食物，又能保护自己，一旦弓箭被人掠去，则生命面临着危险，因而蒙古族人弓箭不离身。1204 年，成吉思汗在帖篾延草原上围猎，获知乃蛮部的太阳汗欲夺蒙古族人的箭筒，群臣以方春马瘦为由避战，别勒古台则主张迎战。他说："还活着的时候，就让人家把自己的箭筒夺走，活着还有什么用！生而为男子汉，死也要让尸骨与箭筒、弓埋在一起，这样才好！"③

别勒古台的这段话，充分体现了蒙古族人"视箭如命"的观念和"崇身尚勇"的精神气概。把弓箭当作自身的一部分，活着就要弓箭在身，死亡也要弓箭陪葬，这是一种超越工具理性的价值观，亦即弓箭就是身体，具有生命的存在价值。这样，弓箭被赋予了神圣的生命力，射艺成为身体的践履和生命力的表现。蒙古族人的弓箭崇拜，成就了一批名垂史册的善射者。成吉思汗，弯弓射大雕；木华黎"猿臂善射，挽弓二石强"④；只儿豁阿歹百发百中，赐名哲别，意为箭簇。对蒙古族人而言，射箭不再是单纯的生活技能或竞技比试，而是有目的的、具身体验的生命活动。在人的生命活动中，精神源于身体之躯而高于生理生命，支配着人的对象性活动。狩猎和军事中的射箭，实用理性至上，以至于文化学上的符号意义很难突显；"男儿三艺"中的射箭，脱离了原生态的制约，具备了相应的竞技形式，蕴含了文化精神。这种力与技完美结合的射艺竞技，是文明化的狩猎和战争，箭靶充当着"猎物"，本质上仍然属于"武射"范畴，有别于"射以观德"的"礼射"。《礼记·射义》云："射者，男子之事也。"⑤ 故而以靶为替代物，也降低不了蒙古族男儿对"猎物"的获取欲望。毕竟，射箭是对本民族早期生活的记忆和延续，体现着尚力崇勇的民族精神，须以身体践履文化

---

① 蒙古秘史 [M]. 余大均, 译注. 石家庄: 河北人民出版社, 2001: 11 - 48.
② 马克思恩格斯选集. 第 4 卷 [M]. 北京: 人民出版社, 1995: 20.
③ 蒙古秘史 [M]. 余大均, 译注. 石家庄: 河北人民出版社, 2001: 142.
④ 宋濂. 元史·列传: 第 119 卷 [M]. 北京: 中华书局, 1976: 2929.
⑤ 礼记 [M]. 崔高维, 校点. 沈阳: 辽宁教育出版社, 1997: 232.

传统。

人类学家莫斯认为，人的身体转化为文化符号乃是经过一种"身体技术"而实现的，这种技术教会了人如何在特定社会中使用自己的身体[①]。作为蒙古族身体文化的典范，狩猎和游牧生产孕育出了摔跤、骑马、射箭等身体技术，成为"男儿三艺"的"木之本"和"水之源"。原生态的身体技术，乃是蒙古族狩猎生产的基础，其中含有勇与力、胆与识的凝聚，以及处置和利用身体的智慧，可以说是民族的精神植被。频繁的部落战争，加速了身体技术的开发和利用。《蒙鞑备录》云："鞑人生长鞍马间，人自习战。"[②]《元史·兵志》载："元起朔方，俗善骑射，因以弓马之利取天下。"[③] 毋庸置疑，骑马、射箭等身体技术，转化为军事活动的武器，以其神速的流动性和精准的打击性威震天下。生产劳动之余，蒙古族人将这些身体技术演变为玩具，愉悦身心的同时能够增进民族成员感情，强化族群认同。据《多桑蒙古史》记载，窝阔台喜观角抵，曾闻波斯力士善斗，遂邀其赴蒙比试，并对优胜者厚奖。

"窝阔台喜观角抵，延至蒙古、钦察、汉地力士至多。闻波斯之力士善斗，乃命绰儿马罕遣送之来。绰儿马罕遣波斯力士三十人赴蒙古。中有著名者二人，一名比烈，一名摩诃末沙。窝阔台汗见之，颇赏比烈之魁梧有力。窝阔台之将伊勒赤歹曰：'诚恐此辈之旅费与酬金虚耗。'窝阔台曰：'脱汝不信其能，可遣汝之力士数人至与角力。汝之力士者胜，我则给汝银五百里失。否则，汝负我马五百匹。护翌日，伊勒赤歹以其队中一人至，与比烈角力。二人相扑时，蒙古力士投比烈于地。比烈戏曰：'紧持我，否则我将脱身而起。'语甫毕，亟反执蒙古力士而投之地，用力巨，闻骨骼相触声。窝阔台进前曰：'坚持之！'复回向伊勒赤歹曰：'其人报酬诚虚耗钦？'遂命其立付赌负物。因厚赏比烈，别赐银五百里失。"[④]

这种带有娱乐性质的宫廷角抵戏，在元朝建立之后日益盛行，以至于官方设置了专门的管理机构。《元史·仁宗本纪》载："延祐六年（1319 年）六月戊申，置校署，以角抵者隶之。"[⑤] 从最初生产中的工具，到战争中的武器、娱乐

[①] 马塞尔·莫斯. 身体的技术 [J]. 经济与社会, 2016, 2 (1): 70–88.
[②] 孟珙撰. 蒙鞑备录 [M]. 北京: 中华书局, 1985: 4.
[③] 宋濂. 元史·列传: 第119卷 [M]. 北京: 中华书局, 1976: 2553.
[④] 多桑. 多桑蒙古史 [M]. 冯承钧, 译. 北京: 中华书局, 1962: 206–207.
[⑤] 宋濂. 元史·本纪: 第26卷 [M]. 北京: 中华书局, 1976: 589.

中的玩具，摔跤、骑马、射箭经历了不同的形态，逐渐发展为蒙古族特有的传统文化——"男儿三艺"。传统的生成，非一朝一夕之能事，往往需要一个漫长的历史过程，以便沉淀民族精神。蒙元时期，祭祀和庆典活动中都能见到"男儿三艺"的身影，但以单项竞技最为常见，唯有诈马宴中多项竞技并存。郑泳《诈马赋》曰："于时则有孟贲之俦，乌获之徒，或逞膂力以争雄兮，或较射矢之中候。此居安而虑危兮，必畜勇而养能。更有牵驰□伎，宛颈颙员，非以为戏，且状士气。"① 作为"国家之制"，诈马宴不仅融政治、祭祀、娱乐、宴饮于一体，而且集角觚、射箭、马术、长跑于一身。每年6月，元帝大宴三日，百戏盛陈，竞技压轴，极尽宫廷御宴之能事。蒙古汗廷北徙之后，诈马宴时间、地点、次数、仪式渐成定制，节日模式初见端倪。明代以降，蒙古族统治者退居故土，汇聚了三项竞技的诈马宴仍然盛行于大漠南北。明初叶子奇所著《草木子》记载："北方有诈马筵席，最其筵之胜也。"② 清代中叶，沿袭诈马宴的那达慕大会出现于史册，近代方志《乌珠穆沁风俗志》《巴林右旗志》《阿拉善风俗志》都有记载。1766年，阿拉善第三代王爷举办了声势浩大的"乌日森耐亦日"，耐亦日是牧民对那达慕的习惯用语，意为聚会。1771年，乾隆皇帝在避暑山庄举办"男儿三艺"大会和围猎活动，迎接从伏尔加河流域归来的土尔扈特蒙古族部落。宫廷宴会、庆典活动中的那达慕，仪式和规模具有明显的主流色彩，由官方或者社会精英所掌控，是一种"大传统"。民族文化并非上层社会所独有，基层牧民经常在祭祀敖包仪式之后举办那达慕。敖包，插有树枝的圆形石头堆，神祇所凭，是自然崇拜、神灵崇拜的象征，带有明显的萨满遗风。民间流传的那达慕，民俗风味较浓，是一种"小传统"。官方与民间文化的分野，使得那达慕呈现出并行不悖的发展现象，衍生出大传统和小传统的双维架构。两种传统之间的内在张力及其互动互补，推动着民族文化不断转型与发展，最终演变为蒙古族的民族节日和古老的文化记忆。

蒙古族游牧生产过程中，形成了以草木纪年的独特历法。宋彭大雅《黑鞑事略》云："但见青草则为一年。"③ 牧草的返青和枯黄交替，实乃季节变化之使然，草原蒙古族人以此作为年关标志，无疑是对自然环境认识的结果。随着那达慕的定期举办，蒙古族草木荣枯的日常记忆被打破，节日时间和文化空间嵌入记

---

① 李修生. 全元文：第57册[M]. 南京：凤凰出版社，2004：870.
② 叶子奇. 草木子：第3卷下[M]. 北京：中华书局，1959：68.
③ 彭大雅. 黑鞑事略[M]. 徐霆，疏证. 北京：中华书局，1985：5.

忆之中，将自然平淡的生活秩序重新点亮。伽达默尔认为："节日就是共同性，并且是共同性本身在它的充满形式中的表现。"① 每当节日来临，盛装的蒙古族人就会从四面八方涌向那达慕会场，共同庆祝节日。对于长期游牧的蒙古族人而言，那达慕是一次难得的聚集机会，毕竟分散性生产需要创造一个共时性空间，满足民族成员之间的交流需求。祖辈们创造的传统节日，权威性和合法性不言而喻。以节日为由定期集会，共同祭祀神灵和展示民族文化，不但能够实现民族成员的大团聚，而且能够增强民族意识和凝聚力。那达慕盛会中，民族成员共同回忆过去，追溯历史，把昨天纳入当下，按照传统仪式演绎"男儿三艺"，强化身份认同。这种联系民族成员、连接民族历史的集体记忆，与文化的凝聚性结构有关。德国著名学者阿斯曼认为："每种文化都会形成一种'凝聚性结构'，它起到的是一种连接和联系的作用，这种作用表现在两个层面上：社会层面和时间层面。凝聚性结构可以把人和他身边的人连接到一起，其方式便是让他们构造一个'象征意义体系'——一个共同的经验、期待和行为空间，这个空间起到了连接和约束的作用，从而创造了人与人之间的相互信任并且为他们指明了方向。这一文化视角在古代文明的文本中以关键词'公正'的形式得到了梳理。凝聚性结构同时也把昨天跟今天连接到了一起：它将一些应该被铭刻于心的经验和回忆以一定形式固定下来并且使其保持现实意义，其方式便是将发生在从前某个时段中的场景和历史拉进持续向前的'当下'的框架之内，从而生产出希望和回忆。"②

那达慕活动形成的文化空间，实际上就是一个"延伸的场景"，通过仪式叙事把日常时间暂时搁置起来，以节日的时间结构和井然有序的方式重复过去。"一个仪式整体是由许多具体的仪节构成的，这些仪节又是在时间的序列中依次展开，仪式过程就是这个时间序列中依次展开的仪节的程序"③。程式化的那达慕，基本上沿袭了传统模式——摆放供品、诵经、叩拜、徒步转敖包、"男儿三艺"。祖辈的仪式程序借助模仿被复制出来，亲历其中的在场成员共同参与，体验仪式过程和心理行为。作为压轴的文化展演，三项竞技把仪式推向高潮，人们纵情分享节日的狂欢与喜悦，膜拜技艺超群的优胜者。"仪式不仅追忆了过去，

---

① 伽达默尔. 美的现实性 [M]. 张志扬, 译. 北京：三联书店，1991：65.
② 杨·阿斯曼. 文化记忆：早期高级文化中的文字、回忆和政治身份 [M]. 金寿福, 黄晓晨, 译. 北京：北京大学出版社，2015：6.
③ 荆云波. 文化记忆与仪式叙事：《礼记》的文化阐释 [M]. 广州：南方日报出版社，2010：190.

而且还借助名副其实的戏剧表现方式将过去呈现出来，这就是仪式的全部内容"①。借助仪式展现古老的历史场景，犹如一幅幅历史画卷，"九州水陆千官供，蔓延觝呈巧雄""武士承宣呈角抵，近臣传宴赐珠袍"，一览无余地呈现在世人面前。祭祀、赛马、射箭、摔跤、歌舞这些祖先曾经的行为，都能勾起在场民众内心无限的回忆，传统在这一刻被再次铭记。那达慕大会中，蒙古族人用仪式讲述和记录本民族的历史，成为文化文本之外的叙事形式。这种仪式叙事，为人们提供了一种感知世界和理解文化的途径，也是文化记忆的首要形式。

1211 年，蒙古军队首次进入西北走廊。《蒙古秘史》记载，成吉思汗于羊儿年出征金国，围攻中都迫使金主归顺，便从莫州、抚州山嘴"出征合申（河西、西夏）百姓"②，不儿罕投降后回师驻营于撒阿里原野。《元史》载："二十一年夏，避暑于浑垂山。取甘、肃等周。秋，取西凉府搠罗、河罗等县，遂渝沙陀，至黄河九渡，取应里等县。…二十二年丁亥春，帝留兵攻夏王城，自率师渡河攻积石州。二月，破临洮府。三月，破洮、河、西宁二州。"③

此后若干次征服之后，都曾派驻军屯田守边，但以被征服者收编留守为主，蒙古族人数较少。《元史·兵志》云："世祖至元十六年（1279 年），调归附军人于甘州，十八年，以充屯田军。二十二年，迁甘州新附军二百人，往屯亦集乃合即渠开种，为田九十一顷五十亩。"④ 蒙古族大规模进入西北走廊，是明清之事。作为蒙古族的文化传统，那达慕以大传统与小传统两条并行不悖的模式被继承与延续。大传统仍由官方主导，在议事、祭祀、节日期间举办，权力干预特征明显。罗卜藏丹津事件后，那达慕改为三年举办一次。20 世纪 50 年代，官方那达慕一度中断，直到 80 年代再次恢复，可谓是"传统的再发明"。按照霍布斯鲍姆的说法，"'被发明的传统'意味着一整套通常由已被公开或私下接受的规则所控制的实践活动，具有一种仪式或象征特性，试图通过重复来灌输一定的价值和行为规范，而且必然暗含与过去的连续性。事实上，只要有可能，它们通常就试图与某一适当的具有重大历史意义的过去建立连续性。"⑤ 小传统则流传于民间，一般在敖包祭祀之后举行，具有相对的稳定性。民间那达慕沿袭敖包祭祀仪

---

① 爱弥儿·涂尔干. 宗教生活的基本形式 [M]. 上海：上海人民出版社，1999：492.
② 蒙古秘史 [M]. 余大均，译注. 石家庄：河北人民出版社，2001：209.
③ 宋濂. 元史·本纪第一：第 1 卷 [M]. 北京：中华书局，1976：23-24.
④ 宋濂. 元史·志第四十八：第 100 卷 [M]. 北京：中华书局，1976：2569.
⑤ 埃里克·霍布斯鲍姆，特伦斯·兰杰. 传统的发明 [M]. 剑桥：剑桥大学出版社，2000：1.

式，焚香点火、摆放供品、敬献哈达、洒圣奶、悬挂经幡、绕敖包顺时针转三圈、诵经祈福，礼毕之后进行"男儿三艺"比赛。"很久以来，素称'男儿三艺'的赛马、射箭、摔跤就成了'那达慕'中的固定比赛项目。在民间尚以小片活动的形式世代延传，从未中断。即使在肃北人民迁徙流离的四十年代，'男儿三艺'的比赛也不断举行。"[①] 正是小传统的延续，避免了那达慕文化的深层断裂，成为文化发展的精神植被。

在民族大杂居的西北走廊，那达慕还有独特的身份认同作用。游牧民族都擅长骑射和摔跤，既是环境使然，也是人类主观能动性的体现，唯独蒙古族聚集三项竞技于那达慕，定制为民族节之核心内容，这是其他民族所没有的。因而视那达慕为文化标签，恰如其分地表达蒙古族人的民族精神，以及历史传统。河湟谷地蒙古族经历了先藏化后汉化的表层嬗变，深层仍然坚守着自己的民族身份，每年举办那达慕大会，记录、讲述和建构着蒙古族古老的文化记忆，参与仪式寻求心理归属，强化身份认同。作为迁徙民族，身份认同的核心就是对民族文化的认同。拥有共同的信仰、共同的历史、共同的文化，这既是身份认同的前提，也是独一无二的民族纽带。那达慕大会中参与赛马、射箭、摔跤，是民族身份的一种行为诠释和自我表达。可以说，民族性极强的那达慕凭借着仪式叙事机制，在行为、符号和意义之间架起了一座桥梁，沟通了在场成员的族群意识和民族情感。不仅如此，那达慕还保证了民族信仰不被遗失，集体记忆不被消解，有效地书写了本民族的文化记忆。

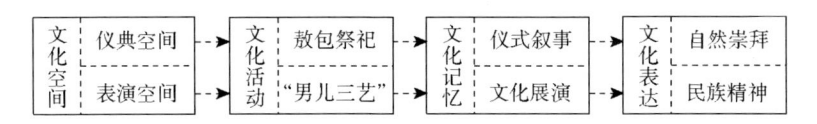

图4-11　蒙古族那达慕大会的文化表达

四、赛马会中的祭祀仪式与身份认同

在生产力相对低下的社会，人们对变化莫测的自然界充满了恐惧和敬畏心理，最终通过自然崇拜来寻求精神寄托。《礼记·祭法》云："山林、川谷、丘

---

① 肃北蒙古族自治县概况 [M]．兰州：甘肃民族出版社，1986：181．

陵，能出云，为风雨，见怪物，皆曰神。"① 自然崇拜源自古人万物有灵的观念，表现为视自然界的神秘物为神圣之物加以崇拜。对逐水草而居的先民而言，风雨雷电会带来灾难，水草森林能够提供生存所需的牛羊和禽兽，因此，只有通过对主宰命运的神顶礼膜拜，才能得到神的庇佑，消灾降福。西北走廊的藏族、蒙古族、裕固族等游牧民族，不但继承了祭祀山神的传统，而且在祭祀仪式之后的庆典中举行各种民族体育活动。作为马背上的民族，赛马备受人们喜爱，也是仪式庆典中最为常见的民族体育活动。

藏族是吐蕃后裔，源于上古时期的羌、戎诸部。藏族先民将祖先崇拜与自然环境中的神山崇拜联系起来，经过演绎和仪式化形成了山神崇拜，流传至今。最为典型的是华锐藏区，每年的农历五至七月，到处祭祀山神，举办赛马会（表4-7）。关于赛马会的来源，民间传说有"十三战神说"和"十三勇士说"两种。传说虽不足以为信，但却反映出了华锐后人对民族英雄和祖先崇拜的心理意识。准确地说，赛马会的形成与祭祀山神密切相关。游牧生产具有流动性、分散性特征，平时很难聚集在一起，只有在祭祀自己信仰的山神期间，部落成员会骑马而至，在煨桑、诵经、叩拜、插箭结束后开始赛马、饮酒、唱歌。如果说英雄崇拜和祖先崇拜是华锐藏区赛马会产生的心理动因，那么山神崇拜则是赛马会形成的宗教背景，为赛马会搭建了操作平台，使其成为可能。"赛马会是藏族群众十分喜欢的节日活动，它不仅祭拜了山神，满足了人们'万物有灵'的观念和信仰心态，同时，因祭山神活动产生的赛马活动更是热烈，尤其是赛马在藏区独树一帜，不但有跑（奔）马、走马比赛，还有马技表演，如马上打靶、马上射箭、飞马拾哈达、蹬里藏身、马上站（倒）立等项目"②。

每年藏历七八月间，安多藏族要前往刚任波切祭祀山神，举行转山仪式。插箭祭祀结束后，一系列的庆典活动随即展开，赛马、摔跤、拔河、跳舞、唱歌，尽显民族风情。安多藏族转山会中体育的功能，与古代奥运会中的体育并不完全相同。希腊人用体育来祭祀神灵，是以"神与人同形，同样具有喜怒哀乐"为前提的，作为祭祀仪式的一部分，这样的身体竞技在本质上是宗教的，是沟通人与神之间的象征符号。藏族赛马、摔跤、拔河与歌舞，则是在仪式之后的庆典活动，旨在维系和强化部落的族源认同与凝聚力，是人与人之间沟通的重要方式。

---

① 礼记［M］. 崔高维，校点. 沈阳：辽宁教育出版社，1997：155.
② 乔高才让. 天祝藏族民俗［M］. 兰州：甘肃文化出版社，2010：101.

这种庆典性民族传统体育文化，带有宗教仪典特征，在营造集体娱乐的同时保持着仪式的严肃性。因为赛马、摔跤、拔河之首要目的不在娱乐，而重在强化族群认同，"唤醒某些观念和情感，把现在归为过去，把个体归为群体"①。伴随着宗教仪轨，民族传统体育文化演变为族群认同的标志和纽带，并长期沿袭、发展和传承。

表4-7 华锐藏区天祝县祭祀庆典中的部分赛马会

时间	祭祀对象	赛马会名称	赛马形式
农历六月十六	阿米噶卓山神	抓喜秀龙滩赛马会	跑马、走马
农历六月初六	阿尼盖宁山神	松山赛马会	跑马、走马
农历六月十三	阿尼盖宁山神	西大滩赛马会	跑马、走马、马术
农历六月十七	阿尼华达山神	毛藏大台子赛马会	跑马、走马
农历六月十三	阿尼华谦山神	大红沟下西顶赛马会	跑马、走马
农历六月十七	阿尼南加山神	哈溪磨脐山赛马会	跑马、走马
农历五月二十八	阿尼饶卜藏山神	朱岔赛马会	跑马、走马

裕固族先民崇拜自然和天地神灵，虽属于萨满遗风，但却借助神话传说使祭祀活动合理化。神话《神水》中说："有一个部落本来十分富足，人们由于富足而变懒惰，遍地牛、羊、马、骆驼无人管，满滩的肉奶皮毛无人爱，连天地神灵都懒得敬奉。神灵收回山泉，锁住河水，停止雨雪，三年的风沙干旱使部落频于灭亡。神灵的惩治使部落民众由懒惰变勤快，不仅爱护牛羊，还敬奉天神，部落又富足起来。自此有了敬天地神灵的习俗。"② 对神灵的崇拜和畏惧心理，最后演变为鄂博祭祀仪式。鄂博，又称"乌垒"或"乌鲁额"，一般搭建在山顶或山坡上，用石头垒积而成，中间竖立一根木头幡杆，上面挂有撒向四周的绳子和印有图案经文的嘛呢旗，是裕固族祭祀神灵之处。关于鄂博祭祀的来源，裕固族神话《阿斯哈斯》有这样的描述："鲍尔得罕王为儿子求娶郑尔斯罕王的公主，难以如愿。拉依尔昂迦神授予鲍尔得罕王秘诀，秘诀之一就是在山顶上垒起鄂博，按时祭拜天地神灵。从此，祭鄂博象征崇敬天地神灵。"②裕固族民间叙事诗印证了鄂博的象征意义，《黄黛琛》中阿尼尕唱到："传说在我们敬仰的鄂博上，白

---

① 爱弥儿·涂尔干. 宗教生活的基本形式 [M]. 渠东, 汲喆, 译. 上海：上海人民出版社, 1999：498.
② 钟进文, 郭梅. 中国裕固族 [M]. 银川：宁夏人民出版社, 2011：206-207.

石头垒起了尊严的圣灵；像筋骨一样竖起的幡杆上，凝结着尧熬尔人的无限崇敬。"① 祭鄂博活动之后，通常也会举行赛马，意味迎接神的喜种。

布鲁默认为："人们对事物行为的基础在于这些事物对于他们的意义。"② 游牧民族祭祀仪式之所以能够流传下来，原因在于民族成员对仪式的认同。仪式本身是一种地方性知识，带有明显的民族特征。祁连山区以畜牧为生的蒙古族，保留着传统的祭山仪式；生活在热带的傣族，传承着古老的祭水习俗。在游牧民族先民看来，自然的力量是巨大无比的，也是神圣的，掌管着人世间的一切，理应作为图腾加以膜拜。简单的信仰转化为内在行动的力量，促成了游牧民族对神灵的顶礼膜拜仪式。这种民间信仰行为，表面上指向神灵，看似人对神秘物的屈服和尊敬，实则是人事，仪式本身更多地包含着人们祈盼丰收的美好愿望和对吉祥平安的心理追求。通过祭祀仪式，信仰者把现实世界中的自然物与想象世界中的神灵对应起来，借以控制或消灭想象世界中的怪物，使其不再危害人类，这就是祭祀仪式存在的文化逻辑。把自然力量当作支配自身的异己力量加以崇拜，是自然崇拜的表征。西北走廊游牧民族的祭祀活动，以山神崇拜最为常见，一般模式为前期准备、祭祀仪式、庆典活动。在仪式前几天，头领会召集部落负责人开会商讨有关事宜，民众则准备好祭品和马匹。活动当日，牧民纷纷来到祭祀地点，在负责人的主持下进行祭祀和叩拜仪式，祈求神灵保佑平安，之后便聚集在祭祀地周边开始唱歌跳舞、赛马、摔跤等游艺活动。从活动进程来看，仪式由神圣的祭祀活动和世俗的庆典活动组成；从仪式空间来看，仪典空间和表演空间是仪式的两极。当神事转向人事时，活动属性便由娱神转向了娱人，仪典空间也就转变为表演空间。作为公共空间，表演空间依附于仪典空间，是仪典空间的延续，两者共同构成完整的仪式空间。空间的延续与依附，使得"表现仪式与集体娱乐如此密切，以至于人们在从仪式过渡到娱乐的过程中，并没有产生丝毫隔膜之感"③。在仪典空间，牧民通过祭祀神灵寄寓未来美好的期盼，从而获得心理上的慰藉；在表演空间，民族成员通过歌舞和传统体育活动，将日常生活图景呈现在眼前，唤醒民众集体的历史记忆。受畜牧生产的流动性和分散性特征影响，民族成员之间的日常交流机会不多，正是这种合二为一的仪式庆典活动，在表达对

---

① 中国人民政治协商会议甘肃省委员会文史资料和学习委员会编. 甘肃文史资料选辑第46辑中国裕固族 [M]. 兰州：甘肃人民出版社，1997：339.
② 赫伯特·布鲁默. 符号互动论：观点与方法 [M]. 新泽西：普林斯豪，1969：2.
③ 爱弥儿·涂尔干. 宗教生活的基本形式 [M]. 渠东，汲喆，译. 上海：上海人民出版社，1999：500.

神灵敬畏的同时把民族成员紧紧地聚集在一起，无形中起到了增加民族凝聚力的作用。同时，仪式庆典活动蕴含和保留着古老的文化之根，蕴藏着强烈的民族情感。参与仪式，就意味着认同共同的信仰和文化体系，并把自己的身份深深地打上民族烙印。千百年来，仪式活动"自下而上"构建游牧民族成员的身份，主动区分"我群"与"他群"，成为民族精神、民族信念与文化特征的重要载体。

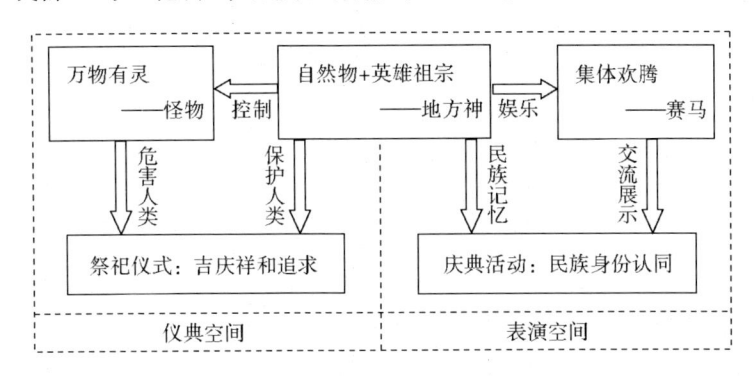

图 4-12 仪式庆典中的文化逻辑

西北走廊游牧民族的祭祀庆典活动，不但体现出了布洛克特①笔下仪式的五种功能，而且还具有身份构建功能。这是因为，仪式是民族历史的集体记忆，借此可以追溯民族群体的共同起源。比如，汉族每年的谒陵祭祖仪式，意在缅怀共同的人文始祖轩辕皇帝；藏族的祭山仪式，同样包含着对祖先的崇拜，因为"圣神赞普入主人间于雪山高耸之中央"②。"在仪式中，生存世界与想象世界借助一套单一的符号体系混合起来，变成相同的世界，从而在人的真实情感中制造出独特的转化"③。借助仪式重述本民族的历史根基，强化民族认同，缘于文化的作用。对在场牧民而言，传统体育文化成了构建民族身份的关键。作为马背上的民族，骑马是自幼习得的行为，民族成员个个都是骑马能手。仪式庆典中的赛马、摔跤，输赢并不重要，重要的是参与，毕竟象征意义远远大于竞技意义。骑着自家的马匹扬鞭驰骋，行为本身是一种象征，旨在标明自我的身份。戈夫曼认为：

---

① 奥斯卡·G. 布洛克特在《剧场史》中将仪式的功能归结为五个方面：1. 仪式是一种知识形态，神话和仪式包含着人类对宇宙的理解；2. 仪式可以起说教的作用，通过仪式可以继承传统和传授知识；3. 仪式想影响和控制事物，产生预期效果；4. 仪式还用于显耀一种自然力量，或是打猎和战争的胜利，或光荣的历史、英雄人物，或图腾；5. 仪式也起娱乐作用。参见奥斯卡·G. 布洛克特. 剧场史（第3版）[M]. 波士顿：阿林和培根，1997：5.

② 王尧. 吐蕃金石录 [M]. 北京：文物出版社，1982：43.

③ 克利福德·格尔茨. 文化的解释 [M]. 韩莉，译. 南京：译林出版社，1999：138.

"在有观众在场的情况下,一个典型的个人总是会在他的行为中注入某种信号来刻画和强调他的身份角色,而这种信号在无人在场的时候往往是含而不露。"①换句话说,赛马是一种文化符号,是游牧民族身份的象征。传统社会中游牧民族骑着马儿进行畜牧生产,闲暇时以赛马、摔跤、射箭为乐,这种逐水草而居的生活图式无疑是游牧民族的文化标签。现代定居式轮牧生产代替了传统的游牧生产,但族群的历史记忆并未发生变化,赛马仍然是游牧民族身份的象征符号。毋庸置疑,游牧民族文化表层发生了嬗变,深层依然在坚守。作为游牧文化符号的传统体育,孕育着民族的精神,并从深层构建着民族成员的身份。如同白自英②老人所言:"裕固族人人都会骑马,自小与马、牛、羊打交道,马是交通工具。是裕固族人,他就会骑马,也能赛马。汉族人一般不会骑马,他就没法赛马。"显然,赛马就是裕固族身份的象征。仪式庆典中的赛马、摔跤,实际上是重现日常生活世界,是对传统文化的寻根和对族群元记忆的呼唤。在公共性的仪式空间中,民族成员通过赛马来标识和强化自我身份,获得文化共同体的认同,重新构建民族身份,克服现代性造成的文化断裂。

土族轮子秋、河陇武术、蒙古族那达慕、华锐藏族赛马会四个案例的文化人类学诠释,基本上可以透视西北走廊民众传承本民族文化的动因。不论是土族的轮子秋,还是河湟陇右的武术、游牧民族的赛马、射箭和摔跤,都有各自存在的深层逻辑。如果轮子秋只有竞技娱乐价值,不存在土族的历史记忆与崇拜祖先心理,那么表现难美性的竞技体育项目就可完全取而代之;如果河湟陇右的武术只强调健身娱乐功能,忽视特定时期的技击功能和军事价值,那么普拉提、瑜伽或许早已在西北走廊普及;如果"男儿三艺"不蕴含蒙古族人的民族精神,那么就不可能成为那达慕的核心内容,更谈不上蒙古族的文化记忆了;如果赛马会只是景观展演,而不具备民族与文化认同,那么音乐舞蹈类文艺晚会或许更受年轻人青睐。这样的如果,还可以列举很多。事实表明,这种假设根本不存在。体育文化具有竞技、健身、娱乐、教育、政治、经济等多重属性与功能,自上而下套用大前提阐释不同民族传统体育文化,将会抹杀民族文化的独特功能。村寨文化是民族文化研究的基本单元,只有深入村寨才能从中探寻某一文化对民族成员的

---

① 欧文·戈夫曼. 日常生活中的自我呈现 [M]. 黄爱华,冯刚,译. 杭州:浙江人民出版社,1989:75.
② 白自英,男,1946年生,东部裕固族杨哥部落后裔,2015年1月6日肃南裕固族自治县访谈对象之一。

存在价值和参与意义。格尔茨驻足巴厘岛，先后观看 140 余场大大小小的斗鸡，最后发现了斗鸡对当地居民的意义。李志清多次深入桂北侗乡，深度挖掘抢花炮的文化内涵，最后提出了仪式性少数民族体育观。可以说，只有获取文化特有的民族属性，才能解释民族传统体育文化延续至今的内在逻辑。

文化反映着人的基本生存方式，源于人的能动性、超越性与创造性。不管是器物文化、行为文化，还是制度文化与精神文化，都有一个共同的特征，即价值规定性。当然，任何文化还具有个性的特征，即民族性。价值是客观对象本身固有的属性，文化的价值规定性与人的需求息息相关。人之所以创造文化，必然是为了满足人的某种需要。文化功能主义学派的代表人物马林诺夫斯基也认为，文化的功能在于满足人的需要，无论基本需要还是次生需要，都通过文化实践活动回应需要。马林诺夫斯基指出："文化是一个有机整体，包括工具和消费品、各种社会群体的制度宪纲、人们的观点和技艺、信仰和习俗。无论考察的是简单原始、抑或是极为发达的文化，我们面对的都是一个部分由物质、部分由人群、部分由精神构成的庞大装置。人借此应付其所面对的各种具体而实际的难题。这些难题之所以产生，是因为人有一个受制于各种生物需求的躯体。"[①] 先天孱弱并未特定化的身体，首先促使人类创造文化以满足生存的基本需要，在此基础上满足各种次生需要。人的需要是多样的，生存、安全、爱、尊重、娱乐、政治、自我实现、审美等一系列需要，因而文化也呈现出多元特征。"文化在满足人的需要的同时，还为人的生存提供意义和价值的精神家园。一个民族的传统文化不仅反映着一个民族过去的全部文明成果，还蕴含着该民族存在的合理性和发展的无限可能性，是这个民族文化传统薪火传递、生生不息的重要动力。"[②]

体育文化具有多种属性，能够满足人的不同需求，譬如生存、娱乐、自我实现与审美，这是所有体育文化的共性特征，民族传统体育文化也不例外。值得一提的是，民族体育还具有各自的个性特征，彰显出文化的民族性。以轮子秋为例，不但具有竞技、娱乐、表演等价值，而且能够体现崇拜祖先的民族心理意识，这是其他民族体育文化所不具备的特征。传统体育文化的民族性与民族历史相关，反映着文化对本民族成员的生活意义。对民族传统体育文化的价值认同，是文化传承的前提与基础。

---

① 马林诺夫斯基. 科学的文化理论 [M]. 北京：中央民族大学出版社，1999：52－53.
② 童萍. 文化民族性研究 [M]. 北京：人民出版社，2011：43.

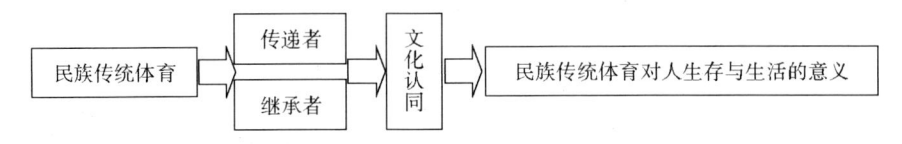

图 4-13　民族传统体育文化传承的动力

第四节　西北走廊民族传统体育文化传承的运行机制

《庄子·至乐》曰："万物皆出于机，皆入于机。"① 成玄英疏曰："机者发动，所谓造化也。"《玉篇·刀部》曰："制，法度也。"从词源上看，机制就是"发动所由"的制度。推而广之，机制乃事物运行之结构及其制度性原因。对文化传承而言，运行机制是内部要素之间以及内、外部要素的互动结构及其运行方式，是保障文化传承的必须条件。其中，内部要素包括人、文化、途径与方式，外部要素有自然环境与社会环境。让这些要素结构正常运行，肯定需要驱动力和制度保障。力是运作之源，是文化传承的动力。费孝通在《重读〈江村经济〉序言》中写到："这些传下来的东西之所以传下来，就是因为它们能满足当前人们的生活需要。既然能满足当前人们的生活需要，它们也就是当前生活的一部分，它们就还是活着的。这也等于说一个器物、一种行为之所以成为今日文化中的传统是因为它还发生功能，即能满足当前人们的需要。"② 文化能够满足人的某种需要，这就是民族传统体育文化传承的动力。

民族传统体育文化的传承，是基于人的某种需要产生的，传承过程必然有其特定的空间。需要为目标，传承即实践，传承过程则是满足主体需要和客体产生价值的文化实践活动。换句话说，人有某种需求，民族传统体育文化恰恰有此属性，只有实践才能产生价值。如果不实践，再好的文化也产生不了价值，也无法满足人的需要，实践过程就是文化传承的过程，也是价值实现的过程。价值实现的过程，简单表示如下：

---

① 庄周. 庄子 [M]. 雷仲康, 译注. 沈阳：辽宁民族出版社, 1996：183.
② 费孝通. 江村经济——中国农民的生活 [M]. 北京：商务印书馆, 2002：335.

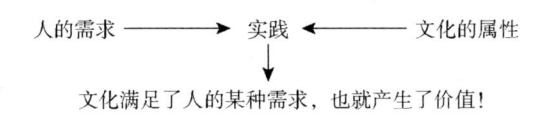

```
人的需求 ──────→ 实践 ←────── 文化的属性
                    ↓
          文化满足了人的某种需求,也就产生了价值!
```

从实践的视角看,民族传统体育文化传承实际上就是文化产生价值的实践活动。按照一般的逻辑划分,实践由主体、客体和中介三个要素构成。实践主体就是传承人,包括传者和承者;实践客体为民族传统体育文化,主要借助肢体动作和身体行为展示内涵;中介是联系主客体之间的各种工具与信息,分为有形的工具和无形的信息。在民族传统体育文化传承运行的过程中,三个要素的作用与动态变化表现为前后相连的三个环节。

首先,传承人建立实践目标与方案。目标是实践的方向,就是把老一辈创造出来的身体文化传递给继承者,通过文化塑造下一代,维持社会成员的日常生活秩序;方案是实践的计划,对民族传统体育文化传承过程预先设计,合理安排整个传承的内容顺序、途径方式、方法手段及过程控制。目标与方案的确立,反映着主体对文化传承目的性和规律性的认知水平,也决定着民族传统体育文化的传承效果。

其次,依据既定的实践目标与方案,主体借助中介把文化符号及其意义传递给下一代。这是民族传统体育文化传承最为关键的环节,也是要素互动和信息传递的重要节点。传承人把客体转变为合乎传承信息的存在形式,通过口耳相传和行为示范传递给继承者。习练者在获得具体信息后,把一个个肢体动作内化为知识,并在自己的悟性范畴内加以理解体会,初步形成文化行为的模版。该过程是一个主体客体化和客体主体化的双向运动,具有相互作用和相互制约的特征。传承人将自己的思想创造、价值观念和精神意志融入民族传统体育文化中,使民族传统体育文化打上"传者"的烙印,实现主体意志转移到民族传统体育文化方面,也就是主体客体化。主体在习得民族传统体育文化后,客体所具有的信息被继承人接收、转译和存贮,潜移默化地影响继承人,完成客体主体化。表面上看,对人的塑造是文化本身所具有的属性,似乎与主体无关。实际上,民族传统体育文化非自然存在的客体,而是一种人为的客体,体现着主体的权力意志,不存在价值无涉的民族传统体育文化。

最后,主体对实践结果进行评价与反馈,调整民族传统体育文化传承方案,为下一步实践提供必要的修正依据。评价是对文化传承过程和效果的评估,具体考察价值产生的大小及正负效应问题。与其他动物的区别之一,在于人具有理性，可以借助大脑思维对民族传统体育文化传承行为进行价值判断和预先设计。马克思认为："最蹩脚的建筑师从一开始就比最灵巧的蜜蜂高明的地方，是他在用蜂蜡建筑蜂房以前，已经在自己的头脑中把它建成了。劳动过程结束时得到的结果，在这个过程开始时就已经在劳动者的表象中存在着，即已经观念地存在着。"① 虽然传者在民族传统体育文化传承前做出了较为科学合理的方案设计，但是方案的好坏与传承人的认识水平高度相关，不可能非常完美。文化传承过程中，各种环境与要素随时发生着变化，实践过程也不可避免地会发生一些偏差，都会或多或少的影响传承效果。因而，评估是必要的，而且是必不可少的一个环节，需要把评估结果反馈到传承人大脑中，以便及时调整传承方案与策略。评估是反馈的前提，反馈是评估的延续，是修正的重要依据。如果没有反馈机制，民族传统体育文化传承实践活动将很难控制。控制论创始人维纳认为："一个有效的行为必须通过某种反馈过程来取得信息，从而了解其目的是否已经达到"②。实践反馈的最终目的就是实现预期目标，达到民族传统体育文化传承之目的。

民族传统体育文化传承活动，实际上就是文化教化、塑造主体的价值实现过程，也是主体、客体相互关系的实践活动。这一实践活动中，以主体、客体和中介为基本框架的文化传承结构，通过目标与方案制订——主体借助中介作用于客体，客体反作用于主体——实践结果的评估与反馈三个环节有序的运行，保证了民族传统体育文化的有效传承。

图 4-14　民族传统体育文化传承的实践过程

需要指出的是，民族传统体育文化传承过程非常复杂，具有多因素、系统性、整体性、综合性和长期性等特征。宏观上解析实践过程，初步勾勒和描绘出了民族传统体育文化传承的运行机制，尚需进一步建构。譬如各要素之间不仅存在着主客体的双向作用过程，实践主体之间还存在着主体间性关系；实践环节的轮流循环与相互交融可能同时存在，并未表现出特别明显的时间次序或逻辑顺

---

① 马克思恩格斯全集：第 23 卷 [M]．北京：人民出版社，1972：202．
② N. 维纳. 人有人的用处——控制论和社会 [M]．陈步，译．北京：商务印书馆，2017：43.

序。在八门拳或者天启棍的传承过程中，传者可能会随时发现问题并予以纠正，显然这样的评估与反馈并不是发生在实践结果出来之后，而是同步进行。

第五节 西北走廊民族传统体育文化传承的基本特征

早在远古时代，原始先民借助天性本能应对神秘难测、危机四伏和变化不居的生态环境，寻求生存之道，很少考虑人生。自从苏格拉底把"认识你自己"作为哲学信条之后，人的问题便构成了西方哲学史的主要课题。"人是什么"，不同的哲人有不同的答案。亚里士多德扬弃了以往把人理解为感性存在物的片面性，提出了"人是理性的动物"这一著名论断，强调理性为人类所独有，是人的最高本质。理性至上扼杀了人类非理性的一面，从而破坏了人的完整性，也就无法从根本上解决人的本质问题。令人惊讶的是，理性主义却成了思辨哲学的主流，长期占据着哲学的制高点，直到实践哲学的出现。德国哲学家恩斯特·卡西尔（Ernst Cassirer）从功能性出发，提出"人是符号的动物"。他认为："对于理解人类文化生活形式的丰富性和多样性来说，理性是个很不充分的名称。但是，所有这些文化形式都是符号形式。因此，我们应当把人定义为符号的动物（animal symbolicum）来取代把人定义为理性的动物。只有这样，我们才能指明人的独特之处，也才能理解对人开放的新路——通向文化之路。"[①]

在卡西尔看来，与其说人是理性的动物，倒不如说是符号的动物。人与动物的最大区别在于人能够创造和使用符号，人只有在创造符号的过程中实现自我价值，才能成为真正意义上的人。因此，符号是人的本质，"人不再生活在一个单纯的物理宇宙之中，而是生活在一个符号宇宙之中。语言、艺术、神话和宗教则是这个符号宇宙的一部分，它们是织成符号之网的不同丝线，是人类经验的交织之网"[①]。不可否认，人类生活在一个充满了不同文化的场域中。不管是否被意识到，文化都是一种客观存在，以符号形式存在于现实世界。符号是人类对客观存在所做的记号和标志，是人类对客观世界的反映。人类创造的文化，无论是物质文化还是精神文化，都具有一定的意义。因此，格尔茨将文化定义为"历史上留下来的存在于符号中的意义模式，是以符号形式表达的前后相袭的概念系统，

---

① 卡西尔. 人论 [M]. 上海：上海译文出版社，1985：33 – 34.

借此人们交流、保存和发展对生命的知识和态度"[1]。按照符号学的观点，意义必须用符号才能表达和解释，任何能有意义地表达事物的东西，都可定义为符号。交通标志、语言、体育、艺术、宗教都是符号，各自表达着特定的意义。在这里，"符号是意义的唯一寄身之处，意义的唯一传递之途，也就是意义唯一的解释钥匙"[2]，符号即意义。任何意义活动必然是符号过程，对符号的解释也就是意义的实现。

既然所有文化都可视为符号，那么，民族传统体育文化也可以用符号学来诠释。剖析民族传统体育文化，表层是器物和行为，诸如刀枪棍剑、轮子秋、花炮、射箭、掼牛、摔跤、肢体动作、行为方式，都是可以感知的文化载体；中层是规则与制度，像武术中的师徒、壳子棍的搏棍、八门拳的走拳，都是一种约定俗成，支配表层要素之间的组合与搭配；深层则是精神与心理，譬如"转秋"象征着高超的技艺和对祖先的崇拜，抢花炮包含着民间信仰、神祇祈福和族群认同，"男儿三艺"标志着蒙古族的威武勇敢和草原民族的意志，这些都是隐含在文化载体中的意义。实质上，民族传统体育文化的空间结构是表层、中层和深层完整不可分割的统一体。表层结构是中层结构和深层结构的载体和媒介，中层结构必然要通过表层结构来显示，并支配着意义的表达方式，而深层结构只能以表层结构为载体、中层结构为规则表达出来。太极拳是中华民族文化中的瑰宝，表层载体就是肢体动作及其组合，支配它的就是拳理——基于"太极图"的理论体系，规定着肢体动作、动作组合及运行线路的变化，并通过动作演练表达出天人合一、身心自然的文化内涵。换句话说，离开了物质器物和行为载体，规则就无法显现，所要表达的意义也就不复存在。把民族传统体育文化看成是表层结构、中层结构和深层结构的统一体，恰恰表明了文化的符号特性，因为符号是携带意义的感知，本质就是符号载体（能指）、符号规则（符码）和符号意义（所指）的统一。

在符号学中，符号是"代表一物之物"[3]，是符号载体根据规则表达意义时所建立的一种关系。从技术方面看，符号载体是符号中的表象性成分，是根本意

---

[1] 克利福德·格尔茨. 文化的解释[M]. 韩莉, 译. 南京: 译林出版社, 1999: 109.
[2] 赵毅衡. 符号学原理与推演[M]. 南京: 南京大学出版社, 2011: 封底.
[3] 这是广为接受的雅柯布森（Roman Jakobson）的说法，原为拉丁文 Aliquid stat pro aliquo，英文翻译为 Something that stands for something else，也可翻译为"一物代一物"或"一事物代一事物"。美国学者 John Deely 认为，符号是"代表别物之物"，即"aliquid stat pro aliquo"。

义上的符号，但不是形式上的符号。"只是'符号载体'这个术语过于累赘，在一般论述中，甚至在符号学论述中，为了简便，常常把符号载体直接称作符号"①。符号学的创始人、瑞士语言学家索绪尔（Saussure）把符号视为能指与所指的结合，即经典的二元符号模式。能指是声音图像，所指是概念。比如，"剑"作为一个符号，它的笔画和发音就是能指，而在内心所呈现的关于"剑"的各种心理形象或概念就是所指。美国哲学家皮尔士（Peirce）发展了索绪尔的理论，提出了"符号媒介、指称对象、符号意义"的三元符号模式。现代符号学理论认为，由"能指"和"所指"构成的符号是一个系统，该系统依靠"符码"而存在。"能指"是由物质、行为或表象载体所充当的对符号意义的指称，是符号可感知的部分；"符码"是符号表意活动中的规则，控制文本形成时意义的植入和解释时意义的重建；"所指"是通过符号载体来表达的意义，是能指所指向的东西。以最为典型的符号系统交通信号灯为例，能指有红、黄、绿三个，所指有停、慎行、行三个，惯例性的符码为红对应停、黄对应慎行、绿对应行，三者彼此一一对应。从符号学视角看，民族传统体育文化的三个层面就是三种不同的符号体系。"尽管它们之间的外观形态均不相同，但它们统统都是符号，都是显示某种意义系统、具有某种文化编码（或深层结构）的符号系统。"②

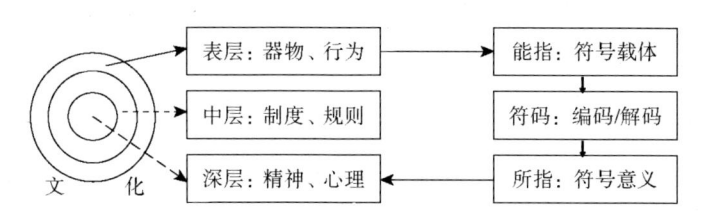

图 4-15　作为符号系统的民族传统体育文化

作为符号系统的民族传统体育文化，能指符号包括索引符号和意指符号。索引符号是能指和所指之间具有客观必然联系的符号，只要这类符号出现，必然会有某种对应的意义存在。提到"体育"，人们马上会想到"强身健体"；谈及"武术"，"刀光剑影"的场景自然呈现出来。这里的"强身健体"是"体育"的索引符号，"刀光剑影"则是"武术"这个客观情景的索引符号。"与索引符号不同，意指符号指的是符号表达者用来表达某种主观意义的符号组合"②。武

---

① 赵毅衡. 符号学原理与推演 [M]. 南京：南京大学出版社，2011：25.
② 王宁. 消费社会学 [M]. 北京：社会科学文献出版社，2001：136-141.

术中的手、眼、身法、步,就是一种意指符号,这些符号元素在"内三合""外三合""神形合一""内外合一"等符码的规定下组合成为武术动作,表现出特定的文化意义。意义是文化符号的表达,有主观意义与客观意义之分。主观意义是符号使用者所要表达的意义,客观意义是符号载体所携带的必然意义。符号载体所要表达的意义,主要受符码的支配,同时与语境有关。把红、黄、绿灯放置于道路上,那就是交通信号的标志,如果放在酒吧或者舞厅,只能指向艺术灯光。裕固族祭鄂博仪式结束后,年轻人都相约拔河、摔跤、赛马,意为迎接喜种。这种仪式性民族传统体育文化,在营造欢乐氛围的同时,还传递着神灵的保佑。在甘肃省少数民族运动会上,裕固族摔跤不再是神祇送福的表达,而是一种纯粹的竞技活动。在不同的场域,裕固族摔跤的符码并未发生质性变化,但是语境发生了变化,因而所表达的意义就发生了变化。

尽管武术的基本动作大体相同,然而不同拳种之间差异很大。在西北走廊,八门拳、通备拳、红拳、昆仑拳、六合心意拳风格均异,各自呈现出了独特的技法。这种区别虽然表现在"拳势"和"拳路"上,但是根源在于符码的不一致。不同的元语言、不同的编码和解码方式,造成了武术表现形式和功能价值之差异。"正如按照DNA链中的碱基次序形成一个密码程序、一套指令或处方,借以合成结构复杂的蛋白质,并决定了器官的功能"[①]。在不同符码的作用下,武术表现出了套路和散打两种运动形态,赋予身体动作"演练"与"击打"的象征意义。上海体育学院的戴国斌教授认为,散打符码系统中传统武术通过打沙包、踢桩、打靶反应练习等对身体进行编码,以"击必中,中必摧"的"四德"作为解读散打符码的解密钥匙[②]。在解释现代武术套路的符码系统时,他说:"套路,在练习途径上,通过腿、腰、步、桩、跳等练习到连贯动作,对身体进行功能性编码,也以此来解密。在技击方法上,以'踢、打、摔、拿'四击的方法来解读。在身体运动上,可解码为'手眼身法步,精神气力功'——'拳如流星,眼似电''腰如蛇行,步赛粘''精要充沛,气宜沉''力要顺达,功宜纯'。在运动意象上,则从'十二型'——'动如涛,静如岳,起如猿,落如鹊,立如鸡,站如松,转如轮,折如弓,轻如叶,重如铁,缓如鹰,快如风'解密套路的编码。在运动意境上,可以从在'战斗场合'(蔡龙云语)的斗志和与'虚拟

[①] 克利福德·格尔茨. 文化的解释 [M]. 韩莉,译. 南京:译林出版社,1999:113.
[②] 戴国斌. 武术:身体的文化 [M]. 北京:人民体育出版社,2011:207-216.

对手'（戴国斌，2001年）的技击对白来解码。在器械上，有'刀如猛虎'的'勇''剑如飞凤'的'轻盈''棍打一片'的'猛''枪扎一线'的'灵'之解码。"①

基于符码系统之差异，武术表现出了散打和套路两种运动形式，分别演绎"打"与"练"的身体文化。

对武术动作赋予意义，或者进行意义解释，就是符号化。武术的符号化，为武术文化的传承提供了基础。众所周知，武术的主要传承方式是口传心授和身体示范。口传是通过口头讲述来传递所要表达的信息。雅柯布森认为，每一个信息都是由符号构成的。毫无疑问，信息传递的实质就是符号传递，符号是口传的介质。此外，口传还得依赖语言系统，而语言本身又是一种符号。在索绪尔看来，语言是"一种表达观念的符号系统"②，是最基本的符号。借助语言符号，传授者遵照符码对符号信息进行编码，所要表达的意义就被编入符号文本，传递给继承者。八门拳术中炮拳有"阴阳要转，两手要直；前腿要屈，后腿要直；一打一揭，遍身着力；步步进前，天下无敌"的口诀，传者不但要告知承者口诀，而且要做出必要的解释。何为阴阳？如何能转？阴阳转动的意义是什么？两手为何要直？价值何在？如何表现？一打指什么？一揭又指什么，如此等。在口传武术文化的同时，还要配合心授，因为"前者授技，后者授法"③。在师父言传身教的基础上，弟子通过"悟"来领会武术中"只可意会不可言传"的"道"，以达武功上乘。当然，通过肢体动作的演示来传授武术文化，行为本身是符号传递过程，利用"肢体语言"传递符号信息。在接收到符号信息后，弟子对符号进行解码，把信息转换为意义。这一传承过程可以用下图来表述：

```
┌─────────┐     ┌─────────┐     ┌─────────┐
│ 传   者 │ ──> │ 符号信息│ ──> │ 承   者 │
│ 表达意义│     │ 文本意义│     │ 解释意义│
└─────────┘     └─────────┘     └─────────┘
```

图 4-16　文化传承中的符号传递过程

如果说"口传"是语言传承，"心授"是心理传承，那么"身体示范"就是行为传承。西北走廊的民族传统体育，不论是汉族的舞狮、回族的武术、藏族的押加、蒙古族的摔跤、土族的轮子秋，还是东乡族的射箭、哈萨克族的刁羊、裕

---

① 戴国斌. 武术：身体的文化 [M]. 北京：人民体育出版社，2011：207-216.
② 索绪尔. 普通语言学教程 [M]. 岑麒详，译. 北京：商务印书馆，1982：17.
③ 虞定海. 中国武术传承研究：非物质文化遗产视角 [M]. 北京：人民体育出版社，2010：63.

固族的赛马，都可以看作是行为文化，隶属于身体文化范畴。这些行为文化的传承，同样表现出了明显的符号传递特征。这是因为，人类创造的文化是以符号形式存在的，具有相对的稳定性、民族性和习得性特征。"文化只能是个人处于特定民族之中，经过各种方式教育而学会的能力，也就是说文化与先天无关，它的延续不靠生理遗传，而是靠社会中一代代人之间学习模仿和教育示范"①。在生产劳动、节日庆典和日常生活中，人们利用肢体动作和身体行为传递信号、表达文化内涵，潜移默化地影响和教育着下一代子民。春节期间，汉族用烧香叩首等方式祭拜祖先，这种民俗文化通过行为模式来表现和传承。下跪后身体与祖先符号在位置上的差异，标志着后人对祖先的尊敬。这里的下跪动作和行为是一种典型的身体语言，起着传递信息的符号功能，与文字中的"仰视"有异曲同工之妙。一个成员自幼接受本民族文化的熏陶，从模仿到参与，不知不觉中习得了以自在形态存在的民族文化。民族传统体育文化，或源于生产劳动，或根植于节日庆典，或附身于宗教民俗活动，以自在的形式将民族意识、文化精神和价值追求融入民族成员的生活血脉之中，自发地存在并发挥规范作用。裕固族是古代回鹘人和蒙古人的后裔，历史上曾是游牧民族，自幼生活在马背上，喜欢赛马。裕固族孩子在襁褓中便由父母抱着或背着骑在马背上，感受马儿飞奔的速度，记录成长历程。在日常生活中，裕固人借助身体语言，将骑马技艺传递给了下一代。每逢传统节日、祭祀、婚礼，裕固族青年男女都要展示日常习得的技能，比试骑术高低、坐骑优劣。传习骑马、举行赛马，这些行为本身就是文化的传承过程。美国文化学之父怀特认为，符号是所有人类行为和文化的基本单位。他说："所有人类行为起源于符号的使用。正是符号才使得我们的类人猿祖先转变为人，并使他们成为人类；也正是由于符号的使用，人类的全部文化才得以产生并流传不绝。"②依靠符号传递，民族传统体育文化实现了代际传承。把民族传统体育文化传承的基本特征归结于符号传递，恰恰印证了卡西尔的说法——"符号思维和符号活动是人类生活中最富于代表性的特征，并且人类文化的全部都依赖于这种条件"③。

民族传统体育文化是一种动态的肢体符号，可以跨越语言障碍进行交流与传播，这是身体文化的独特性标志。作为符号系统，民族传统体育文化打上了人的

---

① 杨庭硕，罗康隆，潘盛之. 民族、文化与生境 [M]. 贵阳：贵州人民出版社，1992：2.
② 莱斯利·怀特. 文化的科学：人类与文明研究 [M]. 纽约：格罗夫出版社，1949：22.
③ 卡西尔. 人论 [M]. 上海：上海译文出版社，1985：34.

烙印，并借助肢体语言传递、展示和表达着自我生存的意义。随着时代的变迁，传统体育文化已经成为民族的标签，武术更是代表中国文化的一张名片，具有鲜明的符号特征。从历时性角度看，对人生存的意义是民族传统体育文化传承的强大生命力；从共时性角度看，保持自身的符号价值是民族传统体育文化传播之精髓。

第六节　西北走廊民族传统体育文化传承的本质

世界包罗万象，复杂多样，山川、河流、太阳、草原、猴子、大象、玉米、房子、人，各具特色。不言而喻，万事万物的表面区别异常明显，无须证明。差异性的存在，说明此物就是此物，而非他物。石头就是石头，不是山川，也不是草原；大象就是大象，它不是猴子，更不是人。现象是事物的一个方面，现象上的差异与事物的本质有关，这是因为，本质是事物本身固有的、稳定的属性，从根本上决定着"一物为此物而非他物"。对于认识事物而言，人们主要通过现象探寻世界上万事万物的本质，回答"是什么"的问题。自从体育诞生之后，对其思考和认识也就开始了，从未停止。从不同的侧面，先后提出了体育本质"游戏说""教育说""体能说""育人说""行为说"等观点，至今仍然争论不休。列宁认为："人对事物、现象、过程等的认识深化的无限过程，从现象到本质、从不甚深刻的本质到更深刻的本质；"[①] 可见，对事物的认识并非一蹴而就，而是螺旋上升的渐进过程。

本质是事物的规定性。言说某一事物，须以本质作为逻辑起点和逻辑终点。世间万物，存在形式不外乎两种：事和物，以物的形式存在着的存在，其天然存在的固有属性易于认识，而以事的形式存在着的存在，其发展变化的内在属性较难把握。基于这种差异，有人提出"物本一、事本多"的观点。实际上，事物的属性很多，能够区别于他物的根本的规定属性是单一的，决不是多元的。作为人类的实践活动，民族传统体育文化传承是以"事"的形式存在着的，因而在回答"文化传承是什么"（即区别于其他事物的根本的规定属性，或者隐藏在事物内部不变的性质）时需要层层剥开表层的现象"掩体"，揭开民族传统体育文

---

① 列宁. 哲学笔记 [M]. 北京：人民出版社，1993：239.

化传承本质的真实面目。

　　直观的看,民族传统体育文化传承是纵向的文化基因传递过程,类似于田径项目的接力跑。传者把"接力棒"——民族传统体育文化传递给继承者,继承者再把"接力棒"传递给下一代继承人手中,这种纵向的文化传递就是传承过程。但是,民族传统体育文化传承与田径运动中的接力棒交接又有一定的差异。作为接力跑的接力棒,在交接过程没有发生任何变化,是以原物的形式传递的,而文化传承过程的"接力棒",是以符号形式存在的肢体动作与身体行为,主体间通过介质进行传递,无法直接交接(器物文化除外,如刀、枪、棍、剑、弓、箭、秘籍等),动作携带的信息在编码、解码时有或多或少的遗漏和变化,但核心信息一般不会发生变化和遗漏。准确的说,民族传统体育文化传承更像人类生物基因的代际传递过程,也就是人类自身的繁衍与生产。

　　1865年,奥地利生物遗传学家孟德尔(Mendel)通过豌豆杂种回交(Backcross)发现了分离定律和自由组合定律,并提出了"遗传单位"的概念,奠定了生物遗传学基础。20世纪初期,美国生物学家摩尔根(Morgan)的果蝇杂交实验获得成功,证实了染色体遗传的机制——连锁与交换定律,正式提出了生物基因遗传学说。科学实验不但揭示和解释了生物遗传的关键因素,即基因的复制、遗传与变异,而且为文化研究提供了思路。1976年,英国科学家道金斯在《自私的基因》一书中提出了"文化传播单位"的概念,用以表述文化的传播与复制。他说:"我们需要为这个新的复制者命名——也许这是一个能传达'文化传播单位'的概念名词,或是能够描述'模仿'行为的单位。'谜拟子'(mimeme)一词源自希腊字根,它的意义很适合我们的要求,但是希望它读起来像(gene)这个单音符的字,但愿我们的同行朋友原谅我们把'谜拟子'改成'拟子'(meme),即去掉词头mi。这样也可以联想到跟英文的'记忆'(memory)一词有关,或是联想到法文的'同样'或'自己'一词了。"[①]

　　在"拟子"被提出之后,他继续解释到:"'拟子'的例子太多了,旋律、观念、宣传口号、服装的流行、制罐或建房子的方式等文化都是。正如同在基因库中繁衍的基因,借助精子或卵子,由一个身体跳到另一个身体进行传播;拟子库中的拟子,其繁衍的方式是经由所谓模仿的过程而发生的,他将自己从一个头

---

① 理查德·道金斯. 自私的基因[M]. 卢允中,张岱云,王兵,译. 长春:吉林人民出版社,1998:242-243.

脑传到另一个头脑。"①

基于生物基因遗传学说的"拟子"概念，为文化人类学研究提供了新的视角，为解释文化传承提供了一种可能的路径表达。1998年，道金斯的学生布莱克摩尔（Blackmore）出版了《谜米机器——文化之社会传递过程的"基因学"》一书，借助基因学解读文化的复制与传递过程。此后，"拟子"成为文化传递的一个基本单位，被文化研究者认同与追捧。欧美学者林奇、威尔金斯、海利根、莫里茨、比亚内斯坎及国内学者米文平、刘长林、刘植惠、徐杰舜、王东、毕文波、吴秋林等人都利用文化基因进行文化解释与研究。云南民族大学赵世林教授把文化传承看作是"一种纵向的'文化基因'的复制"过程。这些研究为探索民族传统体育文化传承本质，提供了宝贵的经验。

从民族传统体育文化传承的过程来看，肢体动作是携带信息的符号，是文化传递的基本单位。肢体动作的不同组合，就是文化的编码过程，表述着不同的文化意义。在生物学上，基因是带有蛋白质编码的DNA片段，是控制生物性状的基本遗传单位。如果把肢体动作看作是民族传统体育文化的基因表达，那么其存在形式应该是一系列的文化编码，在结构上完全可以在代际之间进行传递。传者把民族传统体育文化进行编码，形成元符码，并把编码方式、规则及符号意义讲述给继承者，继而通过动作模仿传递完整的文化符号，继承者在习得动作的基础上对符号进行解码，从而完成肢体文化的符号传递过程。通过符号传递，民族传统体育文化实现了纵向的传承和横向的传播，保证了文化的自我复制。但是，文化的自我复制和传递不是自发的，而是由人来完成的，文化在主体间的传递经过了"人"的加工与转化，因而信息不可能被完全复制。可以说，民族传统体育文化传承在一定程度上保持了原有基本信息的持续性和稳定性，也存在着个别信息的遗失和转义问题。究其原因，与传承人的主观能动性有关。为了生存，人类创造了基本的肢体动作，跑、跳、投、推、拉、旋、举、踢、停、起、屈、伸，这是体育文化基因的初始点或原始发生点。随着人类的发展，这些动作被组合成为一系列的结构，形成了人类文化的初始点。这种单纯摆脱生存的动作组合，是人类自身力量对象化的结果，标志着原始文化的诞生。原始文化出现后，不断的演化与分化，在不同的节点衍生出了不同的文化类型，肢体文化就是其中之一。

---

① 理查德·道金斯. 自私的基因 [M]. 卢允中，张岱云，王兵，译. 长春：吉林人民出版社，1998：242-243.

原始的肢体文化，成为民族体育文化的母体，孕育出了独具形态的民族传统体育文化。肢体动作及其组合形式的多样性，决定了民族传统体育文化的多样性；不同的符码及编码/解码方式，决定了民族传统体育文化的意义表达。

民族体育文化是人类适应自然的产物，最终要服务于人，要对人类自身进行塑造，起到"化人"作用。文化实现"化人"功能，前提条件就是把创造的文化传承下来。传授和继承均属人为活动，主体意识和能动性发挥着重要的作用。每个人有自己的知识架构和悟性空间，也有文化继承的选择权和创造权。传者在编码过程中融入自我意志，按照既定方式传递民族传统文化。对于族际共享文化或者以自在形式存在的民族体育文化而言，尚未形成统一的客观标准，传者众多，因而出现文化理解不一现象。继承人个体差异较大，在接收到文化符号后会根据自己的知识架构进行二次加工和创造，打上自我烙印，继而传递给下一代。无论在哪一层面，民族传统体育文化都是保留原有文化基因基础上的"新文化"，不存在所谓的原生态文化。对于以自觉形式存在的民族体育文化，虽然传者资格和文化标准相对规范，但是无法忽视传承人的能动性，文化之变同样在所难免。考察文化之变，须以时间为序。假如以传者作为起点，承者作为终点，民族传统体育文化以符号形式在主体间传递，并未改变其质的规定性，只是符号携带的信息数量略有增减。从起点到终点，民族传统体育文化与主体实现了有机的结合与互动，主体传承文化的过程，恰恰是文化塑造人的过程。这一过程中，民族传统体育文化被再次生产，从而实现了文化自身的延续与发展。

文化基因的客观存在，确保了民族传统体育文化可以复制和传递，但这不是文化传承的本质。如果将文化传承的本质看作是基因的自我复制，那么就会犯简单化、教条化错误。毕竟，文化基因很难像生物基因那样完整的自我遗传，主体拥有文化的选择权和创造权，文化传承不是简单的文化基因复制和传递，而是一种文化的自我演化和自我发展。纵观人类历史，体育文化总是在不断积累和发展中日益丰富，工具理性也慢慢演变为价值理性，原始文化形态逐渐走向高级文明形态。最初创造体育文化的人已经死亡，但其创造的文化却仍然活着，即便是一代又一代的人离开，民族体育文化仍然能够延续和发展，逐渐形成传统。民族传统体育文化的发展演变，离不开人的创造性活动，离不开主体对文化的传承。从民族体育文化的始发点开始，每一次代际传承都会对原有文化进行生产与再生产，衍生出更多的文化因子和苞芽，以适应人类社会发展之所需。显然文化传承的本质，就是主体对民族传统体育文化的再生产过程。

把文化传承的本质归因于主体对文化的再生产，早已有之。20世纪70年代，法国著名思想家、文化学家布迪厄（Bourdieu）提出了文化再生产理论。他认为，文化以再生产的方式自我延续和不断演进，维护和推动着社会制度和秩序的稳定发展。作为社会再生产的一个维度，文化的再生产使自身处于动态发展变化中，形成强大的资本体系，通过教育手段把隐藏在制度背后的社会结构和权力关系保留了下来。的确，文化始终在发展变化，这是传承的结果，归根结底是主体创造性的体现。人创造文化，文化反过来塑造人。婴儿呱呱坠地，就落入了文化的包围圈，开始了社会化历程。从某种意义上讲，人的社会化就是人的"文化"化。这是因为，人的精神信仰、心理素质和行为习惯决不是与生俱来的，而是源于文化基因的承袭，属于后天生活过程中文化熏陶与塑造使然。欧洲贵族阶层张弛有度的手势、体态和步姿，是文化继承过程中获得的精神性特质，根植于马术、高尔夫、礼仪等文化之中，贵族阶层有时间和资源来规训身体。相比而言，工薪阶层一般选择直接提高体力的体育运动，塑造强有力的身体肌肉。在形塑方式上，贵族和工薪阶层的选择性差异，反映出权力、资源和文化资本的占有量，并通过文化传承将这种社会关系再次生产出来，最终体现于身体，即文化塑造身体，身体展示文化。不同社会阶层"赋予特定身体形式的符号价值是相当不平等的"[1]，这一点对文化再生产理论非常重要，因为"被再生产的，不是一成不变的文化体系，而是在既定时空之内各种力量相互作用的结果"（Bourdieu，1971）。在文化传承的内容选择上，统治阶级接纳与其身份对应的象征文化符号来维护其社会地位，往往不接纳符号价值较低的肌肉文化类型。这是博弈之后的理性选择，也是体育运动场域的文化逻辑。

布迪厄用"再生产"一词，准确地描绘出了文化的动态发展过程。一方面，文化以再生产的方式实现自我演化、优化与进化，从而保证了人类精神的积累与丰富，为社会化提供了"化人"工具；另一方面，文化通过再生产实现统治阶层权力的延续，客观上维持了社会秩序的稳定运行。纵观《教育、社会和文化的再生产》《区隔》《再生产：一种教育系统理论的要点》《继承人》等系列著作，布迪厄的文化再生产理论主要侧重于揭示权力支配与被支配之间的关系，以及这种关系被"合法化"再生产的过程。出生在不同家庭的民族成员，他（她）所能够继承的文化资本总量是不同的，导致成员个体的社会地位出现差异。拥有不

---

[1] 克里斯·希林. 身体与社会理论 [M]. 李康，译. 北京：北京大学出版社，2010：127.

同权力的社会阶层，通过文化资本的生产与再生产，获得相对更多的利益和更高的社会地位。在资本的积累、转换、继承和再生产链条中，文化成了社会区隔的标志。毫无疑问，布迪厄的理论聚焦于再生产过程中文化对人的价值与贡献，而对文化自身的再生产与主体生产文化的关注不够。一方面，文化是发展变化的；另一方面，文化与人是分不开的。离开了文化，人与动物不再有本质区别；离开了人，文化就会"消失"，成为永远的过去。人类发展史表明，文化在不断的发展、演变和进化，最终会走向它的高级形态（文明）。这种自我演变与进化，是人类社会发展的时代要求，也是文化传承的本质——一种基于符号传递的文化基因再生产。

"根据唯物主义观点，历史中的决定因素，归根结底是直接生活的生产和再生产。但是，生产本身又有两种。一种是生活资料即食物、衣服、住房以及为此所必需的工具的生产；另一种是人自身的生产，即种的繁衍。"[①] 恩格斯的论断，对社会的再生产做了高度概括，揭示了人类社会发展的基本规律，具有重要的理论意义。随着时代的发展，这一历史性总结表现出了时代的局限性，假如没有文化的再生产，传统就不会形成，人的社会化何以实现？即便生活资料生产本身包含着部分器物文化和制度文化的再生产，那也无法替代精神文化的再生产，这样的社会再生产至少是不全面的。布迪厄的文化再生产理论，在一定程度上弥补了恩格斯社会再生产理论的不足，为认识社会文化变迁、人类进化与文化互动提供了必要的理论解释。在这个意义上讲，文化的再生产、生活资料的再生产与人类自身的再生产，共同构成了社会的再生产。

民族传统体育文化是人类文化的重要组成部分，其传承遵循母体文化的共同规律。按照三段论式演绎推理，文化传承的本质是文化的再生产过程，民族传统体育是文化，那么民族传统体育文化传承的本质也就是文化的再生产过程。

---

① 马克思恩格斯选集：第4卷[M]．北京：人民出版社，1972：2．

第五章　西北走廊民族传统体育文化嬗变研究

第一节　文化嬗变

庄子说："物之生也，若聚若驰，无动而不变，无时而不移。"① 自然之物尚且如此，人造之事岂能不变？毋庸置疑，世间万事万物处于不停的发展变化中，每时每刻都有细微的变化发生。在某一时间节点，人体内会有细胞死亡，同时也有新生细胞出现，这种表面难以察觉的变化，却是一种客观存在。生长、开花、结果、衰老、死亡的一次又一次轮回，印证了事物发展变化的必然性。文化是人类生活方式的凝结、记载和表达，并不是一成不变的。张岱年、方克立认为："文化是一个生生不息的运动过程。任何一种民族文化，都有它发生、发展的历史，都有它的昨天、今天和明天。"② 古代人穿长袍马褂，现代人则西装革履；古人之乎者也，今人不再斯文；古代的篱笆小院，今人的高楼别墅；古人年节叙旧，今人视频聊天。这样的古今对比不胜枚举，历时性之变在所难免，尤以现当代最为明显。20世纪50年代，有人穿西装将是全中国的新闻；80年代，女性穿露脐装会引来无数白眼；当今，比基尼、吊带裙、短裤外穿已经见怪不怪。服饰及文化观念之变，仅是冰山一角，几乎所有的人类文化都经历着或正在经历着变迁。恰如张文勋、施惟达、张胜冰等人所言："世界上的不论哪种文化，都是处在不断的发展和变化之中，都在不同程度地经历着由生长、发展、变化、衰朽和再生的过程。"③

---

① 庄周. 庄子·秋水 [M]. 雷仲康，译注. 沈阳：辽宁民族出版社，1996：167.
② 张岱年，方克立. 中国传统文化概论 [M]. 北京：北京师范大学出版社，2004：7.
③ 张文勋，施惟达，张胜冰. 民族文化学 [M]. 北京：中国社会科学出版社，1998：172.

从哲学上讲，变是绝对的，不变是相对的。"文化发展和变动几乎是绝对的，不容置疑的。历史在这漫长而又短暂的岁月中显露着它变化多端的风貌，数千年的文化史，变化和发展是常态，这是历史发展已形成的事实。"[①] 武术乃国粹，技击为其本质功能，后衍生出健身、娱乐、表演之功效，名称也是几经递嬗，无不体现文化的动态变化。《诗经·小雅》云："无拳无勇，职为乱阶"，拳勇之名，始于此。春秋称为武艺，战国曰技击，到了汉代，则称之为技巧。《汉书·艺文志》载："技巧者，习手足，便器械，积机关，以立攻守之胜者也。"[②] 明清称为技艺、技勇，20世纪初期称为武术、国技，1927年改称为国术，如今也称为武术。从武术形式的演化来看，单个技击动作已经发展为套路、散打与功法，均已构建出了完整的内容体系。管中窥豹，可见一斑。武术文化的嬗变，代表着变迁的中华民族传统体育文化。移日人类，世代不断更迭交替，才有今天的辉煌；古往今来，体育文化累积演变，足以引人自豪。在这里，时间成为人类社会文化发展变化最好的参照系，纵时而论，变即永恒。时光如梭，以至于子在川上曰："逝者如斯夫，不舍昼夜。"当人们感叹时间飞逝之际，朱熹却道出了孔子的思索和言外之意——"天地之化，往者过，来者续，无一息之停，乃道体之本然也。然可指而易见者，莫如川流，故于此发以示人。"[③] 由此可见，变乃世间万物的永恒规律。作为人类创造物，民族体育文化同样处于永恒的变化之中，这是不以人类意志为转移的客观规律。

历时态视野中，人类文化不仅仅是积累进化，也存在着衰减和遗失现象。公元前2500年以前，玛雅人开启了举世瞩目的文化创造之旅，天文、历法、数学、农业、建筑、雕刻、绘画、青铜艺术，无不令人神奇和羡慕，然而在经历了繁盛期之后的神秘衰落，以至于人们只能在蒂卡尔城（Tikal）遗址中探寻当年玛雅文化的辉煌。纵观人类发展史，文化遗失现象时有发生，很难全部传承，即便是绵延数千年从未中断的中华文明，部分民族文化也早已消失，永远尘封在历史的记忆中。以民族传统体育文化为例，蹴鞠、马球、步打球、捶丸、投壶，都曾风靡民间与宫廷，最终未能延续至今。4世纪初，鲜卑慕容部一支西迁后建立了吐谷浑政权，在长期驯马过程中创造出了民族体育项目舞马，曾作为象征性民族文化呈贡唐宋皇帝，之后就销声匿迹，不见于史。不难发现，变是人类社会文化发

---

① 许明，花建. 文化发展论［M］. 北京：北京大学出版社，2005：19.
② 班固. 汉书·艺文志［M］. 颜师古，注. 北京：北京商务印书馆，1955：55.
③ 朱熹. 四书集注·论语·子罕篇集注［M］. 上海：上海广益书局，1909：74.

展过程中的永恒现象，不变只是相对现象。"正如没有哪个人永远不死，也没有哪种文化模式永远不变。因此，人类学家要求理解文化变迁是怎样出现的以及为什么会出现变迁"①。人类文化研究过程中，更多的学者聚焦于文化的进化变迁，对文化衰减和遗失现象解释不够。

梳理人类学学术史，最早关注和解释文化变化的是古典进化论学派，代表人物有泰勒、摩尔根、弗雷泽等人。路易斯·亨利·摩尔根以生产的进步和工具的发明为标准，把古代社会分为蒙昧、野蛮和文明三个时期，提出各地人类都要经过同样的阶段，从简单走向复杂，从低级走向高级，每个时期都有特定的文化被创造出来。摩尔根用单线进化论试图解释世界各地文化的发展，成为古典进化论者的代表人物之一。古典进化论学派以"人类心性的一致性"解释文化发展的普遍共同性，忽视了文化的多样性、地域性以及发展过程中文化特质的采借现象。针对文化单线进化理论的不足，传播论学派、历史学派和功能学派相继诞生。传播论认同文化的历时性变化，却刻意回避甚至否认人类的文化创造能力，从传播的视角解释文化横向扩散与发展变化。传播论先锋人物英国的"泛埃及主义"者史密斯认为，文化一定是某种环境下特殊民族创造出来并传播至世界各地，这个始发地就是埃及，其他地区只是在借用埃及文化的基础上产生的。德国和奥地利的传播论学者也否认人类的创造性，同样强调文化特质借用的重要性，只不过用文化丛的概念分析变迁过程。历史学派既反对古典进化论的观点，又反对传播论构建的庞大体系，用文化区为核心概念进行理论建构，代表人物为美国的博厄斯。博厄斯认为，每个民族的文化都有自己独特的历史，其发展受文化内部和外部环境的影响，只有通过追踪才能发现文化的动态变化。"历史学派想专靠追寻文化传播的路线。这派学者否认自动进化的重要性，而认为在文化的发生中最重要的部分是在模仿，或借用传人的器物及风俗。"② 尽管历史学派的理论建立在文化模式中相似性和差异性基础之上，但存在着过分强调环境决定论的色彩，在方法论上采用决定文化要素的相同标准略显不足。

20世纪初期，以马凌诺斯基为代表的功能学派诞生了。该学派从人类日常生活中的文化事象入手，分析和解读野蛮社会人类文化的功能，提出一切文化要素"都是在活动着，发生作用，而且是有效的"②动态性观点。在马凌诺斯基看

---

① C.恩伯，M.恩伯.文化的变异[M].沈阳：辽宁人民出版社，1988：531.
② 马凌诺斯基.文化论[M].费孝通，译.北京：华夏出版社，2002：13-15.

来,现存的社会制度都在处于不断的改变之中,这种改变以文化事象的功能变化、消失与替代来实现。英国功能学派的另一代表人物拉德克利夫·布朗直接把功能与结构联系起来,认为文化只是社会体系的特征,应该把它放到整个社会结构体系中研究,才能找到文化发展变化的规律。这一时期与功能学派出现的还有心理学派,他们以文化与人格为主题,把心理因素看作是文化变化的动因,研究文化适应的心理过程,以及文化对人格的塑造问题。"虽然心理因素说看到了文化变迁的深层结构的复杂性,但是它忽略了一个最基本的常识,即人类心理乃是社会文化发展的产物,而不是相反"[1]。显然,心理学派的理论存在着先天的不足,因而无法解释文化之变,倒是新进化论者给文化变迁研究注入了新的活力。以怀特、斯图尔德为代表的新进化论学派,先后提出了文化发展的能量理论与多线进化理论。莱斯利·怀特认为,文化包括技术的、社会的、思想的3个子系统,其中技术系统是文化进化基本规律的首要推动力,社会系统和各种思想则是技术的功能。怀特坚持文化依自身的规律进化,并以能量利用为基础,给出了文化进化的测量尺度与公式[2]。斯图尔德没有像怀特那样去寻找文化进化的普遍规律,而是致力于探索文化变化的泛文化规则,即多线进化理论。在斯图尔德眼里,任何文化都是特定而具体的,其进化是适应人类社会变化的具体过程,因而摩尔根的单线进化理论、怀特的普遍进化理论是站不住脚的。作为同时代的文化学者,"他的阐述促使怀特批评他是历史学家而不是人类学家"[3]。针对两人的学术观点,萨林斯认为其实并不矛盾,怀特的理论属于"一般的进化"解释,斯图尔德的理论属于"特殊的进化"解释,是两个不同的真实侧面。"一方面,文化化进化已经产生不断发展的更高水平的组织:呈现更大的复杂性和更全面的适应性系统。(萨林斯)称这个过程或方面为普遍进化。另一方面,各种新文化形态出现时,都经过一个向外传播和适应其特殊总体环境的不可避免的过程。因而,他称这个过程或方面为特殊进化。"[3]

新进化论学派中,既有对普遍进化的理论构建,也有对特殊进化的理论解释,但都存在着一定的局限性,认识仍然在继续。马克思主义者则从生产力与生产关系、经济基础的变革中寻求文化变化的理论依据。这些不同学派的文化理

---

[1] 司马云杰. 文化社会学 [M]. 北京:中国社会科学出版社,2001:325.

[2] 该公式即 $C = E \times T$,C 代表文化发展,E 代表人均年用能量,T 代表开发能源的工具与技术水平。莱斯利·怀特. 文化的科学:人类与文明研究 [M]. 纽约:格罗夫出版社,1949:368.

[3] 克莱德. M. 伍兹. 文化变迁 [M]. 何瑞福,译. 石家庄:河北人民出版社,1989:3-20.

论，对我国民族文化研究乃至民族学起到了非常重要的作用，主要表现在培养了一批优秀的中国籍学生，成为中华民族文化研究的领军人才。著名的民族学家、教育学家、民主革命家蔡元培先生曾两度留学德国，接受了经典进化论学派的教育，回国后开启了中国民族学研究的大门。该学派的中国传人还有刘咸、江绍原，分别师承英国进化论学者哈顿、泰勒和弗雷泽，回国后在民族文化研究上成绩斐然。在德国汉堡大学和柏林大学留学的陶云逵，继承了传播学派的理论观点，回国后从事彝族、纳西族和傣族文化研究工作。历史学派的中国传人众多，其中黄文山、戴裔煊、吴泽霖的影响较大。功能学派对我国民族文化研究影响最大，代表性学者有吴文藻、费孝通、林耀华、李安宅，其中吴文藻是引进功能学派的先驱人物，费孝通则是功能学派中国化的典型代表。正是在这些老一辈学者的努力下，中华民族文化研究初具特色，理论论证严谨，重视文献与实证的有机结合，形成了民族文化研究领域的"中国流"。

  对不同的学术流派而言，文化所表征的意义并不相同，因而对文化研究的目的也是不一样的。进化论者通过文化呈现某一族群的社会发展阶段，功能学派则通过文化揭示某一民族社会的内部秩序。文化之变，在一定程度上反映着某一群人的社会内部秩序变动，以及社会发展阶段的跃迁，正所谓文化变迁史就是一部人类史。"文化都是处于不断的变迁当中，形成了所谓的变迁文化，这是从文化变迁的普泛性上说的，这种变迁的普泛性，被认为是整个社会文化系统中的一种恒定的因素"[①]。恰如美国文化人类学家克莱德·伍兹所言："变迁是所有文化和社会制度中的一种永存的现象。"[②] 不管是在传统社会，还是现代社会，文化始终在变，只不过在不同时期变的形式、速度是不一样的。不论在哪一方面，传统社会文化变化相对较慢，现代社会文化变化相对较快。近年来，文化变化速度之快令人措手不及，新的文化特质尚未完全适应，更新的文化特质已经形成。文化变迁正已迅雷不及掩耳之势波及整个地球村，民族文化面临着转型与适应时代的新使命。我国是多元一体的民族国家，不同地域、不同民族、不同层面的文化呈现出或明或暗、或快或慢的变化特征。随着现代化、城市化和全球化进程的加快，民族传统文化正在或显或隐的发生着变化，中央民族大学、中国民族理论与民族政策研究院院长金炳镐教授把它归结为民族文化的嬗变。

---

① 张文勋，施惟达，张胜冰. 民族文化学 [M]. 北京：中国社会科学出版社，1998：174.
② 克莱德. M. 伍兹. 文化变迁 [M]. 何瑞福，译. 石家庄：河北人民出版社，1989：3-20.

宽泛意义上，文化嬗变是指文化特质的增加或者减少引起的结构性改变，这种变化具有正向效应、负向效应和零效应。通常情况下，文化进化所产生的效应是正向的、进步的、积极的，负向效应大多是由于文化特质的遗失而造成的，但部分文化特质的遗失并不会产生负向效应，甚至会产生正向效应或者零效应。显然，文化嬗变是一个复杂的过程，需要多方位分析，不能简单化描述。文化一旦创造出来，嬗变的可能性随即出现，只有通过历时性对比，方能发现文化的具体变化情况。历时性视野中，文化传承与嬗变同时存在，构成了文化的维度。姑且以西北走廊蒙古族传统文化那达慕为视点，透视文化的传承与嬗变。

那达慕是西北走廊蒙古族的民族节日，周期性的重复保证了文化的延续和记忆的存储。每年夏秋之季，草绿马肥的草原上迎来一年一度的那达慕大会。节日的重临，再次点燃了西北走廊蒙古族集体的历史记忆，人们以固定的程式重复往年的庆典，续写本民族的节日文化。在某种意义上，民族节日的核心是文化传统。不管是仪式叙事，还是文化展演，实质上都是通过行为讲述蒙古族人的古老历史和传统文化。"节日和仪式定期重复，巩固认同的知识的传达和传承，并由此保证了文化意义上的认同的再生产"[1]。节日文化空间中，祭祀敖包是一种仪式性关联，旨在连接、约束与规范民族成员；"男儿三艺"则是具有核心象征的符号，集中体现着蒙古人的民族精神。奔放激荡的赛马、刚健强悍的射箭、顽强不屈的摔跤，都包含着蒙古人尚力崇身的存在哲学。这种身体文化的形成，既是适应环境的结果，也是本土化的缄默知识。恰如邢莉所言："跻于世界之林的蒙古民族，在追求一种壮美，一种阳刚之气，一种生命的博大与永恒。"[2] 这样的行为活动与其说是庆祝节日，倒不如说以节日的时间结构和仪式的叙事方式诠释、展示和践行传统文化。由此可见，节日是民族文化传承的主要载体。

然而，"重临的节日所庆祝的既不是别的什么，也不是对原初的东西的单纯回顾"[3]，而是"现时化"蒙古族人的历史文化，这一过程本身也构成历史。伽达默尔认为："如果把节日的重临与对时间的通常感受和它的向度牵扯到一起，那么节日就显得是一种历史的时间性。每一次节日都有所不同，因为在节日的同时性中总有某种另外的东西出现。尽管从历史的角度来看，节日就是这同一个节日，但它

---

[1] 杨·阿斯曼. 文化记忆：早期高级文化中的文字、回忆和政治身份［M］. 金寿福，黄晓晨，译. 北京：北京大学出版社，2015：52.
[2] 邢莉. 游牧文化［M］. 北京：北京燕山出版社，1995：448.
[3] 伽达默尔. 美的现实性［M］. 张志扬，译. 北京：三联书店，1991：117.

仍然经历着变化。原本是什么就庆祝什么，结果次次不同，一再不同。"①

事实上，任何文化都不是一成不变的，都在不断的解构与重构。顾实汗统领西北蒙古族期间，不但延续了议事会盟制度，而且结合海神崇拜创建了祭海会盟制度，会后赛马、摔跤、射箭。现代官方那达慕大会，开幕仪式出现了升国旗、奏唱国歌、领导致辞、燃放烟花、明星助唱，比赛项目也增加了赛骆驼，分类细化了赛马，活动内容出现了民族服饰展示、搓绳子、说唱及拉利比赛。传统的嬗变，既是人类创造力与文化内部潜力作用的结果，又是社会发展的使然。文化记忆关注的某一历史焦点，被凝结成易于表达的象征物，在传承、展演和解释过程中体现时代特色。毕竟，能够被记忆的历史，并非历史本身，而是附加了意义的历史叙事，即人们借助当下的参照框架重构"过去"。法国学者刘易斯·科瑟认为："集体记忆在本质上是立足现在而对过去的一种建构。"② 在一定程度上，这种建构晦涩反映着当下地域政权与社会文化的关系。顾实汗时期的祭海祈福，看似神事，实则为类似"君权神授"的象征性陈述形式；会盟后的纪念庆典，极尽欢腾之能事，旨在唤醒集体历史，复苏文化记忆，具有维系族群认同、增强民族凝聚力的作用。从功能上分析，祭海会盟的政治功能不亚于文化功能。改革开放以来，西北走廊蒙古族那达慕更多的展现出文化功能，经济功能也是日益浓厚，国家权力在场但政治功能成为剩余性因素。这种变迁是文化传统理性化重构的结果，也是文化适应生境的表征。社会经济形式的解体、传统生活方式的消亡、伦理价值秩序的崩溃以及宗教的世俗化，必然导致文化传统的解构，继而在权力关系、内容与功能方面进行重构。

世代相传的东西，谓之传统。"一个民族的传统无疑与其文化密不可分，离开了文化，便无从寻觅传统；没有了传统，也就不称其为民族的文化"③。由此可见，文化是体，传统是魂，魂以体为根，体以魂为劲；文化是器，传统是道，道在器中，器不离道。形而上的传统乃是文化的精髓，实质上就是民族精神。蒙古族传统体育文化蕴含着深厚的民族精神，坚忍不拔的摔跤、胆技双全的赛马、刚健沉稳的射箭，影响了一代又一代的蒙古族人。作为迁徙民族，西北走廊蒙古族至今保留、延续与拓展着自己的文化传统，弘扬着尚力崇勇的民族精神。毋庸置疑，以"男儿三艺"为核心的那达慕，是蒙古族的文化传统，也是社会结构

---

① 伽达默尔. 美的现实性 [M]. 张志扬, 译. 北京：三联书店, 1991：117-118.
② 莫里斯·哈布瓦赫. 论集体记忆 [M]. 毕然, 郭金华, 译. 上海：上海人民出版社, 2002：59.
③ 庞扑. 文化传统与传统文化 [J] 新华文摘, 2003, (9)：134-137.

的一个向度。传统在代际之间保持了连续性和统一性，使得蕴含其中的民族精神延传至今，成为流淌在西北走廊蒙古族人身体里的血脉。在不同历史时期，传统不断解构与重构，"新显性因素"取代"剩余性因素"逐渐成为"主导性因素"，过去的存在变成历史，因而也就建构了不同的文化记忆。作为表意象征，传统所投射的社会结构和宇宙论结构，恰恰是蒙古族社会秩序和生存意义的真实写照。

第二节　西北走廊民族传统体育文化嬗变的类型

文化是有差异的。比如，白色在西方文化中象征着纯洁，而在中国文化中被视为不祥之兆，这是一种文化观念上的差异。再如，日本武士道在完成主人交给的任务失败之后，会选择切腹以示忠心，而中国人则喜欢成功之后讨赏，这是一种文化行为上的差异。人创造文化，文化反过来塑造人。文化观念上的差异，最终必然会反映在人的行为上。古希腊三面环海，仅有的土地不足以维持居民所需食物，面向大海成了古希腊人唯一的选择，凶险无常的大海不但铸就了希腊人强健的身体、高超的航海技术、精通的天文知识和善变的思维模式，而且为神灵崇拜提供了心理依据。古希腊神话中，众神之首宙斯及其他天神住在奥林匹斯山顶上，掌管着人间的疾苦与灾难，他们与人同形同在，同样具有喜怒哀乐，人所喜欢的，神也应该喜欢。于是，定期讨好天神的祭祀盛会中出现了身体竞技，"快、强、高"者可以成为英雄被塑像纪念。相反，中国人的文化观念中，神至高无上，人只能尊敬神灵而不能"怪力乱神"。自然，公众场合大声喧哗的人们，一旦进入庙宇，便会鸦雀无声。生活在不同地域的人，文化烙印深深的印在身体上。青藏高原的藏族同胞的脸上布满了毛细血管，环境适应的结果就是形成了"高原红"，同时也会匍匐在山路，用身躯丈量朝圣之路，祈福众生与来世。文化通过身体来展示，所以英国人见面握手，而法国人拥抱和亲吻脸颊。这些都是文化差异的具体表现，无须赘述。

物以类聚，人以群分，类似或者相同便是聚类的标准。文化上的差异，促使研究者对文化进行分类，这样就有了西方文化与东方文化、农耕文化与游牧文化、内陆文化与海洋文化等文化类型。不同类型的文化，都具有相对的稳定性和嬗变的绝对性特征，这是毋庸置疑的。审视民族文化的嬗变，同样存在着不同的形式。从文化发展态势、文化特质和文化模式的变化看，民族文化嬗变包括衰减遗失、积累进化和复兴繁荣三种类型。

一、衰减遗失

衰减主要指文化特质、文化因子或文化模式的衰落减少，从而引起文化结构和功能的弱化。从文化发生学视角看，民族体育文化基因的原点是时间序列与标度的起点，类似于宇宙学上的奇点，这个点之后才有文化特质或文化因子的嬗变发生。在时间序列中，文化被定格和可测量化，成为时间之流中的文化谱系和历史记忆。如果以"当前"作为时间测度点回溯至原点，那么西北走廊民族传统体育文化最明显的嬗变莫过于骑射。骑射是游牧民族的传统体育文化，策马奔腾中挽弓射箭，方显英雄本色。随着摩托车、汽车的大量使用和定居轮牧模式的形成，马的工具价值逐步被替代，游牧民族体育文化中马文化因子自然衰减，于是骑射文化基本消失。当然源于狩猎、盛于战争的射箭，仅在大型仪式中用于竞技和表演，部分游牧民族体育活动中同样难觅射箭项目之身影。西北走廊曾经是回鹘人的游牧之地，也是赛马、摔跤和射箭的文化空间，然而生存于祁连山麓的裕固族却不再射箭，只能在历史书籍、博物馆和网络文献中看到射箭的文化身影。如果以传统社会与现代社会交接点作为时间标度，那么现当代民族传统体育文化整体上处于衰减状态。现代西方竞技体育文化到处可见，相反武术习练人数逐年减少，民族传统体育文化边缘化程度日趋明显，文化危机不再是危言耸听，而是既定的事实。在东乡族、保安族聚居地，已经基本上看不到传统体育文化了，轮滑、篮球、滑雪运动悄然兴起。

表5-1 现当代西北走廊民族传统体育文化衰减

民族	族源	处于衰减状态的民族体育项目
汉族	华夏族	武术、高跷、拔河、摔跤
藏族	吐蕃	射箭、押甲、赛牦牛、拔河
蒙古族		射箭、摔跤、赛骆驼、赛牦牛
回族		武术、蹚棍
裕固族		摔跤、射箭、拉爬牛、拉棍、赛骆驼、套马
东乡族		赛马

(续表)

民族	族源	处于衰减状态的民族体育项目
保安族		抹旗、打五枪、抱腰、夺腰刀、打石头、皮筏竞渡
土族	吐谷浑	轮子秋、赛马、摔跤
哈萨克族		赛马、刁羊
撒拉族		摔跤、拔腰、射箭、打缸、划皮筏、蹬棍、打蚂蚱、踢瓦片、打陀螺、抛石索

无论如何，数量上的减少或者态势上的衰落是一种客观存在，人们在时间之流中能够感觉到这种存在，即从前某种文化因子还在，现在却没有了，或者很少了。古代中国女性的三寸金莲、清代男人的长辫子、孔乙己的长袍，已经完全定格在国人的文化记忆之中。这种文化因子的衰减，似乎并没有影响到主体文化的发展，但若断言所有的文化衰减是一种进步，那么将会犯机械主义错误。譬如，中国医学以身体功能为基，某一功能丧失就必然出现相应的病理症状，症状是表，功能是本，治表须治本。遗憾的是，当代中国未能繁荣中医，藏医、苗医等传统医学已经边缘化。再如，民族体育文化衰减的后果之一，便是身份认同危机。对于文化传统而言，衰减可能意味着一种信仰的萎缩，或者某一活动技能的消失，以及文化知识的使用降低。在这个意义上，文化衰减是令人沮丧的，但文化遗失让人更加沮丧。毕竟，衰减之后的文化还活着，尚且发挥着功能，而遗失则意味着文化的消亡。

民族传统体育文化遗失有两种形式，一种是人类创造的文化未能传递下来，从而导致文化失传；另一种是某些文化不再适合人类社会发展的需要，而且新兴体育文化具有比其更加优越的功能，慢慢的这种文化会消失或被替代。西北走廊曾是民族迁徙的大通道，至今仍然是交通要道，古往今来，流动性仍然是一大特色。先秦两汉时期，匈奴人以其擅长的骑射称霸西北走廊，迫使周边民族习武防御。匈奴西迁之后，"匈奴跤"随之遗失，唯有汉代匈奴角抵铜饰牌保留了其摔跤文化。当然，匈奴人走了，西北走廊骑射文化并未消失，党项、吐蕃、蒙古族人同样创造过辉煌。党项族源于羌，最早聚居在青海南部。《旧唐书·西戎列传》载："党项羌，在古析支之地，汉西羌之别种也。"[1] 党项羌人"迫近戎狄，

---

[1] 刘昫. 旧唐书·西戎列传：第148卷［M］. 北京：中华书局，1975：1422.

修习战备，高上气力，以射猎为先"① "民俗修习武备，高上勇力鞍马骑射"②。崇勇尚武的习俗，奠定了党项族的军事基础，为西夏王朝建立创造了条件。1036年，西夏国王李元昊出兵击败河西回鹘，占据了整个西北走廊。史载李元昊称帝（1038年）前，已经"据夏、银、绥、宥、静、灵、盐、会、胜、甘、凉、瓜、沙、肃诸州立国，而以石堡、洪门诸镇升为洪、威、龙、定四州。又以肃州为蕃和郡；甘州为镇夷郡，置宣化府。东尽黄河，西界玉门，南接萧关，北控大漠，地方万余里"③。人口甚少的党项人，能够与辽、宋、金鼎足而立，得益于善骑射、精武技的尚勇精神。党项民风中，骑射、武术、蹴鞠、泛舟、摔跤皆属民族传统体育文化，"党项马""西夏弓""夏国剑"曾名躁天下。1227年，成吉思汗率军征服西夏，对党项人采取了文化灭国策略，禁止党项人传承本族文化，党项武术就此遗失。

民族主体的迁徙、融合与消失，都能引起部分文化或者文化特质的遗失，党项武术、匈奴跤就是例证。即便民族主体延续存在，也保证不了民族体育文化的传递和继承，也有可能遗失。西汉初，东胡族被匈奴击败，其中一支逃往大兴安岭南麓的鲜卑山，融合形成了鲜卑族。该族于东汉末年分化为东、西二部，东部鲜卑慕容部的一支西迁河湟地区，与当地羌人融合形成吐谷浑。作为迁徙的游牧民族，吐谷浑继承了鲜卑族的传统体育骑射、摔跤、赛马、秋千等民族传统体育文化，而且创造出了具有象征意义的"舞马"。《宋书·鲜卑吐谷浑传》记载："世祖大明五年，拾寅遣使舞马、四角羊。皇太子、王公以下上舞马歌者二十七首。"④ 所谓舞马，就是能舞蹈的马，舞马表演即驯马随着音乐节奏舞蹈，供人观赏。"马知舞彻下床榻，人惜曲终更羽衣。"史料显示，吐谷浑人的"舞马"表演借助音乐间接控制马匹，这与现代马术中"盛装舞步"的骑控完全不同。驯服舞马，自然以良马为基。《太平寰宇记》云："吐谷浑尝得波斯良马，放入海，因生骢驹，能日行千里，世传青海骢者也。"⑤ 吐谷浑的舞马表演，是青海盛产的良马和长期游牧的驯马技术的直接体现。土族系吐谷浑后裔，其传统体育文化中没有舞马的身影及记载，失传早已成为事实。

---

① 班固. 汉书：第28卷 [M]. 北京：中华书局，1962：1644.
② 班固. 汉书：第69卷 [M]. 北京：中华书局，1962：2998-2999.
③ 吴广成. 西夏书事 [M] //龚世俊. 西夏书事校证. 兰州：甘肃文化出版社，1995：143-145.
④ 沈约. 宋书·鲜卑吐谷浑传：第96卷 [M]. 北京：中华书局，1974：2373.
⑤ 乐史. 太平寰宇记 [M]. 北京：中华书局，1999：8.

安多藏族源于隋唐时期的吐蕃，现存民族传统体育有赛马、射箭、押甲、武术、大象拔河、秋千等项目，唯独没能传承击鞠运动。击鞠、击球是马球的别称，汉代有记载，唐朝是鼎盛期。《封氏闻见记》中有"闻西蕃人好打球"的描述，也有击鞠比赛事件的记载："景云中，吐蕃遣使迎金城公主，中宗于梨园亭子赐观打毬，吐蕃赞咄奏言：臣部曲有善毬者，请与汉敌。上令仗内试之，决数都，吐蕃皆胜。"①

可见，击鞠是吐蕃人经常从事的体育文化活动。与吐蕃类似，回鹘人也击鞠，但其后裔裕固人未能传承该项目运动。纵观西北走廊体育史，蹴鞠、击鞠、步打球、捶丸都曾兴盛一时，明清时期衰落，未能传承至今。

表5-2 西北走廊民族传统体育文化遗失情况

民族	传统体育项目	遗失项目
吐蕃	赛马、射箭、角力、击鞠	
藏族	射箭、押甲	击鞠
蒙古族	射箭、摔跤、	
回鹘	骑射、赛马、达瓦孜、武术、秋千、击鞠	
裕固族	赛马、摔跤、射箭、拉爬牛、拉棍、赛骆驼、套马	射箭、击鞠、达瓦孜②
吐谷浑	骑射、舞马、击鞠、秋千、摔跤	击鞠、舞马
土族	轮子秋、赛马、摔跤	

二、积累进化

人猿揖手，开启了人类的文化之旅。为了满足自身需要，人创造了各种类型的文化，交织成人类发展过程中的意义之网。马斯洛把人的需要分为生理、安全、情感和归属、尊重、自我实现五个层次，满足基本生理上的需要之后自然会追求更高层次的需要，正是这种自身发展需要和满足需要之间的矛盾和张力，推动着人类社会的不断进步。需要的层次性和发展变化的必然性，决定了人类文化必须同步发展。从纵时性视角分析，体育文化同样遵循着由低级到高级、由简单到复杂、由少到多的发展历程。在跑、走、跳、投射、击打、旋转等动作基础

---

① 封演. 封氏闻见记：第6卷 [M]. 北京：中华书局，1985：74.
② 达瓦孜在维吾尔族中流传，但是在裕固族已经基本失传。

上，人类或组合、或创新、或拓展、或演变，最终形成了多样性的体育文化活动。原始球类介质主要有丸球和鞠球两种，其中丸球类运动包括毽子、捶丸，进而演化出了毽球、步打球、马球、台球、曲棍球、网球、乒乓球、保龄球等项目；鞠球从民间打毛蛋开始，演化出了蹴鞠、藤球和现代足球、篮球、排球等系列运动项目。西北走廊古代民族打马球、蹴鞠、捶丸、步打球，现代民族踢足球、打篮球和排球，映衬出了体育文化的发展与演进。尽管不同时段民族传统体育文化的发展态势并不一样，但是演进规律和模式有一定的相似性。当人类的需求和生境发生变化时，民族体育文化自身会进行适调和进化，以便满足主体的需求和自我的发展，从而导致新的文化特质出现，文化结构的改变必然会引起文化样式、功能发生相应变化。猎杀动物、与兽搏斗的生存需求孕育出了击打、投射类文化因子，成为武术、射箭、摔跤文化形成的条件之一，战争促使这些文化因子组合、转换和进化，成为武术文化的雏形。古人无法通过简单的工具力量获得必要的生存资料时，需要将这些简单的肢体动作组成一定的结构，以便获得新的力量形式。这种结构性变化使得文化因子具有了文化基因的性质，在此之前的简单动作并不能视为武术动作。从文化基因的初始点看，技击无疑是武术文化的根本。这一工具性目标是创造武术的初衷，在内容上表现为击打的技术和招法，不存在附加的动作，只求一击制胜。在文化基因的结构性基点上，武术的内容和形式开始逐渐衍生。随着古人实践活动的创新和技击类文化因子的积累，某一节点会生长出新的文化功能和形式，"练"成为可能。众所周知，击打的技艺需要日常习练才能精湛，只有闲暇时演练击技，才能在实战中更好的应用。于是，促进技击效果的击技演练出现了，这种演练的直接目标是促进身体强健和击打技术精湛，终极目标指向实战技击。这样，在"打"的形式上发展出了"练"，在"技击"的功能上衍生出了"健身"，可以说文化基因的节点上衍生出了"新枝"，标志着武术文化的进化。长期的积累和发展进化，武术文化衍生出了"演"，通过主体的肢体展示愉悦在场受众，获取必要的报酬，成为文献典籍和文献作品中江湖人士的常用谋生手段。从"打"到"练"，再到"演"，武术文化的功能也从"技击"逐渐拓展到"健身"和"娱乐"，这一过程经历了较长的发展进化阶段，每一阶段都伴随着文化系统其他因子的发生，器械的出现就是其中之一。

人类使用工具由简单到复杂、由低级到高级的发展，无意间暗合了文化的进步。"鉴于文化的功能是满足人的需要，而实现需要的凭借，不管是为了联系环境，还是为了人与人的联系，都得用工具，都得有工艺技术。于是，工具和工艺

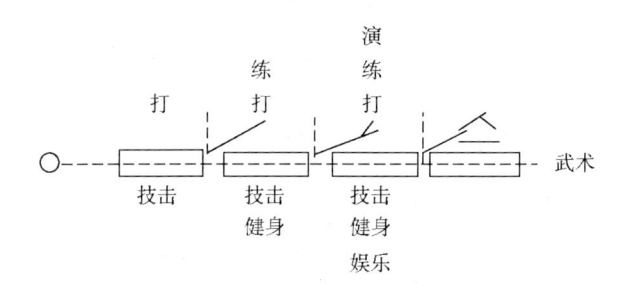

图 5-1 武术文化发展进化图

技术演化的表象,自然而然的与文化本身的进化大致同步了,因而度量了工艺技术也就间接地度量了文化本身。"[1] 这样,文化人类学家怀特用工艺技术度量文化的进化。从最初的"手搏""拳勇",到刀枪棍剑等十八般武艺出现,工具从无到有,工艺技术也是逐步提升,武术文化表现出了明显的发展进化。与此同时,武术文化的表现形式也从最初的单个技击动作组合,发展出了套路、散打和功法。为了便于记忆和习练,人们将若干个击技按照一定的顺序组合起来,逐渐演变出了武术套路形式。将对手悬置起来进行击技操练,武术套路不仅使技击实战发生了场所的转变,而且将武术文化从野蛮带向文明化发展之路。可以说,套路是武术文化表现形式出现了新的发展和走向,归功于文化自身的发展进化。如果说套路是武术文化进化的一个标志,那么散打则是对武术技击的原始保留,毕竟击打之技的最初目标是制胜,需要"击必中""中必摧"。武术表现形式上的差异,实则为不同编码方式之使然。"武术,作为'打'之术,在其发展过程中由于受到(理想和现实)两股力量的影响,也形成了理想化的文化形态(套路)和现实性的运动形式(散打)。"[2] 作为理想化的产物,套路巧妙地处理了对手不在场情境下的击打之术,也模拟出了各种实战场合下的技击组合,不能不说是武术文化进步的表征。

武术文化的演进,是民族传统体育文化发展进化具有普遍意义的案例。西北走廊是华夏文明的发祥地之一,也是游牧文化、农耕文化和商业文化交汇地,在尚武民风的影响下诞生了许多历史名将,以至于先秦两汉期间荣获"山西出将"的美誉。山西,乃崤山以西,主要指关中、陇右地区。《汉书·赵充国列传》记载:"秦汉以来,山东出相,山西出将。秦时将军白起,郿人;王翦,频阳人。

---

[1] 杨庭硕,罗康隆,潘盛之. 民族、文化与生境 [M]. 贵阳:贵州人民出版社,1992:47.
[2] 戴国斌. 武术:身体的文化 [M]. 北京:人民体育出版社,2011:169.

汉兴，郁郅王围、甘延寿、义渠公孙贺、傅介子、成纪李广、李蔡、杜陵苏建、苏武、上邽上宫桀、赵充国、襄武廉褒、狄道辛武贤、庆忌，皆以勇武显闻。"[1]这些以武见长的名将，更多出自陇山以西，在一定程度上加速推动了陇右武术文化的发展进化。单列棍术，西北走廊现存的主要有天启棍、壳子棍、连枷棍、鞭杆等种类，棍术单练套路和对练形式的种类较多，均属武术文化发展进化之结果。土族传统体育项目轮子秋，实际上系秋千的衍生品[2]，最初小孩挂在竖立着的木轮架子车的车轮上旋转，演变为车轮绑上梯子，旋转半径的加大引发了悬垂人数的增多和表演空间的扩大，自然有了各种高难动作的出现。目前，轮子秋表演中经常出现金鸡独立、孔雀开屏、倒挂金钟、雄鹰展翅、蛟龙出海、孔雀三点头、猛虎下山、寒鹊探梅等高难动作，与早期简单的足踩踏板相比，轮子秋技术动作的发展变化不言而喻。如果说吐谷浑的秋千是吸纳他族文化的结果，那么轮子秋肯定是土族人创造的民族传统体育文化，历经演变进化成为民族体育文化的特色。

三、复兴繁荣

19世纪中叶，英国人托马斯·库克（Thomas Cook）利用工业社会的制度性安排成功地孵化出了旅游业，并在20世纪风靡全球。21世纪，旅游已经成为人们的一种生活方式，极大地促进了社会经济的发展。旅游时代的到来，标志着消费结构和消费空间的变化，符号消费出现常态化。受高原地理和常年缺水的影响，西北走廊自然观光资源相对贫乏，山水风情旅游发展异常缓慢。作为古代民族迁徙的通道，人文旅游资源较多，不但有秦长城、大漠雄关、莫高窟等驰名世界的历史遗存，而且拥有游牧民族创造的草原文化。在市场经济的带动下，游牧民族传统体育作为经济资源和文化资源，在民族地区旅游业中充当着重要的角色，成为展现民族文化的一个"视窗"。近年来，西北走廊游牧民族聚居地政府抢抓旅游市场，成功地推出了一系列的旅游文化活动，其中阿克塞哈萨克民族风情旅游节、肃南县民族风情旅游文化节、肃北县那达慕民族风情旅游节、九色甘南香巴拉旅游艺术节暨玛曲格萨尔赛马会、青海省河南蒙古族自治县那达慕大会

---

[1] 班固．汉书：第69卷 [M]．北京：中华书局，1962：2998.
[2] 轮子秋的梯子两头一般用短绳绑有"U"形坐套，类似秋千，而且土族的祖先吐谷浑人有打秋千的传统。

都以民族传统体育活动为主题，内容以赛马、摔跤等传统体育和民族歌舞为主。在裕固族、藏族、蒙古族杂居的肃南县，不同民族聚居乡镇都举办民族文化艺术节，犹如草原繁星，尽显民族风情。

表5-3 2014年肃南县民俗风情旅游文化节

时间	民俗风情旅游文化节	民族传统文化活动
7月下旬	肃南皇城镇民族文化旅游艺术节暨传统体育运动会	赛马、民族歌舞表演、体育运动会
7月下旬	康乐乡旅游文化艺术节	赛马、民族歌舞表演、体育运动会
9月上旬	明花乡大漠明珠裕固传统文化艺术节	赛马、民族歌舞表演、体育运动会
8月上旬	大河乡文化民俗艺术节	赛马、民族歌舞表演、体育运动会
7月下旬	祁丰藏族乡民族文化艺术节暨民族运动会	赛马、民族歌舞表演、体育运动会
7~8月	马蹄藏族乡民族文化艺术节	赛马、民族歌舞表演、体育运动会
8月下旬	白银蒙古族乡那达慕文化艺术节	赛马、民族歌舞表演、体育运动会

虽然裕固族、藏族、蒙古族、哈萨克族各自拥有独特的传统体育文化，但是赛马为游牧民族所共有，成为草原文化的一种标志、一面旗帜和一种传统。在旅游资源开发过程中，赛马首当其冲地成为被政府征用的民族传统体育文化，每年夏秋两季，牧区到处举办各种赛马会，借此推动旅游业的发展。赛马会中的竞技项目以速度赛马、耐力赛马和走马比赛为主，速度赛主要包括1000m、2000m、3000m，耐力赛有5000m和10000m，走马赛一般以3000m最为常见。融入旅游场域中的赛马，遵循着旅游市场预先建构的规则，经济功能成为赛马活动的主要目的，从而有别于华锐藏族仪式庆典中的赛马。综观旅游业中的赛马会，都经历了从单一到复合、从固定到常态化的发展之路。以阿克塞哈萨克族自治县赛马会为例（表5-4），2006年该县举办了首届赛马会，旨在发展民族体育文化和经济，之后每年举办一届；2010年赛马会与民族风情旅游节共同冠名，经济之目的彰显无遗；2012年，阿克塞县采取"政府主导、部门参与、社会联动、商业运作"的模式，每两周举办1期，每月举办2期，全年11期，使赛马会常态化、规范化和市场化发展；2013年初，阿克塞县委、县政府制定出台了《2013年赛马会暨民族风情旅游实施意见》，确定了自5月至10月每半个月举办一次，全年共10期赛马会，并在五一期间推出第1期。从此，西北走廊游牧民族突破了传统的时间维度，开始在各种法定节假日举行赛马会，旨在吸引更多的游客进入当

地。在 2014 中国体育文化·体育旅游博览会上，玛曲格萨尔赛马会入选中国体育旅游精品旅游赛事，成为赛马会产业化发展的成功案例，为游牧民族赛马会的发展提供了新的模式。从旅游产业链中赛马会的发展看，西北走廊进入现代旅游时代的时间也就是最近 10 年左右的事，明显地滞后于经济发达地区。

表 5-4　阿克塞哈萨克族自治县历届赛马会一览表

时间	民俗风情旅游文化节	竞赛项目	表演项目及其他活动
2006.9.16~17	阿克塞哈萨克族自治县首届大型赛马会	速度赛马、走马赛、骆驼赛、摔跤、押加	姑娘追、叼羊、民族歌舞、民族服饰展示
2007.8.20~23	阿克塞哈萨克族自治县第二届赛马会	赛马、"姑娘追"、叼羊、摔跤、射击、赛羊、赛骆驼、射箭	大型歌舞表演、百人冬不拉弹奏、阿肯弹唱会、活动期间开展经贸洽谈、招商引资和联谊活动
2008.8.3~5	酒泉市第六届少数民族传统运动会暨阿克塞哈萨克族自治县第三届赛马会	赛马、摔跤、押加、赛骆驼、射弩、珍珠球、武术	第三届投资贸易洽谈会暨旅游推介会、民族风情展示、文艺表演、有奖竞猜
2009.8.20~22	阿克塞第四届赛马会暨民族风情旅游节	赛马、赛驼、摔跤、押加、射箭、走马、拔河	大型文艺晚会、民族手工刺绣品和旅游纪念品展销活动
2010.7.27	阿克塞县第五届赛马会暨哈萨克民族风情旅游节	赛马、赛驼、跑马拾哈达、走马、摔跤、骆驼搬家、马上投篮	民族风情、马术表演、姑娘追、叼羊、马上劈刺
2011.8.20	阿克塞县第六届赛马会暨哈萨克民族风情旅游节	速度赛马、耐力赛马、赛骆驼、传统摔跤、马上投篮、宰羊、骆驼搬家、搭毡房	姑娘追、叼羊两个表演项目，阿肯阿依特斯竞技、哈萨克民族传统刺绣作品、传统图案现场画图比赛、铁尔麦、民族舞蹈比赛
2012.4~10	阿克塞县第七届赛马会暨哈萨克民族风情旅游节	速度赛、耐力赛、走马赛	赛驼、姑娘追、叼羊等表演项目
2013.5~10	2013 年阿克塞赛马会	速度赛、耐力赛、走马赛	叼羊、姑娘追等活动，有奖竞猜、文艺演出、歌舞表演
2014.5~10	2014 年阿克塞赛马会	速度赛马、耐力赛马、走马赛	赛驼、叼羊、姑娘追、有奖竞猜、法制文艺演出和法制宣传

伴随着旅游业的发展，一些民族传统体育文化出现了强劲的复兴繁荣之势。在国家大力发展旅游产业的背景下，地方政府通过"文化搭台，经济唱戏"的策略，引导草原文化积极参与经济建设，从而形成了现在的草原赛马会。文化是

历史性地凝结成的人类的生活方式，因而不可能以原生态的"生活图景"模式进入旅游展演中，只能通过特殊的手段加工处理后呈现在游客面前。这也意味着旅游文化节中所展示传统文化，实际上是将丰富多彩的生活意象浓缩、裁剪和拼凑而形成的片段性图景，通过舞台展演的形式叙述、表达和描绘游牧民族的文化生活，试图唤醒和打动临时聚集在一起的观众，满足游客猎奇的心态和对游牧民族生活的"真实体验"。从日常生活走向表演舞台，标志着民族传统体育文化已经成为一种景观，而且是一种可以随时再现的舞台景观，供人观赏和消费。场域的转换，使得民族传统体育文化的存在形态和所具有的功能随即发生了变迁。为了生存需要，游牧民族创造了各种体育活动，成为主体日常生活的一部分；随着生产方式的变化，民族传统体育出现了竞技、娱乐和民族认同功能，现代旅游业把传统体育文化延伸到经济领域中，发掘出了新的价值。生存价值是传统社会民族传统体育文化的主导性因素，到了现代则成了剩余性因素，经济功能属于新显性因素。按照威廉姆斯[1]的观点，景观展演过程是文化的新显性因素剥夺剩余因素，成为新的主导性因素的过程。可以说，民族传统体育文化展演在体现经济价值的同时，实现了文化的再生产。

  文化的再生产与社会再生产、种的繁衍一样，是人类的再生产的活动之一，也是文化发展、延续与变迁的主要方式。20世纪70年代，法国社会思想家Pierre Bourdieu提出了文化再生产理论，成为解读旅游场域文化展演现象的一把钥匙。"文化展演，必然涉及展演主题、展演者、观众、场域与展演媒介。更为重要的是，这些展演被个人或群体观看、诠释、获知，并产生意义"[2]。表面上看，所有的展演都以发展民族传统文化为主题，但是目的却很明确，那就是大力推动旅游业，带动地方经济发展，这种结果与场域内各种力量的博弈有关。一般而言，文化景观展演过程中国家、市场和民间的力量不容忽视。自古以来，文化形成了一种传统力量，按照自身的逻辑在民间延续。市场是一种中性力量，吸引着民间文化资源进入旅游场域，至于以什么样的形式进入、目的何为，市场拥有绝对的话语权，市场所到之处，迅速拉平了文化的差异，消解了文化的价值观，继而重构旅游文化事象。当然，国家权力也是"在场"的，比如阿克塞县历届赛马会的主办方都是地方政府，肃南民族风情旅游文化节由各乡镇政府牵头主办，青海

---

[1] 雷蒙德·威廉姆斯. 马克思主义与文学 [M]. 伦敦：牛津大学出版社，1977：121 - 127.
[2] 王明珂. 羌在汉藏之间——川西羌族的历史人类学研究 [M]. 北京：中华书局，2008：361.

河南县那达慕大会、肃北蒙古族那达慕大会都是政府主办。毋庸置疑，国家权力通过其代理机构——地方政府来引领文化的再生产。这是因为，仅靠文化自觉来消除"现代性"危机，民间力量远远不够，必须借助国家权力来应对冲击。在文化展演上，"民间与政府之间相互利用，政府利用的是民间的文化资源以达到政府的经济目的，所谓'招商引资'，而民间则运用政府的行为达到民族与国家对地方文化的认同，至少是默认"[①]。就这样，民族传统体育文化从日常生活中被"脱域"（disembedding）出来，然后"植入"（reembedding）到旅游业中。"所谓脱域，指的是社会关系从相互作用的地域性关联中'脱离出来'，并跨越无限的时空距离对这些关联进行重组"[②]。作为"引诱资本之物"，当民族传统体育文化成为经济发展的一种商品被市场开发后，必然对文化自身的发展产生一定的影响。毕竟，"脱域"之后不再是原生态的传统体育文化，而是在原有文化基础上的再造和各种力量交锋之后的表达，实质上是文化的再生产。

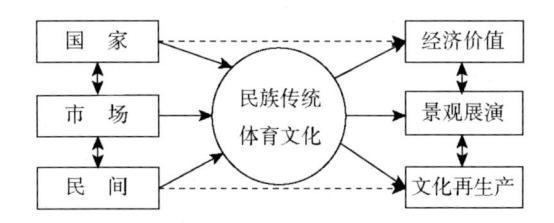

图 5-2　旅游场域中民族传统体育的文化延伸

第三节　西北走廊民族传统体育文化嬗变的原因

任何事物的发展都是一个从无到有的过程。从这个意义上讲，西北走廊民族传统体育文化嬗变具有必然性，只要介入时间概念，文化嬗变肯定发生，过去在嬗变，现在同样在嬗变，将来还会嬗变。这个客观必然性的存在告诉世人，不管发生了怎样的变化，都要正视这种文化嬗变的合理性。既然文化嬗变具有合理性和永恒性，肯定就会有人关注、研究和解释这种文化现象，首当其冲的就是探寻

---

① 刘晓春. 仪式与象征的秩序——一个客家村落的历史、权力与记忆 [M]. 北京：商务印书馆，2003：34.

② 安东尼·吉登斯. 现代性的后果 [M]. 加利福尼亚：斯坦福大学出版社，1990：21.

文化嬗变的原因。"横看成岭侧成峰，远近高低各不同。"不同的研究视角、不同的研究方法、不同的学科背景，都能获得不同的解释。所以，学术研究流派及其构建的理论非常多。以近代西方文化史为例，英国人斯宾塞把生物因素看成是文化嬗变的动因，德国人拉策尔视地理环境变化为文化嬗变的根本原因，美国社会学家沃德认为人类的欲望本能是社会文化嬗变的原始动力，法国人塔尔德认为人类的模仿心理是刺激文化嬗变的主要缘由，马克思主义者从经济基础和上层建筑方面解释文化嬗变的原因，传播论者则持外来文化的传播因素说，还有一些学者把文化嬗变归因于超人或者克里斯玛（Charisma）人物的出现。这类研究成果，不再赘述。

哲学上，事物发展变化的原因，归根结底是内因和外因双重作用的结果。民族传统体育文化的嬗变，必然遵循这一普遍规律。仔细审视和归类整理现有理论，不难发现文化嬗变的原因不外乎内源性因素和外源性因素两大类。

内源性因素是指能够引起文化嬗变的内部要素，即文化构成因素及其结构方式的变化。从文化基因的视角看，嬗变是文化自身发展进化的必然结果，具有普遍性和必然性，社会发展变化肯定会引起文化的适调和变迁。在人的本质力量作用下，生产力和生产关系不断提高和改善，社会也由生产力低下的原始状态逐渐演变为高度发展的智能社会，登月、太空旅行不再是设想，互联网也正在改变着人类的生活方式。如此大的变化，皆与人类的本能、智能、权能有关。人的生物本能是社会发展的基本动力，是智能与权能的基础，智能为人的社会化和文化创造提供支撑。马克思曾在评价亚当·斯密关于人与动物的区别时指出，人的"各种各样的才能和活动方式可以相互利用，因为人能够把各种不同的产品汇集成一个共同的资源，每个人都可以从中购买所需要的东西"[1]。社会的发展，不管是物质财富还是精神财富都日趋充足，实则为"共同资源"的积累，能源物质的开发与利用就是典型的案例。人类早期直接使用自然能源，但不足以汇聚成"共同的资源"，随着化石能源、核能以及生态能源的开发和利用，购买才成为可能。新进化论学派的代表人物、美国文化人类学家怀特提出的"文化能量学说"中，就主张用能量的获取作为文化进化的标志。在怀特看来，文化是由技术、社会和哲学三个亚系统构成的自组织结构，其发展进化与人类所获能量及获取能量的技术效率有关。文化的进化离不开能量，人类获取能量的形式增多或者技术的发

---

[1] 马克思恩格斯全集：第42卷［M］. 北京：人民出版社，1956：147.

展，都能引起文化的进化。在这个意义上，"文化的首要功能是利用和控制能量，使之为人类服务"①。当然，文化既能够向人类提供维持生存、安全、社会调节和休养生息的机制，也能够提供获取能量的知识和力量。这样，人们面临的文化就是一个非常复杂的机械系统，通过一定的技术装置把能量转化为功能。这个技术装置中，社会系统和哲学系统是技术系统的衍生品，也是技术系统的诠释者，三个亚系统的正常运行依赖于能量和获取能量的方式。于是，怀特把文化的进化与能量关联起来。他认为："像生物学层次上的系统一样，文化系统有能力发展。这就是说，获得任何能量的力量，也就是越来越多的利用能量的能力。因此，文化系统也像生物有机体一样，进行自我繁殖和自我扩散。"①在进一步阐述文化进化的动力机制时，他说："文化是一条交互作用要素所组成的河流，某一特性对其他特性有作用，它们反过来又对这一特性有反作用。某些要素陈旧过时被淘汰，新的要素又补充进去。新的排列、组合和综合持续不断得以形成。"①不难看出，怀特把文化的发展进化归结为文化自身，即"文化产生于文化"。

怀特的文化进化论，虽然带有明显的简单化缺陷，但是从系统内部寻找文化进化的思想是有道理的。任何文化系统中，构成要素都不可能非常完美，具有完善、修正和创新的空间。早期的轮子秋，就是大车辀辘竖起后绑上结实的木棍，下端用碌碡固定，这种生产工具改装的玩具缺乏安全性，也限制了动作难度的提升。随着科技的发展，轮子秋的构造和材料有很大的改善，专门的金属旋转轮和铁杆代替了原来的车轮，器物层面的变化为文化行为和功能提升提供了可能，表演价值就此诞生。从娱乐拓展到表演和文化记忆，轮子秋的文化功能发生了较大的嬗变。西北走廊游牧民族赛马运动源于日常生活，因而初期赛马竞技只是娱乐，对形式、马匹和距离没有明确的规定，在制度层面尚存不足。认识水平的提高和需求的日益增长，促进了牧民对赛马运动改进的期望，于是赛马运动的制度发生了变化，出现了速度赛马、耐力赛马、走马赛等形式和不同的距离规定，甚至在一些赛马会上以马匹安排内容，像玛曲第八届格萨尔赛马会的传统赛马项目仅限于河曲马，对专业赛没有限制。这种器物、制度和规则文化的变迁，实际上是人类理性化的结果。"理性化是一个使事物更为合理，即更为清楚、更为连贯统一，并更为全面的过程，也就是使既定的问题在理性上更为充分。它是一个确立更广泛的连贯统一性的过程。每一种澄清和每一步提高严格的一致性，都是理

---

① 莱斯利·怀特. 文化的科学：人类与文明研究 [M]. 纽约：格罗夫出版社，1949：390.

性化过程中的一个步骤"①。民族传统体育内部的文化因子具有特定的依赖性，一旦所依赖的条件发生变化，这种文化因子就需要调整或者用更为恰当的文化因子来替代，只要文化内部发生因子适调或者替换，文化就会出现或隐或现的嬗变。民族传统体育文化本身内含着嬗变的潜力，促发主体去改变它。这就是说，嬗变并不是文化自己完成，而是由人来实现改变。体育文化是人类为了自身发展创造的一种肢体文化，离开主体，文化就不会嬗变，更不会发展进化。本质上，文化的发展属于人的发展。嬗变前的某些文化因子，是主体在特定条件下根据自己的悟性范畴创造而来，不可能超越当时人类自身的想象力和创造力，因而打上了特殊时期人类发展程度的烙印。毫无疑问，这种文化在结构和功能上是不够完善的，只能满足当时的文化需求。从发展的视角看，"缺陷"或者"不足"成为理所当然的文化嬗变的潜在因素。

文化的最大特性在于民族性。任何传统体育文化都有其民族主体，大到中国的武术、西班牙人的斗牛、日本的相扑、韩国的跆拳道，小到土族的轮子秋、撒拉族的划皮筏、哈萨克族的刁羊，民族主体及其思维方式都体现在传统体育文化之中。主体的融合或者消失，都有可能引起文化衰退与遗失；主体中出现克里斯玛②式人物，就有可能引起文化的发展进化，甚至出现突变。不论是衰退遗失，还是发展进化，文化嬗变表现为文化因子或文化模式的变化，始终反映着文化与社会发展、主体需求的适应程度。如果把文化基因或者文化特质看作是具有一定意义的、不能再分的最小文化单位，那么这些特质或者基因就是文化嬗变的内部要素。

外源性因素是指能够引起文化嬗变的所有外部因素，主要包括自然环境、社会环境、文化环境等。文化是人创造的，自然与人息息相关，有人的地方就有文化存在。俯视人类生存的星球，人类的聚集地星罗棋布，犹如天空中的繁星，有人居住在一望无垠的平原上，有人居住在干燥寒冷的高原上，有人居住在辽阔的草原上，也有人依海而居。不同的生存环境，孕育出了不同的文化类型，滋养和塑造着生境中的人。内陆文化以土地为根，人们不愿离开故土；海洋文化以海为伴，培育出人们开阔的心胸和敢于拼搏、敢于冒险的精神；游牧文化以草原为家，视水草为父母。生境是人类的生存依托，也是人类文化的存在条件，在一定程度上决定着文化的性质、内容与形式。毋庸置疑，生境是引起文化嬗变的外源

---

① 爱德华·希尔斯. 论传统 [M]. 傅铿，吕乐，译. 上海：上海人民出版社，2014：231.
② 克里斯玛，原指因蒙受神恩而被赋予的天赋，该词最早出现于《新约·哥林多后书》，西方社会学家马克斯·韦伯称克里斯玛为具有神圣感召力的领袖人物、历史中特别具有创造性的革命力量。

性因素，生境的变化必然会带动文化发生不同程度的嬗变。

自然性的生境由气候、地貌、生态、地质因素等构成，因素之间相互影响、相互作用、相互依存，构成了系统性的整体结构。众所周知，自然环境千差万别，因而不同民族赖以生活的自然环境不尽相同。从地貌生态上看，西北走廊既有沙漠，也有绿洲；既有黄土高原，也有高山草甸；从地理气候特点看，中国三大自然区划东部季风区、西北干旱区、青藏高寒区在此并存，中温带、暖温带、亚热带和青藏高原垂直温度带交汇共存。差异巨大的自然环境中，世居着汉、藏、蒙古、回、土、撒拉、东乡、保安、裕固、哈萨克等民族，他们在狭长的走廊地带"大杂居小聚居"，共同守护着属于自己的一片家园。民族是具有共同语言、共同地域、共同经济生活、共同心理素质的共同体，文化则是民族身份的象征，在民族形成的漫长过程中，文化起到了凝聚作用，把广大成员牢牢地拴在一起。"在人类文化的发展历程中，每个民族都形成了不同其他民族的、贯穿于各个时代的、为各个时代的人们所接受和认同的以语言、工具、文字、符号等形式保留下来的个性特点，这就是文化的民族性"[①]。民族传统体育文化同样具有民族性，这就是名称、叫法相同，文化表现形式出现差异的原因。比如，裕固族摔跤和蒙古族摔跤都是摔跤，但是在技术表现和规则方面存在着民族差异。面对不同的自然环境，西北走廊各民族都创造出了具有民族性特征的传统体育文化，随着时间推移和代际递嬗，这些民族传统体育文化大都传承了下来。但是，自然环境的变迁势必会引起民族传统体育文化的嬗变，尤其是游牧民族的传统体育文化，嬗变更为显著。"'游牧'，从最基本的层面来说，是人类利用农业资源匮乏之边缘环境的一种经济生产方式。利用草食动物之食性与它们卓越的移动能力，将更大地区人类无法直接消化、利用的植物资源，转换为人们的肉类、乳类等食物以及其它生活所需。然而相对农业生产来说，这是一种单位土地产值相当低的生产方式。在中国农业精华地区，不到一亩地就能养活一个五口之家。在较贫瘠的山地，如川西羌族地区，约要 6~10 余亩地才能养活这样的家庭。然而在当前内蒙古的新巴尔虎右旗，20 亩地才能养活一只羊，至少要 300~400 头羊才能供养一个五口之家；因此一个牧民家庭至少需要 6000~8000 亩地。"[②]

西北走廊河湟地区宜农宜牧，秦汉以来游牧民族长期驻牧于此地，创造了辉

---

① 童萍. 文化的民族性研究 [M]. 北京：人民出版社，2011：40-41.
② 王明珂. 游牧者的抉择：面对汉帝国的北亚游牧部族 [M]. 桂林：广西师范大学出版社，2008：3.

煌的游牧文化。作为迁徙民族，吐谷浑仍然以游牧为生，吐蕃东扩导致吐谷浑赖以生存的草地牧场大大缩小，为了生存吐谷浑先后率数千毡帐北逃凉州，在唐朝的庇护下继续北迁灵州，生存环境发生了较大的变迁。"民族迁徙时总是要找到比原生存环境更好，或至少要相当于原生存环境的地方才会主动迁徙。但是，由于各种原因，一些民族被迫迁入与原生环境差异很大、条件十分恶劣的地区，就会导致其文化的后退"①。轮子秋的起源传说，讲述了土族祖先从游牧转为农耕的艰苦历程，从事农业耕作后部分传统游牧体育文化走上了衰落之路。明清以来，西北走廊自然条件开始恶化，居住在酒泉黄泥堡的裕固族逐渐弃牧从农，慢慢地过上了农耕生活。于是，原有的赛马、射箭、摔跤日渐衰落。表面上看，这是由于生产方式发生变化引起的文化嬗变，但追踪溯源却是环境变化使然。无独有偶，居住在肃南县白银乡的蒙古族，经历了相似的传统体育文化衰落，牛羊数量增长与草场管理不够，导致过度放牧和草场退化，迫使当地政府重视生态环境问题，不得不出台禁牧措施。禁牧后，蒙古族全部被安置在六幢楼定居，牛羊收缴，每年每人领取固定国家补助金生活。这样，游牧体育文化日常无法开展，从而导致民族传统体育文化嬗变发生。如果简单的把肃南县白银乡蒙古族传统体育文化衰落归因于政府权力的干预，那么就只看到了问题的表面，毕竟草场退化、沙化之后将是更大的灾难，国家权力干预只是战略性选择，引起禁牧政策出台的根源还是在于生态环境的破坏。

西北走廊民族传统体育文化的文化空间中，社会环境也影响着文化的嬗变。与其他地域不同的是，西北走廊的物质条件、政治条件、世居民族格局与文化交流更为复杂多变，加速了民族传统体育文化的递嬗。裕固族游牧的祁连山麓，山高路险进出口不多，集体牧场放牧期间相遇，牧人便会切磋摔跤、赛马等技艺，客观上促进了传统体育文化的发展。随着草场承包到户，牧地各自围栏，一定程度上阻碍了牧人相互之间的文化交流活动。城市化进程中，裕固族牧民在肃南县城实现了定居，游牧的生产形式转变为夏冬牧场轮牧，定期驱车查看牧场成为常态，即便在自己的牧场内，摩托车也取代马匹的交通工具职能，物质条件和生产形式的变化不利于民族传统体育文化的日常发展，嬗变已经成为必然。阿克塞哈萨克族是游牧民族，近年来当地石棉产业和农耕化生产发展较快，正在或隐或现地改变着哈萨克人的生活方式。生活方式的变化，可能影响民族传统体育文化的

---

① 切排. 河西走廊多民族和平杂居与发展态势研究［M］. 北京：民族出版社，2009：104.

发展。撒拉族以农业生产为主，兼营畜牧业，聚居地大桥横跨黄河，皮筏渡河已经成为历史记忆，永久地保留在撒拉人的心里。社会的发展创造了大量的物质财富，改变了传统的生活面貌，这是好的一方面，但是对部分民族传统体育文化而言，物质生活水平的提高不见得是好事，撒拉族的划皮筏就是这样。发展是不可逆的。"若有人说，某些事物应该保持它的现状或昔日之原貌，那他甚至会有顽固不化之嫌"[1]。这种状况的出现是一种必然，应对策略就是文化转型，自觉适应新的生活需要。

社会的发展变革，导致部分民族传统体育文化失去了原有的土壤和植被，衰落自然而然会发生，没有人能够改变这一现状。在古代，西北走廊战事频繁，民族政权轮换交替，直接影响不同民族传统体育文化的发展，党项族在蒙古族统治期间文化基本消失，政治权力干预占据了主要因素。雍正元年（1723 年）五月，和硕特蒙古亲王罗布藏丹津在青海湖畔召集蒙古诸台吉会盟，决定起兵反清，清廷闻讯后立刻派川陕总督年羹尧率军平叛。罗布藏丹津事件后，清政府加大了对西北走廊蒙古族的管制，每年祭海会盟须"奏选老成恭顺之人委充盟长"，会盟制度后改为三年一次，大型赛马、射箭活动随即没落。中华人民共和国成立初期，民族传统体育文化的发展、大型民族传统体育文化活动曾一度停办。直到20世纪80年代中期，民族传统体育文化活动再度恢复，可谓是"传统的再发明"。1986年，青海省河南蒙古族自治县举办了首届那达慕大会，赛马、摔跤、拔河、射箭成为比赛项目。进入21世纪，西北走廊旅游业快速成长起来，在国家权力、市场权力和民间权力的博弈下，部分民族传统体育文化作为旅游资源，转入复兴繁荣和快速发展期，夏季赛马会到处可见，呈现出发展演变的良好趋势。

社会环境因素中，世居民族迁徙与格局演变对传统体育文化的嬗变影响更大。这是因为，民族迁徙会引起民族聚居格局发生变化，原来互不相干的民族交错杂居，加速了文化的传播、冲突与交流，促进了民族传统体育文化的濡化、涵化和同化。在发展相对封闭的历史阶段，不同民族以聚居地为中心形成了不同的文化空间，该空间类似于圈层的文化结构。同一地域不同民族共存，形成了多个民族文化圈，共同构成地域文化空间。如果把地域文化空间看作是一个大的文化圈，那么空间内各民族文化圈又可以看作是一个个相对独立的亚文化圈。当然，西北走廊可以划分为游牧文化圈和农耕文化圈，还可以划分为伊斯兰教文化圈、

---

[1] 爱德华·希尔斯. 论传统 [M]. 傅铿, 吕乐, 译. 上海：上海人民出版社, 2014：1.

佛教文化圈和道教文化圈，毕竟多元文化共存是该文化空间的一大特点。在亚文化圈的边缘，不同文化相互接触，比如回族文化与藏族文化、藏族文化与蒙古族文化、回族文化与汉族文化、汉族文化与藏族文化，结果一个文化往往会吸收另一个文化要素，发生濡化现象。"当一个民族迁入另一个新的地域时，迁徙者的文化将面临着与新的自然环境和社会环境的适应问题"[1]。吐谷浑弃牧从农，就是北迁后适应环境的结果，也是采借农耕文化的具体反映。对于吐谷浑而言，农耕文化要素输入只是借取；对于农耕民族而言，文化要素的输出就是传播。借取和传播是文化濡化过程的两个方面。"胡服骑射"可以说是农耕民族借取游牧民族文化要素，也可以说是游牧民族文化传播的结果。

"一个群体向另一个社会借取文化要素并把他们融合进自己的文化之中的过程就叫作传播。"[2] "胡服骑射""百日维新""五四新文化运动"等历史事实说明，文化传播确实是文化嬗变的重要因素。单向的文化嬗变，常见于封闭的文化圈内，在相对开放的文化空间中，一般引起接触双方文化都产生变化。这种双向的文化嬗变现象，被称为文化涵化。所谓涵化，就是两个或者两个以上民族间发生不同程度、不同形式的接触，导致一方或双方原有文化形式发生变迁的现象。西北走廊古代民族迁徙频繁，最终演变成多民族"大杂居小聚居"的分布格局。"迁徙造成一种文化产生空间上的移动，民族迁徙事实上就是文化迁徙"[3]。当不同民族通过迁徙长期接触后，文化涵化现象较易发生，而且比较明显。西北走廊民族文化涵化通常表现出弱势文化向强势文化嬗变靠拢的特点，人口较少的裕固族最为典型。夹杂在汉族、藏族、回族和蒙古族之间，裕固族犹如独特的文化小岛，虽然保留着民族传统体育文化，但是摔跤明显具有蒙古族摔跤的技术风格。酒泉黄泥堡的裕固族则完全融入了汉族的生活方式，年轻的裕固人几乎不会说本民族语言，射箭、摔跤等体育文化基本上很难见到。

---

[1] 切排. 河西走廊多民族和平杂居与发展态势研究 [M]. 北京：民族出版社，2009：107.
[2] C. 恩伯，M. 恩伯. 文化的变异 [M]. 沈阳：辽宁人民出版社，1988：535.
[3] 切排. 河西走廊多民族和平杂居与发展态势研究 [M]. 北京：民族出版社，2009：106.

第四节　西北走廊民族传统体育文化嬗变的轨迹与趋势

民族体育文化自诞生之日起，就不断的进行着纵向的传承和横向的传播过程。传承不但使文化能够递嬗至今，而且使得文化积累越来越丰富，长期积累演变成为民族传统。蒙古族那达慕、汉族春节就是这样形成的民族文化传统。传统作为世代沿袭之物，一方面具有相对的稳定性，另一方面具有嬗变的绝对性。在这里，不变是相对的，变是绝对的。"一连串象征符号和形象被人们继承之后都发生了变化。人们对所接受的传统进行解释，因此，这些符号和形象在其延传过程中就起了变化；同样，它们在被人们接受之后也会改变其原貌"①。既然民族体育文化传统必然会发生嬗变，那么嬗变有规律吗？民族传统体育文化嬗变的轨迹和趋势又是什么？

古往今来，圣贤思考后给出了不同的结论。孔德、摩尔根、斯宾塞、斯宾格勒等人承认文化嬗变有规律，并且遵循进化论；狄尔泰、雅斯贝尔斯、萨特等人持无规律论，他们只承认文化嬗变的特殊性和偶然性，反对文化嬗变的规律性；德国新康德主义者李凯尔特认为物质文化的发展变化有规律，而精神文化的发展变化没有规律。审视文化嬗变的动因，不难发现内源性动力呈现出文化与人、社会发展的一致性，而外源性动力表现出了文化嬗变的复杂性。假如从外源性因素断言文化嬗变没有规律，那么就无法解释民族传统体育文化的发展问题。纵观民族传统体育文化发展轨迹，基本上经历了从低级到高级、从简单到复杂、从单一到多元的演进趋势，只是在嬗变的动因、时间阶段上表现出复杂多样性特征，发展态势则表现出时快时慢、时好时坏、时强时弱的波浪式嬗变模式，在弱势期间甚至有可能出现发展中断现象，或者主动向强势文化靠拢的情况。西北走廊游牧民族赛马总体上遵循上述规律，即牧民之间简单的娱乐发展到规则成型的族内文化，再到族民之间的互动竞技、娱乐和表演过程，发展态势同样呈现出小规模到繁荣，继而弱化（河南蒙古族赛马曾一度出现中断，直到 20 世纪 80 年代恢复）和弱化之后的新一轮复兴期。蹴鞠在战国时期就开始流行于西北走廊，汉代发展

---

① 爱德华·希尔斯. 论传统 [M]. 傅铿，吕乐，译. 上海：上海人民出版社，2014：14.

到军队，史载骠骑将军霍去病出征期间不忘"踏鞠"①，《汉书艺文志》曾将《蹴鞠》列入其中；两晋南北朝时期逐渐沉寂，唐宋再度兴起，而且在皇宫盛行这项游戏，就连唐僖宗也"好蹴鞠"②，宋徽宗非常喜欢蹴鞠，其臣高俅、李邦彦擅长蹴鞠，但是到了明清，这项运动逐渐弱化，最后消失在史册中。汉唐以来，马球也盛行于西北走廊，两宋时期虽然没有唐朝流行，但未绝迹，民间仍然能够看到击鞠的记载。从风尚降为恶习，马球最终走向遗失的终点。

民族传统体育文化的嬗变，遵循着事物发展的普遍规律和内在逻辑。在普遍性上，"世界上的不论那种文化，都是处在不断发展变化之中，都不同程度地经历着由生长、发展、变化、腐朽和再生的过程"③。这一规律适用于所有文化，民族传统体育文化也不例外，即便是一些已经遗失的民族传统体育文化，只要有文字记载，都存在着再生的可能，而且再生只会在吸收外来文化因子之后更新原有民族传统体育文化，或者是转型创新后的文化自觉性再生。在相对性上，西北走廊民族传统体育文化的嬗变不能一概而论，部分文化嬗变具有不可逆性，无法完全按照普遍性规律发展。文化进化过程中，主体主动遗失或者淘汰的文化因子，往往是该文化因子已经与人、社会发展的需求不相符合，或者有更好的文化因子补充进来，因而具有不可逆的。但是，这种不可逆的嬗变不会引起文化的整体属性和功能发生突变。一方面，民族传统体育文化伴有时代性特征。冷兵器时代，武术必须真刀实枪的一击制胜；电子战时代，很难出现两军相遇面对面的厮杀场景，武术的军事技击价值需要修正。另一方面，人类社会的发展进步往往是不可逆的。有了金属制造的轮子秋，没有一个土族人会愿意玩大车轴辘加木棍的轮子秋。如果有人主张回到过去，或者觉得轮子秋应该保持昔日之原状，那他就有顽固不化之嫌，毕竟轮子秋在构造和安全性能方面存在着非完善性，修改或者替代只是为了更好的服务于人。

民族传统体育文化的嬗变，既要坚持普遍性，以便把握文化嬗变的发展轨迹与总体规律，又要承认相对性，了解文化嬗变从碎片化走向重构过程的复杂性和独特性。当然，文化是人创造的，最终要服务于人。民族传统体育文化的逻辑起点和终点同样都是人，围绕人自身发展的时代需求，寻求文化嬗变的必由之路。在此基础上，才能更好地发挥主体的能动作用，对文化嬗变实施有效的控制，干预其未来走向，才能更好的塑造人。

---

① 司马迁. 史记 [M]. 北京：中华书局，1959：2939.
② 司马光. 资治通鉴：第 253 卷 [M]. 北京：古籍出版社，1956：8221.
③ 张文勋，施惟达，张胜冰. 民族文化学 [M]. 北京：中国社会科学出版社，1998：172.

第六章 西北走廊民族传统体育文化发展前景及崛起之路

第一节 西北走廊民族传统体育文化发展前景

从古至今，人类创造了多姿多彩的体育文化，成为人类发展不可或缺的历史记忆。体育就是人类创造的一种身体文化，用以弥补自身在先天本能方面的不足。数千年的风雨历程，人类在不断的发展和完善，体育文化也在不断的适应和进化。可以说，体育文化的沉浮录，就是人类发展的历史脚印。透过体育文化的发展，可以窥见人类的进步和文明的进程；透过人类的发展，同样可以折射出体育文化的演进和变迁。中华民族传统体育文化是体育文化的重要组成部分，是我国各族人民在生产和生活实践中创造、发展和流传下来的独具特色的身体文化。

任何文化都是民族的，也是世界的，更是"为人"的，人的自我完善和发展是文化嬗变的核心内涵。关于人的发展阶段，马克思在《资本论》中有颇为著名的论述，他指出："人的依赖关系（起初完全是自然发生的），是最初的社会形态，在这种形态下，人的生产能力只是在狭窄的范围内和孤立的地点上发展着。以物的依赖性为基础的人的独立性，是第二大形态，在这种形态下，才能形成普遍的社会物质变换，全面的关系，多方面的需求以及全面的能力的体系。建立在个人全面发展和他们共同的社会生产能力成为他们的社会财富这一基础上的自由个性，是第三阶段。"[①] 马克思划分的三个阶段或三种形态，不是以生产关系的变迁为尺度，而是以较大的文明形态为依据，这为研究文化与人的发展提供了分析框架。基于此，以文明的发展为视角，借助马克思的阶段论阐释民族传统

---

① 马克思恩格斯全集：第46卷 [M]. 北京：人民出版社，1979：104.

体育文化的流变，探讨其未来的逻辑走向与路径选择。

在人类文明发展史上，农业是第四纪冰期后出现的事物。如果说"钻木取火"使人类告别了茹毛饮血的时代，那么农业的出现则让人们摆脱了狩猎采集的生存模式，成为文明发展史上重要的转折点。早在四五千年前，中华农耕文明在黄河中游开始形成，仰韶文化、龙山文化记录了华夏先民从渔猎向农耕生产转变的历史痕迹。三代时期，农耕业已经成为中原华夏民族社会生活资料的主要来源，"日出而作，日入而息，凿井而饮，耕田而食"[①] 就是农耕生活模式的真实写照。从此，中华民族开始进入了漫长的农业文明时代。

农业文明下的中国社会，农耕经济是主体，同时并存着游牧和渔猎经济。在传统农业文明中，社会生产力低下，尚未出现社会化的大生产，人类依靠手工生产获取必要的生活资料。这种自然经济条件下的生产方式，不论是犁地耕种、收割砍柴，还是捕鱼围猎，都高度依赖于人的身体。"身体是人首选的与最自然的工具。或者，更准确地说，不用说工具，人首要的与最自然的技术对象与技术手段就是他的身体"[②]。金戈铁马的军事战争，个人的身体能力和技能具有相当大的作用。在精神生产领域，以身体活动为特色的艺术展示成了民俗节庆活动的主要形式，神话、传说和民间游艺占据着人们的日常消遣方式。从生产生活到军事战争，从宗教节日到民俗庆典，身体充当着重要的角色。古人不但视肉体之躯为身体，而且把身体的涵义扩大到"自身"乃至"生命"，将身体空间与社会空间直接关联起来，推演出了"安身""正其身"（《论语·子路》）、"守身为大"（《孟子·离娄上》）、"反身而诚"（《孟子·尽心上》）、"修其身而平天下"（《孟子·尽心下》）、"即身而道在"（《尚书引义四》）等哲学观念。

传统农业文明中，身体成了生存之根本，对身体的教育、规训与改造也是异常重视。西周官学"六艺"中，"射"和"御"就是对身体教育的内容。《礼记》载："十有三年，学乐，诵诗，舞'勺'。成童舞'象'，学射御。"[③] 这里的"勺"为文舞，"象"为武舞。孔颖达疏曰："舞象，谓舞武也。"[④] 古人对身体教育的重视，一方面与日常生产有关，农耕需要强健的体魄；另一方面与战争有关，"国之大事，在祀在戎"，戎即军事活动。虽然古代中国很早就进入了大

---

① 皇甫谧. 帝王世纪 [M]. 北京：中华书局，1985：9.
② 马塞尔·莫斯. 社会学与人类学 [M]. 余碧平，译. 上海：上海译文出版社，2004：306.
③ 崔高维，校点. 礼记 [M]. 沈阳：辽宁教育出版社，1997：101.
④ 孔颖达. 礼记注疏：卷二十八至三十 [M]. 清刻本，1892：41.

一统的农耕民族国家，但与游牧民族的长期对垒却是一个不争的事实。我国古代北方的匈奴人，"儿能骑羊，引弓射鸟鼠，少长则射鸟兔，用为食。士力能惯弓，尽为甲骑""其俗，宽则随畜，因射猎禽兽为生业，急则人习战攻以侵伐，其天性也"①。匈奴是我国古代游牧民族中的一支，鲜卑、突厥、契丹、党项、女真，都曾犯边入侵。为了边疆的安定，中原农耕民族不得不筑长城，重武备，进行军事训练。在冷兵器时代，身体技艺是驰骋沙场的重要资本。于是，以技击为核心的军事身体训练倍受重视。孟冬之月，"天子乃命将帅讲武，习射御、角力"（《礼记·月令》）。讲武即讲习武事，《左传》中也有"三时务农，一时讲武"的记载；习射御，就是练习弓射、弩射和学习驾驭战车；角力，清人孙希旦注解为"角击刺之技勇"，是"步卒之武"。在身体训练的手段中，武术便是其中之一。

武术萌生于人与自然、人与人的生存搏斗，在战争中得到了极大的发展，广泛流传于宫廷、军队和民间，历经千年锤炼沉淀为中华民族优秀的传统文化。与强化身体技击能力的武术相比，许多侧重养生健身、休闲娱乐的传统体育同样绽放于传统农业文明。古人模仿虎、鹿、熊、猿、鸟的动作，创编了专门用于治病养生、强壮身体的"五禽戏"，流传至今。长沙马王堆三号汉墓出土的帛画《导引图》，44个栩栩如生的肢体运动导引术，是古代运动养生的最好见证。太极拳则融合了儒家的修身文化、技击家的拳术、道家的内丹术和医家的导引术，并将之融为一炉，用于修身养性、强身健体和延年益寿。"逐水草迁徙"的北方游牧民族，以草原作为场所，利用饲养的牲畜进行闲暇娱乐，比如匈奴的骑射比赛、吐谷浑的舞马、回鹘的赛马、契丹的射柳、蒙古族的赛马、回族的掼牛、哈萨克族的刁羊、维吾尔族的马术。"刀耕火种"的南方少数民族，不但利用自然环境进行游泳、竞渡、赛龙舟活动，还模仿动物创造了不同的舞蹈形式，比如傣族的孔雀舞、拉祜族的鹌鹑舞、侗族的水牛舞、瑶族的猴子舞、雷山苗族的青蛙舞。农业文明中，中国社会形成了以血缘和地缘为纽带的关系网络，重人伦，喜节庆，岁时节令、宗教庆典和民俗活动成了民族文化发展和传承的一大平台。汉族的最大节日是春节，在全国各地能看到舞龙、舞狮、踩高跷、扭秧歌、跑旱船等形式多样的文化活动；布依族在春节期间有跳舞、丢花包、打格螺、耍狮子、踢毽子、踩高跷、击铜鼓等民族体育活动；普米族在春节一般开展赛马、打靶、赛

---

① 司马迁. 史记·匈奴列传 [M]. 北京：中华书局，1959：2879.

跑、捉飞鸟、摔跤、打秋千、踢毽子等民族文化活动；西藏藏族在藏历年期间会跳锅庄、弦子舞，贵州苗族在过苗年期间会斗牛、跳芦笙舞、踩鼓；汉族、土家族、苗族在端午节开展赛龙舟活动，同时附带举行一些其他的娱乐游戏活动；彝族火把节要举行摔跤、跳乐、斗牛、射箭、拔河、打秋千和赛马等活动；苦扎节期间，哈尼族青年成群结队地去荡秋千、摔跤、唱歌、跳舞；藏族过预祝农业丰收的望果节时，体育娱乐活动有角力、斗剑、耍梭镖、赛马、射箭；鄂温克族过米阔鲁节庆丰收时，跳舞、摔跤是必不可少的内容；蒙古族在每年的祭祀敖包仪式中，借助赛马、摔跤、射箭来愉神娱人；哈萨克族割礼习俗中要举行赛马、刁羊、姑娘追等民族体育活动；广西侗乡苗寨在传统的花炮节期间，村民盛装打扮参加各种活动，营造"集体欢腾"的氛围。简言之，持续了数千年的中国农业文明，孕育出了灿烂辉煌的民族传统体育文化，成为中华文明史上的一朵奇葩。

马克思所描述的第二种社会形态是指现代工业文明。18世纪60年代，发端于英国的工业革命，敲响了传统农业文明的丧钟，人类开始逐步进入现代工业文明时代。机器代替了手工劳动，工厂替代了手工作坊，社会生产力飞速发展。1770年到1840年间，英国工人的平均生产率提高了20倍，棉纺厂工人生产率更是高出手纺工人266倍；18世纪中叶，英国工业产值占整个世界的51%。马克思、恩格斯在《共产党宣言》中曾指出："资产阶级在它的不到一百年的阶级统治中所创造的生产力，比过去一切世代创造的全部生产力还要多，还要大。"[1]以工业化为重要标志、机械化大生产占主导地位的现代工业文明，不仅在经济方面创造了巨大的社会财富，而且从根本上变革了农业文明的所有方面，完成了社会的重大转型。农业人口比重直线下降，城市人口急剧增加，工业资产阶级开始出现。

与英国相比，中国传统农业文明更为持久和稳定，农本经济特征更为明显。洋务运动的兴起，客观上促进了中国工业的发展；真正意义上的工业化，是中华人民共和国成立之后开始的。1956年党的八大提出，要用三个五年计划建立起比较完整的工业体系，实现从农业国向工业国的转变。1975年，中国初步实现了工业化目标。现代工业文明的确立，从本质上改变了人的生存方式。理性主义把人从自在自发的生存状态提升到自由自觉和创造性的生存状态，日常的生活图

---

[1] 中共中央马克思恩格斯列宁斯大林著作编译局编. 马克思恩格斯选集：第1卷[M]. 北京：人民出版社，1972：256.

式随之发生了翻天覆地的变化,"采菊东篱下,悠然见南山"的怡然自得被机械化的固定程式所取代。从某种意义上讲,生产生活方式改变的后果就是把人变成了"机器",身体自然成了提高劳动生产率的"工具"。人类在工业文明中丧失了自我,文明的社会则让人丢失了身体——体质弱化、精神压力加大、心理失衡,现代文明病困扰着人类的发展。

在工具理性背景下,身体的魅力开始消退。在生产活动中,科学技术占据制高点成为第一生产力,身体不再占有主导性;在军事活动中,坚船利炮取代了金戈铁马,身体不再具有绝对支配性。身体的祛魅,使得与之密相关的中华民族传统体育失去了往日风采,沦落到了被遗忘的边缘。以武术为例,农业文明中它不仅可以强身强种和延年益寿,而且可以自卫、卫国,一旦沙场应战,短兵相接,即可发挥杀敌防卫之功效;工业文明中武术的技击性失去了军事价值,唯余强身健体和愉悦身心之功效。萌生于战争中的其他民族传统体育,譬如北方少数民族的射箭、摔跤和南方少数民族的射弩、摔跤、竞渡,同样面临着功能缩减后的发展难题;发端于生产生活中的赛马、叼羊、斗牛、摇快船、扭秧歌、毛谷斯舞,在机器的轰鸣声中丧失了生存基础;伴随着仪式性节日的旱船、高跷、东巴跳、木雀舞、锅庄舞,虽在旅游业中常有展示,但却面临着传承后继无人的窘境。

身体的退隐意味着社会发生了重大变迁,但这绝不是造成中华民族传统体育文化失语的根本原因。客观而言,身体的退隐是外因,文化自身的转型与适应则是内因。民族传统体育文化是人创造的,也是为人服务。在文明进程中,人们对体育文化的需求具有时代特征,"产生于农业社会的东方体育文化的落后性,与现代化、工业化、城市化、信息化之间有较大的不兼容性"[①],因而需要民族体育文化不断转型,以适应人的发展需求。考察中国的工业文明进程,不难发现"文化滞差"效应和"后发外生型"特征异常明显,也就是说中国传统体育文化并非主动适应现代工业文明,而是在外源性力量的推动下被迫进行现代化转型,以应对现代性带来的危机。面对西方竞技体育的全球化发展,武术率先进行改革与创新。1914年,马良创办武术传习所,推广"中华新武术";1956年,国家体委运动司以传统杨式太极拳为素材,编制"24式简化太极拳"进行普及与传播;1962年,国家体委运动司编写了《武术竞赛规定套路》,大力发展竞技武术。令人遗憾的是,武术文化的现代转型并不成功,不论是改良后的中华武术,还是模

---

① 卢元镇. 希望在东方体育文化的复兴[J]. 体育文化导刊,2003,(10):16-19.

仿西方体操的竞技武术，都无法挽救武术生存空间的丧失，发展似乎回到了起点。与此相反，追求更快、更高、更强的西方竞技体育文化，满足了人类的攻击欲、征服欲和视觉需求，而深受世人喜爱。与武术相似，其他民族传统体育文化也是今非昔比，日渐衰落。骑射体育是游牧民族的传统文化活动，随着生存环境的变迁，这些深受民族喜爱的传统体育项目早已边缘化，只能在节庆期间展露风采。在西北走廊，阿克塞哈萨克族基本上实现了定居，石棉成为当地首要经济来源，畜牧业出现了圈养模式，日常很难看到叼羊、赛马、姑娘追等体育活动。肃南裕固族早期以牧业为主，后来转为农耕，随着农业经济比重的增加，年轻人开始外出打工，民族的传统文化、生活方式也发生了变化，骑马、射箭、拉棍、赛跑等民族体育文化活动逐渐淡出了裕固人的生活。

以征服自然为主要特征的工业文明，在极大地提高生产力的同时造成了生态破坏、环境污染、资源枯竭、社会异化等后果，这是人类最不愿意看到的。文明发展的目的，实际上就是为了促进人的全面发展。如果发展不是为了人类，而是为了所谓的物质与金钱，那么这样的发展模式不具有可持续性。从总体上讲，工业文明完成了它的使命，正在走向衰败。这也意味着工业文明已经到了晚期，新的文明形态即将到来。关于未来人的生存状态的设想，也就是马克思说的第三阶段，实质上一种生态文明。"生态文明是一种新的文明，是人类社会发展过程中出现的较工业文明更先进、更高级、更伟大的文明"[1]，"是以人与自然、人与人、人与社会和谐共生、良性循环、全面发展、持续繁荣为基本宗旨的文化伦理形态"[2]。这种文明以人的发展为中心，强调人与自然、社会环境的和谐发展。

目前，生态文明已经初见端倪，人本精神正在逐步回归，身体重新回到了哲人的视野。身体是一个高度抽象的概念，早已超越了躯体的范畴。美国社会学家约翰·奥尼尔[3]将身体划分为五种形态：世界身体、社会身体、政治身体、消费身体和医学身体，而最基本的身体则是生理身体，即肉体。在血肉之躯基础上，延伸出了交往性的身体。人们往往看重交往身体，而轻视生理身体。在生态文明中，扬弃了异化的人将会获得更大的发展，彻底实现以人为本。"以人为本"，

---

[1] 申曙光. 生态文明及其理论与现实基础 [J]. 北京大学学报：哲学社会科学版，1994，31（3）：31-37.

[2] 潘岳. 论社会主义生态文明 [J]. 绿叶，2006（10）：10-18.

[3] 约翰·奥尼尔. 身体形态——现代社会的五种形态 [M]. 张旭春，译. 北京：春风文艺出版社，1999：15-121.

实质上就是以人的身体为本,这是因为"'作为主体的身体',是我侧身于世界的结合点"①,是人存在的根本。所以,尼采说"要以身体为准绳"②。反思现代科技的发展,都忘记了肉体之身是会死亡的。从死亡的角度看待生命价值,需要把身体与人的生命周期联结在一起。毫无疑问,延长生命周期是文明发展的必然要求。

中华民族体育源于生存需要,或为生产生活、或为战争、或为宗教祭祀、或为民俗节庆,经历了数千年洗礼、积淀和互补融合,凝结成特有的文化传统为世人所共享。作为一种身体文化,中华民族传统体育主要通过肢体活动进行自我锻炼和自我治理,以达到促进健康和延长寿命之目的。如果说身体是所有体育发展的逻辑终点,那么,以身体哲学为基础的中华民族传统体育更具时代价值。与追求极限发展的西方体育相比,中华民族传统体育有着深厚的文化底蕴,蕴含着身心自然和天人合一的哲学思想。武术以身体为载体,注重练习者身心的全面发展,强调形神合一、内外合一、主客合一、理气合一,追求身心合一的修炼境界,堪称民族传统体育文化之典范。太极拳更是武术中的瑰宝,它汇聚了中国传统文化中的阴阳平衡、天人合一、身心自然等哲理,通过简单的动作演练,以达到修身养性和强身健体之目的。舒展的肢体动作和缓慢的运动节奏,体现了太极拳对竞争社会生活的消解和对健康生活理念的追求;内修外练的功法特点和心静气和的情绪体验,反映了太极拳对生命规律的把握,以及对天道和人道和谐统一发展的诠释。这些独特的文化魅力,不但与生态文明背景下的身体理念高度一致,而且可以化解心灵的浮躁,是西方体育文化所无法比拟的。

未来生态文明中,人类更加关注身体的健康,预示着中华民族传统体育文化的发展前景非常广阔。但是,中华民族传统体育文化不能坐等未来,必须与时俱进,挖掘固有的文化特性,放弃不适时宜的文化因子,更不能邯郸学步,亦步亦趋。譬如,太极拳的每一个动作都具有攻防性质,也极具表演价值,但是不宜把攻防技击或者表演展示作为发展的主要路径。实际上,太极拳是一种柔和、缓慢、轻灵的拳术,它把人的精神和意识转移到行拳走架之中,在顺乎自然和圆形平面方式下内修外练,在意念的主导下"以意会神,以意调气",通过意识与肢体的温和运动调节新陈代谢,保养生命。长期练习太极拳,不仅对人的本体感

---

① 加罗蒂. 人的远景 [M]. 徐懋庸,陆达成,译. 北京:生活·读书·新知三联书店出版,1965:175.
② 弗里德里希·尼采. 权力意志 [M]. 纽约:兰登书屋,1968:347.

觉、平衡能力和肌肉力量有促进功能，而且通过呼吸吐纳能够有效地提高心肺功能，缓解心理压力与精神抑郁，增进人体健康。挖掘健康促进价值，是太极拳未来的逻辑走向和路径选择。当然，一些失去原始生境的民族传统体育文化，不能固守传统，而应积极转型，探寻服务人类的着眼点。比如，为了庆祝丰收，甘肃迭部县尼傲、旺藏、卡坝乡一带的藏族山寨每年农历 10 月中旬都要举行耍尕巴活动，通过跳尕巴舞来祭祀山神，祈求神灵赐给迭部藏人丰产和生育。虽然跳尕巴是一种仪式性活动，但是尕巴舞动作组合和谐舒畅，以甩晃手臂、单腿直立、蹁腿甩、跨跳、蹦跳转、平脚碎步转为其主要动作，具有强身健体和愉悦身心的作用。如果把这种民族舞蹈作为山寨村民的健身方法进行推广，不但可以解决偏远乡村全民健身的缺失问题，而且能够在营造集体欢腾氛围中强化民族认同。主体需求是事物存在与发展的根本，任何文化必须以服务人为终极目标。从这一点上讲，中华民族传统体育需要直面人类身体，将促进身心健康作为终极目标，走培育身心两健之路，为人的发展服务。

  民族传统体育文化不是一潭死水，而是时刻在嬗变，且嬗变是一种必然。通过考察不同文明形态中身体观与民族传统体育文化的变迁，清晰地勾勒出文化的发展轨迹。在生产力较低的情况下，人们只有通过追寻更多的物质生活资料获得生存，中华民族传统体育以拓展生存空间和发挥军事、健身、娱乐价值为主；随着生活水平的提高，人们对精神生活的追求与日俱增，民族传统体育的健身、健心和娱乐价值成为主导。在未来的生态文明中，引导中华民族传统体育向身心两健的价值方向嬗变，充分发挥其在身体形塑和心灵净化方面的独特作用，是传承、保护和发展民族传统体育文化的最佳选择。

第二节　西北走廊民族传统体育文化崛起之路

  文化是一个民族的灵魂和社会发展的向度。文化兴，则民族兴；文化强，则国家强。传统农业文明中，中华民族文化兴盛辉煌，创造了举世瞩目的奇迹；近代工业文明中，中华民族文化从中心走向边缘地带，导致西方列强入侵；未来生态文明，中华民族文化必须自信，才能实现伟大的历史复兴使命。党的十九大报告指出："没有高度的文化自信，没有文化的繁荣兴盛，就没有中华民族伟大复兴。"① 这一判断源自文化对民族国家的重要性。中华民族是多元一体的文化共同体，维系、支撑和推动民族发展的内在动力就是蕴含在传统文化深层的民族精神。在数千年的文明历程中，中华民族历经磨难却能自强不息，不仅在于拥有优良的传统文化，更在于文化塑造出了共同的民族心理，成为连结各民族成员之间的精神纽带。如果说传统文化是中华民族发展之根，那么文化精神则是民族发展之魂。在强大的根基和灵魂的作用下，中华民族得以生息发展，呈现出绵延不断的历史。挺立于世界民族之林，没有民族自豪感、自信心和民族精神，就会丧失发展的动力基础，可以说"民族精神作为一种巨大的精神力量，始终是凝聚民心、激扬斗志、推动民族前进的强大动力"②。中华民族实现伟大复兴，必须正视民族历史，弘扬优良的文化传统，实现民族文化自觉、自信和自强。

　　作为中国文化的重要组成部分，民族传统体育文化在强健身体、民族认同、文化交流方面具有显著的作用。这种文化作用过去有，现在仍然存在，并不会因为时代发展和西方体育出现而丧失本身的存在价值。西北走廊游牧民族的赛马，凝结着祖辈们的智慧，记忆着民族的历史，强化着共同的民族精神，这是无法替代的文化传统。生活方式的变迁，改变不了民族传统体育文化认同，否定自己的文化传统就是典型的历史虚无主义，也就否定了自己的历史，漂浮于世界民族之林难以发展。当然，民族传统体育不能固步自封，首先需要文化自觉，否则会陷入文化自卑或文化自负的泥潭。

　　文化自觉是费孝通于1997年提出的概念，他认为："文化自觉只是指生活在一定文化中的人对其文化有'自知之明'，明白它的来历，形成过程，所具的特色和它发展的趋向，不带任何'文化回归'的意思，不是要'复旧'，同时也不主张'全盘西化'或'全盘他化'。自知之明是为了加强对文化转型的自主能力，取得决定适应新环境、新时代时文化选择的自主地位。"③

　　不难发现，文化自觉实际上是人的自觉，是文化拥有者的自我觉醒。文化是人创造的，最终的归宿还是人，为人服务就需要创新，与时俱进。然而，文化创新的主体同样是人，需要审视文化的过去、现在和未来，确定文化发展的方向。

---

　　① 习近平. 决胜全面建成小康社会　夺取新时代中国特色社会主义伟大胜利［M］. 北京：人民出版社，2017：41.
　　② 张曙光. 民族信念与文化特征——民族精神的理论研究［M］. 北京：人民出版社，2009：278.
　　③ 费孝通. 论人类学与文化自觉［M］. 北京：华夏出版社，2004：188.

"中国文化传统自古以来就缺乏文化自觉,甚至作为一种强势的文化传统,一直就没有把文化自觉当成一个问题,帝国的文化心态使得中华文化传统天然表现出一种包容性与理解力"[①]。自给自足的农业社会,使得中华民族传统体育处于自发状态,形成了某种惰性,难以实现自我创新发展。近代中国的落伍,促使国人被动奋起,进行全方位的反思,传统文化的启蒙运动由此拉开了序幕。社会精英把军事失利归因于国民教育和身体,倡导强国强种必先强体。在西学的影响下,严复大力推崇尚力思潮,视"血气体力之强"为生民大要之首;梁启超赞美尚武精神,谓武为精神。梁启超说:"吾所谓武,精神也。无精神而徒有形式,是蒙羊质以虎皮,驱而与猛兽相搏击,适足供其攫哎而已。"[②] 鲁迅、张之江、孙中山、毛泽东等先贤立足身体提出了中华民族崛起之路,无不把体育作为身体教育的首选。与此同时,武术被国人纳入强国手段,亦为社会精英大加推崇和实践。然而其他民族传统体育文化,未能像武术一样开始被社会精英所重视,文化自觉尚需时日。身体的回归,为民族传统体育文化自觉确定了基本方向,但不是唯一的选择依据,文化的符号价值恰恰是民族传统体育不能被替代的缘由。

文化自觉需要主体具有使命意识,主动承担起民族传统体育文化转型的历史重任。这是文化发展过程中历史所赋予文化拥有者的时代使命,是一种责无旁贷的主体意识。诚然,人们可以购买国外产品,也可以吸收和接纳西方体育文化,但是不能失去本民族的精神家园,不能没有自己的文化传统,否则会失去民族发展的根基。文化传统源于过去,源于特定历史文化空间,有着特定的自然条件、经济条件和社会背景,最终凝结成文化成员共同的心理特质,支配着民族成员的生产和生活行为。时代的变迁,容易引起物质层面的文化嬗变,却很难改变心理层面的文化精神。土族居民穿着现代服装,照例对轮子秋情有独衷,每年秋收之后和节庆之日忘不了"打秋",历史沉淀的民族心态永远植根于意识之中。在此语境下,文化传统是无法舍弃的选择,体现出了文化的民族性。尽管民族体育是无法割舍的传统文化,也不能以一成不变的态度任其发展,需要民族成员尤其是文化精英保持自觉意识,主动创新文化,以适应时代之变。在文化自觉意识的支配下,民族传统体育文化的转型与创新需要理性,仔细审视文化的历史价值和时代需要,切不可鲁莽行动,切断传统。任何一种民族体育文化,必须基于传统进

---

① 张曙光. 民族信念与文化特征——民族精神的理论研究 [M]. 北京:人民出版社,2009:63.
② 梁启超. 理想与气力 [M]. 呼和浩特:内蒙古人民出版社,1999:72.

行转型与创新。在这个意义上，民族传统体育文化自觉不是抛弃传统，而是再铸传统，永葆文化生命力。

近代以来，中华民族传统体育文化进入失落、失声和失语状态，继而经历了内省和自我救赎的过程，展现出国人的文化自觉意识。从根本上说，中华民族传统体育是一种不同于西方体育的独特文化，需要以一种新的姿态屹立于世界体育之林，为中华民族提供精神食粮和心灵家园。当然，民族传统体育文化不能抱守过往而不思进取，农耕文明的文化模式显然不能适应现代社会的需要，转型已经是一种必然。从传统中探寻现代价值，既是文化创新之举，又是文化再生产和传统再发明之始。若能使民族传统体育文化转型再造，不但为中华民族提供精神支柱，而且为人类文化和平相处贡献中国智慧，此等意义非同寻常。因此，探寻民族传统体育文化转型刻不容缓，主体需要有自我觉醒意识和"自知之明"。

文化自觉只能通过传承、延续和演进中实现，脱离传统的再造会引起文化的深层断裂。科学、理性是文化自觉必不可少的态度。中华民族传统体育产生于特定历史时期，保持着持久的稳定性，其文化作用力的广度和深度仍然存在，潜移默化地影响着一代又一代的民族成员。然而，传统文化毕竟源于传统社会，现代转型必须对其全面理性的审视，方能科学定位。在现代社会，中华民族传统体育文化边缘化已成事实，传播力更是日渐式微。究其原因，滋养民族传统体育文化的经济基础发生了翻天覆地的变化，本身存在的一些观念已经无法适应当代社会，比如传男不传女、传内不传外的自然经济思想。随着城市化和全球化发展，民族传统体育的血缘传承、地缘传承慢慢的消解，取而代之的是业缘结构和流动性常态化，传统文化固有的生存空间、表现形式和部分价值观念难以适应社会发展。不可否认的是，传统文化的核心理念仍具价值，也可化解现代性带来的部分负面影响。承认文化的有用性，并不意味着全盘接纳中华民族传统体育文化，而是需要理性反思，抛弃消极落后的东西，充分挖掘其固有的内在品质及其当代价值，理性寻找发展繁荣之路。理性审视中华民族传统体育文化，是文化自觉的表现和主体意识的觉醒，强调把握文化的历史和演变、判断当下的语境以及未来发展的科学定位，这是一种文化使命意识。只有在文化自觉基础上，才能建立价值判断，实现文化自信、自强。

文化自信，首先是主体对文化的价值肯定，没有高度的价值认同，就不会对文化生命力产生自信。文化价值是文化自身所具有的属性与主体需求之间的实践关系，源于文化本身，取决于主体，产生于实践。任何一种文化，都是人类根据自身需求而创造的，可以说是为人而存在，价值不言而喻。文化自信过程中的价值判断，只能立足当下进行重构，脱离文化固有属性的再造如同空中楼阁，坚守原生属性的阐释胜似原地踏步，唯有通过传承、适应、吸收、整合出新的文化价值体系，才能实现自我更新。在这一过程中，传统文化的特质应予弘扬，否则会丧失独特性。武术文化竞技化转型，用展演代替了武术的出场，精英化、小众化模式远离生活，不能给予国人一种亲切感，因而就无法守护精神家园。西北走廊游牧民族的骑射体育文化，同样面临着武术表演化的困境。但凡是体育文化，竞技属性都会存在，是否都适合于舞台化改造尚需思考。套用西方体育发展模式追求更快、更高、更强的竞技表现，显然与注重自我修炼的内敛思维格格不入，强身健体的核心追求让位之后，身体不再是目的转而变为工具，价值理性已然转移。因此，中华民族传统体育文化的现代转型与价值重构，关键在于能否成功延续民族的文化生命。

中国传统文化的价值取向是以身体为本位建立的，所谓"修身、齐家、治国、平天下"就是这种价值外推的具体表现。古人认为，人挺立于天地之间，身体是人的存在之本，更是齐家治国平天下之基，故而要修身。这里的修身，简单理解为修养身体。在古代中国人看来，身心一体，心附着于身，无身则无精神世界。受此思想影响，中国古代哲学以身体为核心构建世界图式，据此延伸出精神世界。理所当然，中国传统文化围绕身体构建价值体系，并企求精神上的超越。因此，射箭不再是单纯的身体技艺，还包含着"射以观德"的文化内涵。在西北走廊，蒙古族射箭、华锐藏族赛马实则为一种祖先崇拜和历史记忆的文化叙事，早已超越了技艺比拼的价值取向。"既然在中国哲学里身体被视为精神超越之本，那么对中国古人来说，所谓的'修身'就无疑成为实现其精神超越真正的不二法门"[①]。中华民族传统体育与西方体育的文化差异，恰恰表现为身体处置方式的不同。中华民族传统体育强调"具身"修炼，追求身心两健的价值理性；西方体育强调在场展演，追求身体极限的工具理性。中华民族传统体育文化的身体本位价值，是祖辈生存智慧的结晶，无须抑制、排斥和扬弃，需要传承和表达。基于身体哲学，中华民族传统体育文化不但具有强大的生命力，而且符合未来生态文明的价值取向，客观上具有再生的可能性。

考察民族传统体育文化价值的当下重构，无非是探寻文化对人类的生活意

---

① 张再林. 作为身体哲学的中国古代哲学 [J]. 人文杂志, 2005 (2): 28–31.

义，即延长生命周期和规范人类行为。人类的贪婪本性和过度的精神追求，已经把身体推向无限的边缘，焦虑、紧张、僵化、亚健康、病态和为他人而在的消费身体，这些都为中华民族传统体育文化发展创造了条件。民族传统体育是一种非实用性文化，价值重构的重点放在身体的规训上，在"具身体验"中获得姗姗来迟的投资回报，这就是民族传统体育当下存在的意义。中华民族传统体育文化自信，必须确立身体本位，据此延伸文化的精神世界。换句话说，就是以身体为核心构建理解生活乃至世界本源的价值选择。"这个层面即身体图式，储存着整个世界观，储存着全部关于人和身体的哲学"[①]。这种文化价值的再造，不但为国人所拥有，而且可供人类共同享用，是传递中华民族智慧的必由之路。发展不可抗拒，亦不能逆转。中华民族传统体育文化不想失去生命力，就必须在现实中发挥自身的功能，为人类提供精神家园。在现代转型过程中，保留传统文化的核心价值是文化自信的表现，并不能说以原生态的方式保留，而是一种"返本开新"的价值重构，需要发现传统、阐释传统。发现传统是对民族传统体育文化核心价值的重新解读，拂去历史尘埃，剥除一些不适时宜的东西，回归文化本真，重新构建文化传统与现实生活的关联。如果说中华民族传统体育文化的使命意识开启了文化自觉的门，那么文化的生命意识则是文化自信之路。

司马云杰认为："文化世界是有意义的世界，才赋予人的心理机制以意识；文化世界是有价值的世界，才能在人的心理机制上建构价值意识。"[②] 在意识作用下，文化自信表现为主体的一种价值判断，以及对文化生命力的肯定。文化世界是人的世界，与其说文化自信倒不如说文化主体的自信。坚定理想信念，中华民族方能承接自身命运，担当起传统体育文化的自强的历史重任。说到底，民族传统体育文化自强是主体的自强，必须要承担起文化复兴繁荣的责任。"天行健，君子以自强不息。"古人以天道作为隐喻，说明人应该像天体运行一样，才能保持永不衰竭。仰观天文，唯有遵循文化发展的规律，奋发图强，实现文化自强，提升国家软实力。对于民族传统体育文化而言，崛起之路绝不能模仿西方竞技体育模式，也不能坚持传统社会发展轨迹，而是要基于现实创出一条新路。马克思曾指出："人们自己创造自己的历史，但是他们并不是随心所欲地创造，并不是在他们自己选定的条件下创造，而是在直接碰到的、既定的、从过去承继下来的

---

① 皮埃尔·布迪厄. 区隔：品味判断的社会批判 [M]. 伦敦：劳特利奇，1984：218.
② 司马云杰. 文化价值论 [M]. 西安：陕西人民出版社，2003：4.

条件下创造。"① 当下语境，民族传统体育文化尚未突破发展困境，需要主体直面现实，毕竟文化创新与复兴繁荣不是一件简单、轻而易举之事，甚至需要数代人持续努力方能实现。不急于求成，并不意味着可以暂时搁置。文化自强是一个缓慢的过程，也是刻不容缓的问题，是实现中国梦绕不开的问题。强国建设需要文化参与，民族传统体育文化要能融入现实生活，否则无法自强。关注身体是民族传统体育文化之根，弘扬精神是民族传统体育文化之魂，魂体合一、突出特色，就能满足人民日益增长的精神需求。西北走廊民族传统体育文化自强，是建立在文化自觉、自信基础上的自我发展，核心是文化的自我复兴、繁荣和强大，只有做到这一点，文化才能具有强大的生命力、渗透力和作用力，这是历史之殷鉴，也是历史之期待。

---

① 马克思恩格斯选集：第1卷 [M]. 北京：人民出版社，1995：585.

后 记

又是一年之秋，阳光依然普照大地，不减夏日之威。掩卷而思，如释重负，欣喜之余，让太阳暴晒一下发霉的记忆。

曾几何时，发奋读书，期望走出大山，看看外面的世界。就在秋季，背着简陋的行囊走出家门，踏上征程。然而，一路走来，一路坎坷，心路也随之起伏。外面的世界很精彩，外面的世界很无奈。蓦然回首，身后已是回不去的故乡；遥望远方，或许就是理想的彼岸。这样，一直在路上，默默向前，用足底丈量生命，能走多远走多远，倒也是一种人生。不知不觉已是中年，远方依旧遥遥，身心俱疲的我只能停下脚步。寓居他乡，虽无衣食之忧，但却安抚不了躁动的心。于是继续出发，尝试写点什么，不为别的，就为寻找心灵的港湾，拯救自己的灵魂。

子在川上曰："逝者如斯夫，不舍昼夜"。人生苦短，想要博古通今、学贯中西之后著书立作，流芳百世，只能是理想。何况我天性愚钝，悟性不高！恐慌之余，仍有不甘，便集中精力写一点力所能及的东西。西北是生我养我的地方，虽然贫瘠却不乏人文历史，蕴藏着众多可以挖掘的民族文化。作为文化的重要组成部分，民族传统体育以其独特的价值哺育世人，当下面临着传承和转型的困境。如何发展，值得思考。基于此，立足西北走廊考察民族传统体育的源、流、变，探索民族传统体育文化的未来走向，便是写作本书的缘由。

清人龚自珍有言："出乎史，入乎道，欲知大道，必先为史。"然而，从汗牛充栋的史书典籍中梳理民族传统体育文化，是一件并不容易的事。自己选择的路，哭着也要走完。就这样，断断续续的写了五年，方完成初稿，期间父母、家人、朋友和同事给了无私的支持。尽管历时很长，拙作不够理想，于是又修改了两年。当然，鉴于本人水平有限，论著难免存在着不足之处，甚至有错误，希望方家批评指正。

谨以此书，献给长期支持我的父母、家人和关注我的人！

张建华

2019 年 10 月